JN102375

Q&Aでわかる

業種別法

製造

日本組織内弁護士協会〔監修〕

髙橋直子・春山俊英・岩田 浩

中央経済社

シリーズ刊行にあたって

　本書を手に取る人の多くは，これから法務を志す人，すでに法務に従事している人，異なる業界へ転職を考えている人，他職種から法務に転身してみようという人などでしょう。そういった方々の期待に応えようとしたのが本書です。

　これまで本書のような，シリーズとして幅広い業種をカバーした業種別法務の解説書は存在しませんでした。しかし，経験のない法務や業種に飛び込む前に，その業界の法務のイメージを摑み，予習をしておくことができれば不安を除くことができます。また，一旦業務を開始した後でも，業界の指針となるような参考書がそばにあると安心ではないか，と考えました。

　社会の複雑高度化，多様化，国際化等によって企業法務に対する経済界からの強いニーズが高まるとともに，先行して進められてきた政治改革，行政改革，地方分権推進と関連して官公庁や地方自治体からのニーズも高まり，弁護士の公務員への就任禁止の撤廃や営業許可制度の廃止等による参入規制の緩和，司法試験合格者の増加，法科大学院設立等の法曹養成制度をはじめとする司法制度の抜本的改革が行われました。その結果，企業内弁護士の届出制の導入と弁護士の公務員就任禁止の完全撤廃がなされた2004年当時，組織内弁護士数は約100名だったのが，現在では20倍以上の約2,300人に到達しました。さらに，企業のみならず官公庁，地方自治体，大学，各種の団体など弁護士の職域も拡大し，法化社会への道がますます拓けてきました。

　このような環境変化により，業種別法務も専門化・複雑化しつつあります。以前は，どこの業種に属していても，法務はほとんど変わらない，という声もありました。しかし，これだけ外部環境が変化すると，各業種の企業法務も複雑化し，どこの業種の法務も同じ，という状況ではなくなりつつあります。ま

た，同様に官公庁，地方自治体，NPO法人等の業務も複雑高度化等の影響を受けており，たとえば，自治体内弁護士といってもその職務の内容は千差万別です。

　そんな環境下で，満を持して日本組織内弁護士協会の組織内弁護士たちが業種別法務の解説書シリーズを順に出版していくことになりました。現在および将来の法務の羅針盤として，シリーズでご活用いただければ幸いです。

2019年7月

日本組織内弁護士協会　理事長

榊原　美紀

はしがき

　本書は，「Q&Aでわかる業種別法務」シリーズの１冊として，部品，機械，電気機器，精密機器，金属製品，化学等のさまざまな業種のメーカーにおける法務の概要やポイントをQ&A形式で解説したものです。

　本書を執筆したのは，日本組織内弁護士協会の第１部会（鉄鋼，繊維，化学等）および第５部会（機械・電気機器等）等に所属する弁護士11名です。

　各設問は，メーカーの実務で特に問題となるケースや論点をピックアップしています。そして，その解説は，法的な問題点，関連する法律や判例を説明し，実務上の留意点に言及するだけでなく，企業（メーカー）の中での実務経験を有する者ならではのプラスアルファの価値提供を試みました。

　主たる読者としては，法学部出身で新しくメーカーに入った方，別の部署から法務部に異動になった方，別の業界から移ってきた方等，メーカーで法務を担当して日の浅い方々（弁護士資格の有無を問わない）を想定しています。ひとくくりにメーカーの法務担当といっても，実際には，メーカーの規模やその中での分担によって，扱っている業務はさまざまでしょう。ただ，現時点ではそのトピックを直接担当していないとしても，たとえば，下請法に留意する必要があること，知的財産の部署等他の担当者との連携が必要となること，偽装請負の問題があること等，知っておくのが望ましいことがあります。これからメーカーで働く中で突然相談を受けたり担当したりすることもありますし，基礎知識，前提知識として知っておくことで，法務担当者として会社の業務全体のリスクをみる視野・視点が違ってくると思われます。本書を最初の手がかりとして，必要に応じてさらに文献や判例を検討していただけたらと思います。

　それぞれのQ&Aには各執筆者の個性が出ています。同じテーマであっても，執筆者によって伝えたい点は異なり，本書ができるまでには，さまざまな議論もありましたが，最終的には執筆者個人の見解になります。執筆者の具体的な経験や熱い思いが背景にある記述もあります。それも含めて楽しんでいただけ

れば幸いです。

　本書の出版に至るまでには，中央経済社の川副美郷氏に多大なご助力・ご支援をいただきました。心より感謝を申し上げます。

2020年2月

編者，執筆者を代表して

弁護士　髙橋　直子

目　次

第 **5** 章　コンプライアンス・ガバナンス …… 195

COLUMN

凡　　例

■法令等

独禁法	私的独占の禁止及び公正取引の確保に関する法律
下請法	下請代金支払遅延等防止法
個人情報保護法	個人情報の保護に関する法律
外為法	外国為替及び外国貿易法
改正民法	民法の一部を改正する法律（平成29年法律第44号）による改正後の民法（令和2年施行）
一般指定	不公正な取引方法（平成21年10月28日公取委告示第18号）
優越的地位濫用ガイドライン	優越的地位の濫用に関する独占禁止法上の考え方
流通・取引慣行ガイドライン	流通・取引慣行に関する独占禁止法上の指針

■団体

公取委	公正取引委員会

■判例集・雑誌

民録	大審院民事判決録
民（刑）集	最高裁判所民（刑）事判例集
高刑集	高等裁判所刑事判例集
下民集	下級裁判所民事裁判例集
判決全集	大審院判決全集
判時	判例時報
判タ	判例タイムズ
労判	労働判例
労経速	労働経済判例速報
金判	金融・商事判例
金法	金融法務事情

序章 ▶▶

製造業の特色

1 業界概要

１．製 造 業

　原材料・部品を加工し，製品を生産・供給する製造業は，機械，電気機器，精密機器，輸送用機器，金属，化学，食品等幅広い業界にわたります。

　電気用品であれば，電気用品安全法，家庭用品品質表示法，食品であれば食品衛生法等それぞれの業法の規制もあります（COLUMN 3参照）が，多くのメーカーにおいて，企業向け（B to B）に製品を開発し，製造し，販売するというビジネスの流れは共通しており，本書では，その過程において生じる法律問題に焦点をあてます。

２．国際化の進展

　メーカーの海外展開は進んでいます。自社製品を世界各国で販売し，売上に占める海外の割合が過半数を超える会社も増えました。海外に販売代理店をもつだけでなく，販売拠点（子会社や営業所）も設けられています。直接海外の企業や消費者に販売していない場合でも，自社が製造した部品や製品が組み込まれた最終製品が世界各国で販売されています。

　また，生産拠点も，人件費の安い新興国や，販売国に輸出するのに地理上，税制上有利な地域に置かれています。

　海外進出にあたっては，現地にある既存の生産拠点・販売拠点を取得するために，現地企業と共同で合弁会社を設立したり，現地企業を買収したりしています。自社のもつ技術やノウハウを新興国の企業に供与する，特許等の知的財産権をライセンスする等のビジネスも行われています。

　このように国際化が進んだことにより，為替相場の変動，英国のEUからの離脱，米中の貿易摩擦，米国から各国に広がる保護法主義的な通商政策といった世界の政治・経済の状況，各国の環境規制の強化，法令の制定や取締りの強化など多くの要因に影響を受けるようになっています。さらに，国際的な取引の契約条項や企業の社会的責任（CSR：Corporate Social Responsibility）として，生産拠点その他サプライチェーンにおいて紛争鉱物を用いていない，児童

労働を利用していない，労働者を搾取していない，環境汚染をしていない等の取組みが求められるようになってきました（Q49を参照）。

3．新たな付加価値の探求

メーカーの製造現場では，製品の品質を向上させ，製造コストを削減し，生産性を向上させる業務改善が積み重ねられてきました。また，技術革新が進み，多くの生産工程が機械化され，コンピューターによって自動制御され，人の手作業で行う工程は減りました。

新興国で生産される製品の品質も向上してきたため，高品質と価格だけでは製品の競争力を維持できなくなり，海外拠点で生産する製品との差別化を図るため，国内拠点では，より高性能な製品を多品種・少量の生産をする等の工夫もなされてきました。

さらに，単なるものづくりだけにとどまらず，顧客の利用・活用等のデータを取得・分析し，顧客のニーズを踏まえたサービスやソリューションを提供する等，新たな付加価値の提供や新たなビジネスモデルが模索されています。

4　コンプライアンス等の社会の要請

近年，多くのメーカーで製品データ改ざん等の不祥事が明らかになり，社会問題となっています。製品の品質や安全性にかかわる問題だけでなく，環境規制，独禁法，下請法，外為法，労働関連法等の法令全般にわたって，コンプライアンスに対する社会の意識も厳しくなりました。メーカーにおいても，不祥事を防止する体制を構築し，社会の要請に応えることが求められています。

2　ビジネスモデル

1．開発，製造，販売

得意先から注文を受けてから生産する「受注生産型」と，メーカー内で企画・生産してから販売する「見込み生産型」があります。前者の場合は，「受注」→「設計・開発」→「製造」→「販売」→「代金回収」→「製品保守」,

後者の場合は，「設計・開発」→「製造」→「受注」→「販売」→「代金回収」→「製品保守」というビジネスの流れがベースになります。

　また，生産する製品の種類は，汎用品の場合と，顧客の指示する仕様による特注品の場合があります。

　メーカーによっては，自社製品を消費者に対してインターネット等を通して直接販売することもありますが，本書では，「部品又は材料を仕入れ，組立て・加工した自社製品を完成品組立業者，代理店，小売店等に販売する（B to B）」ビジネスに焦点をあてます。

【図表序－1】　ビジネスの流れ

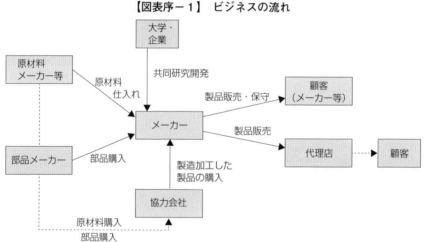

2．新規ビジネス等

　技術革新や社会の変化に対応して会社が存続していくため，多くのメーカーでは，新たに収入源となる事業を育成し発展させることにも力を入れています。そのために，研究開発を進め，関連事業のM&Aも行われます。

　また，保有している知的財産権を他の企業にライセンスしたり，保有している技術やノウハウを供与したり，保守のサービスを行ったりして収益につなげています。

3 法務の特色

1．メーカーの法務部門の役割

　沿革的に，法務部門は，文書管理部門や総務部門から派生・独立した例が多いです。規模の小さい企業では，法務が独立した部署として置かれず，総務部門が総務の業務に加えて契約審査等の法務関係業務を行っていることもあります。

　メーカーでは，生産性を重視することから，利益を生み出さない法務などの間接部門は，人員配置や予算も限定され，発言力も強くない傾向があります。したがって，メーカーの法務部門では，会社全体の法的リスクを見て，優先順位をつけて処理し，生産性を意識することが必要です。また，事業部門と一緒になってビジネスのリスク軽減の方法を探り，相手方との交渉を有利に進め，事業に貢献するという姿勢が重要です。

　また，その前提として，法務部員も自社のビジネスの実態を熟知することが必要です。法的アドバイスは事実関係を踏まえて行わなければ机上の空論になってしまいがちですし，事業部門の信頼も得られません。条文や文献・判例を確認するだけではなく，担当者からヒアリングを行い，工場等の現場も訪れ，商流や商習慣を理解することが重要です。近年では，コンプライアンス意識の高まりに伴い，メーカーでも法務の必要性・重要性が認識されるようになってきました。特に，一定の規模になり，国際展開をしている会社では，法務部門が独立して置かれ，インハウス（社内弁護士）を含む法務担当者の人数を増やしています。そして，株主総会の担当，契約審査，紛争対応，リスクマネジメントといった業務ごとに法務担当者の担当を割り当てて専門性を高めたり，各事業部に法務担当者を置いて，より自社のビジネスに精通した法務担当者を養成したりする会社も増えてきました。メーカーの法務も，国際的な視野をもち，メーカーをとりまく社会の変化に対応して，会社全体のリスクマネジメントを行うことが求められています。また，新たに制定・改正される法規制への対応で過度に萎縮することなく，ビジネス戦略と一体化した法務として，とるべきリスクをとる判断も求められます。

　また，実際の案件は，複数の部署の担当する分野にかかわってきますので，法務が他の部署との連携をしながら対応することが必要です。知的財産権に関することは知的財産部（知財部），人事労務に関しては人事部，M&Aや事業再編は企画や戦略の部門，取締役会の運営は取締役室，輸出管理やITに関してもそれぞれ専門の部署が置かれているのが一般です。そのほかにも，品質保証に係る契約条項の検討や，品質不良の問題が生じたときの対応等，メーカーでは，品質保証の部署との連携が重要です。

2．法務部門の業務

　法務部門の具体的な業務には，以下のようなものがあります。

(1)　契約審査・管理業務

　事業部門からの依頼を受けて，会社が締結する契約書をチェックし，契約書を作成します。海外取引の場合には，英文等の契約書を読み解く必要もあります。契約相手方との契約交渉を後方で支援するだけでなく，時には一緒に交渉を担当することもあります。

　自社でよく利用する契約類型については，事業部門がつかいやすいように契約書ひな型やその解説を準備します。民法（債権法）改正などの法律改正があると，自社のひな型を法改正に対応したものに修正する必要があります（Q7）。

　契約書の内容だけに関する相談だけでなく，調印を誰が行うべきか，契約書に貼付する印紙の要否，金額等について相談を受けることもあります（Q3参照）。

　自社で締結した契約一覧や契約書原本の管理を法務部門でまとめて行うこともあります。

(2)　係争案件の対応

　取引先との紛争が生じたときには相談を受け，事実確認を行った上で，契約書の解釈，法的な責任の所在や，交渉方針等について助言します。品質問題が生じたときは，品質管理部門や事業部が中心となり，法務も対応チームの一員として対応することが多いです。法律事務所に相談・依頼・連絡する際の窓口にもなります。

　訴訟等の法的手続にまで発展すると，一般には，外部の法律事務所の弁護士

に事件を委任し，社内では，法務が担当します。実際には，今後の取引関係等を考慮し，訴訟まで発展させずに迅速な解決を図ることがほとんどです。

(3) 株主総会・取締役会等の運営業務

株主総会・取締役会の運営業務を，経営企画部門，総務部門，法務部門（コンプライアンス部門を含む）のどこが担当するかは各社によって異なります。これらの会社法上の機関の運営には会社法等の知識が必須であり，他部門が主担当の場合も，法務担当者が関与することが多いです。

(4) M&A・組織再編

M&Aや組織再編に対する法務支援も，近時の法務部門に求められている重要な業務の一つです。通常，M&Aや組織再編は事業部門または本社の経営企画部門が主担当部門となります。法務部門は，主担当部門と共に，多くの場合，外部の弁護士の協力も得ながら，法務DD（デューデリジェンス）を実施し，秘密保持契約書，基本合意書，株式譲渡契約書等の最終契約書の作成や交渉などの業務を行います（COLUMN 1・5参照）。

(5) リスクマネジメントの業務

独禁法や贈収賄規制の対応などのリスクマネジメントの業務も増えてきました。小規模な会社ではリスクマネジメント関係の業務を法務部門が行いますが，大規模な会社では独立した部門を持つこともあります。

(6) 知的財産権に関する業務

秘密保持契約，共同開発契約，ライセンス契約，特許侵害対応（訴訟）等，知的財産権が問題になる案件では，知財部門と密接に連携して対応します。

知財部門は，特許権等の知的財産権の出願，管理，知財戦略等を主たる業務と，独立した部門として設置されているのが一般です。知財部門は，特許権等の出願に関与する従業員数が多く，また特許維持費用を予算化する必要があるため，人員・予算規模とも法務部門より大きくなる傾向があります。

(7) 海外の法務部門

国際展開している大規模なメーカーでは，海外企業との取引契約書のチェック等，恒常的に海外案件の法務業務が発生します。大規模なメーカーでは主要海外拠点（海外の地域統括会社）に日本人の法務担当者を配置ないし外国人の法務担当者を採用し，日本の法務部門と連携して海外の法務案件の対応をする

例が増えています。

(8)　人事労務

　人事部は，採用，人事評価・異動，人事制度の設計，社員研修等を担う独立した部門として設置され，人員・予算規模とも法務部門より大きくなる傾向があります。人事労務に関する法的な問題については，人事部において処理され，外部の法律事務所への相談・依頼等も人事部が独自に行っているケースも多くあります。

　人事・労務に係る紛争対応や，M&Aなどにおいては，人事部と緊密に連携して対応するのが望ましいでしょう。

3．ビジネスの流れと法務

　メーカーのビジネスの流れに沿って，法務担当者には以下のような業務が生じます。

(1)　設計・開発

　研究・開発部門からの相談・依頼を受けて，他の企業や大学との共同研究開発の契約書，他の企業との間のライセンス契約，それらを検討する段階での秘密保持契約書等を作成し，チェックします（Q17〜20）。

　自社の保有している特許を他社が侵害している疑いがある場合，逆に自社が他社の特許を侵害しているとして警告を受けたときの対応も問題になります（Q21）。

　従業員，退職者，業務委託先等からの秘密漏えいの防止や自社における秘密管理の対応も必要です（Q15）。

(2)　購　　買

　購買部（調達部）や工場から，依頼・相談を受けて，原材料や部品の購買にかかわる売買契約書，取引基本契約書，材料や部品の加工に関する業務委託契約，金型の製造委託契約書等を作成し，チェックします（Q24，29）。

　購買先との取引において，下請法が適用されることがありますので，下請法適用取引を区別して管理し，下請法における親事業者の義務，親事業者の禁止行為等を遵守しているかを確認する必要があります（Q23，25〜27）。

　購入した物の品質不良の相談や，購買先との取引の解消に係る相談を受ける

こともあります（Q31，32参照）。

(3) 製　造

工場においては，偽造請負の問題，外国人労働者の採用・管理といった労務問題があります（Q42，43）。派遣労働者を利用する際には，派遣法上の留意事項もあります（Q41）。

また，大気汚染防止法，水質汚濁防止法，土壌汚染対策法その他の環境規制を遵守しているかが問題となったり，産業廃棄物処理委託契約等の相談を受けることがあります。

最近では，データ偽装等が大きな問題となっており，データ偽装等の不祥事を防止するための体制整備も重要です（Q46）。

(4) 受　注

営業もしくは事業部からの相談，依頼を受けて，秘密保持契約書，売買契約書，取引基本契約書等を作成し，契約交渉を支援します。瑕疵担保責任，損害賠償，製造物責任，第三者の知財侵害等の条項が問題になります。

営業や事業部は契約金額や納期などのビジネス条件はおさえていますが，法的な取引条件については十分に理解していないことも多く，売上を上げたいという気持ちが強いので，法的リスクを十分に説明して経営判断がされるようにする必要があります。必要に応じて，購買（調達）部，知財部，品質保証部などの関連部署とも連携して対応します。

営業担当者が競合他社との集まりに参加して情報交換を行う場合には，独禁法上の問題についても注意喚起することが必要です（Q36）。

(5) 販売・保守

メーカーでは，販売代理店を通しての販売ルートを持つことが多く，販売代理店との契約について，相談を受けることがあります（Q33）。競合製品の取扱禁止の条項などでは，独禁法についても留意が必要になります（Q34）。

製品を販売後の一定期間，製品の保守を請け負ったり，ライセンスビジネスとあわせて保守のサービスを提供したりすることもあります。

販売後に，製品の使用状況等の情報を取得する場合は，個人情報保護法や個人のプライバシーにも留意が必要です（Q38）。

(6)　回　　収

　取引先の信用不安が生じたとき，どのように対応すべきか相談され，取引条件変更，担保取得，相殺などの助言をすることがあります（Q39）。取引先が代金を支払ってくれないときの代金回収や，取引先に対する債権を他の債権者に差し押さえられた時の対応，取引先が倒産した時の対応も問題となります（Q40）。

(7)　海外展開

　海外取引の契約書では，条約，準拠法，紛争解決方法，執行等の問題も意識して検討する必要があります（Q13）。海外取引では，貿易条件にインコタームズの用語を用います（Q12）。米国でのディスカバリー，懲罰的損害，クラスアクションといった制度も知っておく必要があります（Q52）。

　製品の輸出に際しては，外為法等に基づく規制も確認する必要があります（COLUMN 4参照）。

　海外進出に際しては，現地パートナーとの合弁会社を設立することも多く，合弁会社の設立，運営，撤退等に関する相談も受けます（Q10参照）。

(8)　危機管理

　独禁法・下請法上の立入検査を受けたときには，現場にて即時の対応が求められます（Q44）。データ改ざん等の不祥事が発覚したとき（Q45），ビジネス上の判断についての役員の責任が問われたとき（Q48）等の対応についても，助言を求められます。

第 **1** 章 ▶▶

受　注

Q1　秘密保持契約のチェックポイント

　当社はメーカーですが，法務部に異動したばかりの私が取引先から送られてきた秘密保持契約の原案をチェックすることになりました。力関係からこの原案をベースにせざるをえないのですが，当社のひな型とは内容や体裁が違いすぎて，どう検討すればよいのかわかりません。秘密情報を多く開示するのは当社になる予定ですが，どのような点に注意して検討すればよいのでしょうか。

A

　取引実態や開示予定の秘密の重要性，相手方の属性等の事実関係を踏まえ，特に契約の目的，秘密情報の定義や特定の要否，秘密保持義務の例外である第三者，秘密保持義務の始期と終期等の条項について，リスクを慎重に検討しなければなりません。

1．秘密保持契約の概要

　ビジネスを始める際，秘密保持契約をまず締結することは多いでしょう。特にメーカーは高度な秘密を比較的多く抱える業種のため，たとえば技術の詳細等が流出したら……と想像すると，その重要性は推して知るべしです。逆に相手方の秘密の取扱いについて，契約書の記載内容によっては，知らぬ間に違反となったり，莫大な賠償責任を問われたりする可能性も否定できません。

　秘密保持契約はありふれた存在ですので，各社ともひな型をお持ちであろうと思います。また，各種文献やインターネットでも容易にサンプルが入手可能です。ただ，自社の立場や業種，ビジネスのフェーズや秘密性の高低，秘密情報の開示主体等により，定めるべき形式（たとえば，取引に際して自社のみが秘密を開示する場合であれば，契約よりは相手方からの差入れのほうが適している，といったことは多くあります）や内容は本来異なるはずであり，漫然とこれらを流用することは禁物です。

　一般的な秘密保持契約で頻繁に見られる条項としては概ね次のようなものが挙げられます。以下では紙幅の関係上，契約の目的，秘密情報の範囲，秘密保

持義務，契約の有効期間，情報の返還・廃棄の５項目に絞り，注意を要する点を確認していくことにします。

> - 契約の目的
> - 秘密保持義務
> - 違反時の取扱い
> - 秘密情報の範囲
> - 契約の有効期間
> - 紛争解決
> - 秘密情報の例外
> - 返還・廃棄

なお，秘密保持義務は，従業員の就職にあたっての誓約書や工場見学者による差入書といった場面でも登場しますし，さらには不正競争防止法における営業秘密として保護を受けるため，営業秘密を社外に開示する際に明確に課しておかなければ被開示者はもちろん第三者との関係において秘密管理性や非公知性が失われる可能性があるという意味でも重要なものですが，ここでは取引に際して交わされる契約に限定して論じることとします。

2. 具体的な規定に関する注意事項

(1) 契約の目的

　秘密保持契約においては目的外利用を禁止するのが通常ですが，その前提として目的を適切に定めなければほとんどの定めが画餅に帰すことになります。その意味で，目的は核となる規定だといえます。目的は，ビジネスがどの段階にあるのか，どの程度幅広く定めるべきか等を踏まえて過不足なく書き込む必要があります。広すぎると秘密保持義務を課した意味が弱まってしまう一方，狭すぎると目的外利用になるケースがあまりに増えて実態に合わなくなるため，バランスが求められます。また，主に秘密情報を開示する主体がどちらかという点も考慮しなければならず，それが自社であれば，基本的には目的を狭める方向で記載すべきです。

(2) 秘密情報の範囲

　保持義務の対象は「秘密情報」ですので，「秘密情報」を適切に定義し範囲を明確にすることは極めて重要です。定め方としては，まず，「知り得た一切の情報」とするか，「開示する情報のうち次の各号の一に該当する情報」などとして各号を列挙するか，まずベースを決める必要があります。自社が主な開示主体であれば，前者のように広く解したほうが一般的には有利です。

　次に，秘密情報の特定の要否も検討が必要です。取得した情報すべてを含むのか，たとえば「……情報のうち，……秘密である旨の表示があるもの」のように特定するのかに大きく分かれます。前者は幅広く保護される利点と秘密情報か否かが不明確になる欠点が，後者は対象が明確になる利点と表示を忘れた場合は保護されない欠点（これは大変痛いですが実務上よく起こります）があります。自社が主な開示主体であればどちらも選択可ですが，相手方が主な開示主体であれば特定を要求するほうがよいでしょう。特に，類似する複数の商談を同時並行で進めており，同種の秘密情報を今回の相手方以外の者からも自社が取得するような場合は，コンタミネーション（Q18参照）を防ぐため特定を要するとしておくべきです。たとえば，A社とB社から同種の秘密情報を取得した後にA社とのビジネスだけが具体的に進展した場合，B社から「当社の秘密情報を目的外利用している」といったクレームを受ける可能性を想定すると，予め特定し管理しておくことで，（B社からではなく）A社から取得した秘密情報に依拠したことの対外的説明が容易になるからです。

⑶　秘密保持義務

　特に開示先の例外が重要です。他者に一切開示できないとすれば不都合が生じるケースがあるからです。代表的な例外は，関連会社，自社の役職員，弁護士等の専門家であり，特に関連会社は必要性を踏まえてどこまでを例外とするかの検討が必要です。とりわけ，グローバル企業が相手方の場合，グループ内に自社の直接の競合を抱え，かつそれが外からはわかりにくいことがままあるため，関連会社を漫然と例外として認めることは危険です。英文契約であれば，当該競合を具体的に特定することでAffiliates（関連会社）の定義から除外したり，Affiliatesの定義から抽象的に競合を除外する旨明記した上で，「競合」の定義を別途一般論として規定する等の工夫がされているケースがまま見られますが，これと同様の配慮が和文契約についても求められるでしょう。

　仮にこれらを例外とした場合も，当該契約書と同等の秘密保持義務を課すこと，違反があれば相手方が連帯して責任を負うことを規定し，牽制力および実効性を高める工夫が必要でしょう。また，法令や規則に基づく義務的開示の規定も入れることが多いですが，自社が主な開示主体の場合は，この点も含め例外は全般的に少ないほうが安全です。

　さらに，技術等の秘密性が高い情報については特に，複製や改変，リバースエンジニアリング等，開示・漏えい以外の禁止行為も規定しておくべきでしょう。

(4)　契約の有効期間

　有効期間を適切に定めることは当然必要ですが，見落としがちなのは秘密保持義務の始期です。法務部に契約書のドラフトが届く前から秘密情報の交換が既に始まっていることは珍しくありませんが，ここで単純に契約締結日を始期とすれば，開示済みの秘密情報は保護されなくなってしまうからです。始期を最初に秘密情報を開示した日とするか，始期は締結日にしつつ，過去に開示した秘密情報にもこの契約の各条項が適用される旨追記することが求められます。

　また，有効期間満了と同時に秘密保持義務が終了すれば不都合が生じることが通常ですので，満了後の秘密保持期間も適切に定めるべきです。自社が主な開示主体ならば，情報の内容や陳腐化の程度等を踏まえて，たとえば個人情報は永久とし，開示予定の情報が重要なノウハウや技術上の秘密であれば長めに，他方で一般的な情報であれば短めでもよい等，実情に応じて検討すべきです。

　なお，ビジネスの可能性検討という初期段階で締結した秘密保持契約書については，具体的にビジネスが進展した時点で，当該ビジネス固有の契約書（たとえば，共同開発契約）を締結するのと併せて，その帰趨も決めておくべきです（たとえば，共同開発契約においても従前の秘密保持契約書を有効に存続させるのか，逆に失効させて共同開発契約内で別途秘密保持条項を設けるのか等）。

(5)　情報の返還・廃棄

　秘密情報は，契約の有効期間満了時だけでなく，開示者が求めればいつでも返還・廃棄させられるようにしておくべきです。返還しか規定のない契約書も見かけますが，内容や媒体によっては返還されても困るというケースもあるため，廃棄も選択できたほうが便利です。なお，廃棄されたか否かは確認が取れないため，廃棄した旨の証明書を徴取できるようにもしておきたいところです。

Q2 注文書や請書等による1回限りの契約

当社は，これまで取引のなかった企業から「生産予定の機械製品の一時的な製造の増加に対応するため，機械製品の部品の一部を製作してもらいたい。継続的な受発注を想定していないので，取引基本契約書を交わすのではなく，注文書と注文請書で済ませたい」と打診されました。うまくいけば次回の受注にもつながるので，今回の部品製作の依頼を受けたいと思っています。この取引における留意点は何でしょうか。

A

契約書の作成は必須ではありませんので，注文書と請書で契約は成立します。注文書や請書の裏側等に，契約条件の規定が印刷されている場合がありますので，その内容には留意が必要です。個別の合意をしない事項については，商法や民法の任意規定が適用されます。

1．契約の成立

契約とは，法的な拘束力を持つ約束のことで，契約相手がこれを守らない場合には，責任を追及するために裁判で争い，国家が強制力を持って履行をさせることができます。そして，契約は，申込みと承諾の内容が合致すれば成立する（改正民法522条1項）のが原則となっています。

そして，当事者間の合意のみによって成立する契約を諾成契約といいます。売買契約や請負契約などの多くの契約は諾成契約です。

本設問のような製造委託は，受注を受けた機械の作成という請負契約の側面と，その機械の所有権を対価と引き換えに移転・引渡しをするという売買契約の側面の二面性がある「製作物供給契約」と整理されますが，いずれの面を強調しても諾成契約となります。したがって，本設問の事例において，契約書を作成しなくても契約を成立させることは可能です。

2．注文書と請書による契約の留意点

本設問のように1回きりの取引になる可能性もあり，また，ビジネスのス

ピード感を考慮すると，常に契約書を作成することはお互いにとって負担になる場合もあります。「注文書」や「発注書」と，「注文請書」や「発注請書」によって，主にビジネス条件の合意をして取引をすることも一般的にはよくあります。

　注文書に，必要最低限の契約条項を予め記載していることもあります。営業等の現場が，注文書に記載されている契約条項の内容に注意を払うことなく，請書を送付してしまうと，その内容で契約が成立してしまう可能性があるので，注意が必要です。受注者側の法務部としては，営業部署等に対し契約書にビジネス条件以外の契約条項の記載があるときは，その内容を確認し，必要に応じて法務に相談するように周知すべきです。また，注文書の条項等の全件レビューは通常，人的リソースの関係で難しいので，当該会社の規模や取引数等を考慮し，取引金額に応じて発注書ベースの取引とするか契約書ベースの取引とするか否かの基準を社内で事前に決めるべきです。

　また，逆に，自社の注文書の書式には，必要かつ相手方が受け入れやすい合理的な契約条項を記載しておくのが望ましいでしょう。

3．注文書に規定する条項の留意点

　注文書に盛り込むべき最低限の条項は，各社のビジネスの内容に応じて異なりますが，ここでは，設例のような製作物供給契約のケースでよく問題になる点について触れます。なお，仮に規定しない事項について法的論点になった場合には，民法または商法等の任意規定が適用されることになりますので，自社にとってそれより有利な規定を盛り込むことができるか，という観点から検討することになります。前記のとおり，製造委託は売買契約と請負契約の二面性を持つ製作物供給契約であることから，解釈上，売買契約の任意規定と請負契約の任意規定のうち，取引の実態に合わせて適切な任意規定が適用されると考えられています。

(1)　下請法の3条書面

　注文書には，発注する物の内容，数量，価格（単価），納入日等，必要最低限の事項しか記載されていないケースも見かけます。しかし，下請法上，親事業者は，製造委託において，同法の適用がある場合に，下請事業者に対して，

同法3条で定めることを記載した書面（一般に「3条書面」と呼ばれます）を交付する義務を負います（Q26参照）。したがって，同法が適用される場合を考慮して，注文書には，3条書面に必要な事項が記載されるように所定の項目を用意すべきです。仮にこのような注文書に必要事項が記載されていないまたは不必要に曖昧になってしまった場合には，後日速やかに追完されるかを確認すべきです。また，同法が適用されない場合でも，トラブル防止のため，これらの事項を確認し，受注者側として可能な限り書面化すべきです。

(2)　製作物の引渡時期および代金支払い

製作物の引渡時期と製作物の代金の支払時期について，民法上は同時履行（請負につき改正民法633条，売買につき同法533条）となりますが，通常は，代金を支払う注文者の交渉上の立場が強いため，製作物の引渡しが先履行とされることが実務上多いです。具体的には，受注者から製作物を受領し，月の特定の日を締め日として設定し翌月払いにする等の取決めがされます。ただし，下請法の適用のある取引においては，注文者が製作物を受領した日から60日以内に支払いをする必要があります（同法2条の2第1項）。

(3)　危険負担

現行民法では，製作物の引渡しを受ける前であれば，帰責事由なく当該製作物が滅失・損傷してしまっても，注文者が代金を支払う必要があります（同法534条。いわゆる債権者主義）。しかし，この結論は，実務上受け入れられ難い不合理なものでした。合意で排除できる任意規定でもありますので，多くの場合，制作物の滅失または棄損の危険は，目的物の「引渡し」または「検収完了」と同時に移転すると明記される場合がほとんどです。なお，このような現状を踏まえて，かかる民法534条の規定は削除され，改正民法536条1項は，制作物供給契約等のような双務契約すべてについて，目的物の滅失・損傷が帰責事由なく生じた場合，当該目的物の引渡しをすべき者が，引渡しを受けるべき者から代金請求を受けたとしても，これを拒むことができると規定されました（履行拒絶構成，（Q7も参照））。

(4)　製作物の担保責任

製作物の引渡し後に瑕疵が発見された場合に，責任の範囲をどのように分担するかが問題になります。発注者側からすれば，広範な責任を課したいと考え

ますが，受注者からすれば，責任を制限したいと考えます。瑕疵についての対応については，Q7を参照してください。

(5)　準拠法と裁判管轄

準拠法については，日本企業同士の日本国内での取引が通常想定されますので，日本法とするのが当たり前ともいえる処理です。しかし，取引相手が常に日本法人であるとも限らないところ，注文書に準拠法について触れていないと，準拠法が海外の法律であるとの主張がされる余地を残してしまうので，（その主張が認められるかはともかく）念のため日本法が準拠法であると規定しておいたほうがよいです。

裁判管轄について，何らの取決めもしなかった場合，複数の地に裁判管轄が発生する可能性があります（民事訴訟法5条各号）。その場合，自社にとって遠隔地の裁判所に訴訟提起される可能性がありますので，自社にとって有利な管轄を定められる場合は，専属的合意管轄裁判所（同法11条1項）を定める必要があります。

Q3　取引基本契約書の交渉の留意点

当社は先日，数カ月ごとに取引のある会社から取引基本契約書の取り交わしを求められました。これまでどおり注文書・注文請書の取り交わしでは足りませんか。取引基本契約書の締結交渉を進める上で注意すべきポイントがあれば，合わせて教えてください。

必須ではありませんが，同種の取引を反復継続して行う際には，検収，契約不適合責任，解除，秘密保持等の共通事項について定める取引基本契約書が多く取り交わされています。自社に有利な事項を予め規定した自社ひな型から交渉を開始できると有利です。相手方ひな型の場合は，自社に不利な内容になっている条項について修正を求める必要があり，重要度に応じて優先順位をつけて交渉します。

1．取引基本契約書とは

(1)　取引基本契約書の意義

基本的には，取引基本契約書の取り交わしは必須ではありません（Q2参照）。

もっとも，同一の当事者間で反復継続して同種の取引を行う際には，特別の事情がない限り予め定められた同じ内容で取引をするのが簡便であり，当事者の意図であることが多いと考えられます。また，当事者が不特定多数の相手と取引を行う際に，一括して共通の対応をしたいと考える場合も多々あります。

そのため，個別の取引ごとに異なってくる引渡数量，納期および価格等は各取引時に注文書・注文請書または個別契約で定め，検収，契約不適合責任，解除，秘密保持等の共通事項は取引基本契約書を予め取り交わし，個別の取引のたびに交渉を行って多種の事項が盛り込まれた契約書を取り交わす手間を省く意味で，実務上，基本契約書が多く取り交わされています。

(2)　建設工事の場合

例外として，「取引基本契約書」と呼ぶかは別としても，法令上，契約締結時に当事者間で契約内容を記載した書面の取り交わしが求められる場合があり

ます。

　たとえば，建設業法19条１項は，建設工事の請負契約の当事者に，契約の締結に際して，同項各号に掲げる事項を含む契約内容を書面に記載し，相互に交付すべきことを求めています。注文書および請書の交換のみによる場合は，注文書および請書のそれぞれに，同内容の基本契約約款を添付または印刷することが求められています（平成12年６月29日付け建設省経建発第132号建設省建設経済局建設業課長通知（各都道府県主管部局長あて）「注文書及び請書による契約の締結について」）。そのため，注文書・注文請書の取り交わしでは足りないこととなります。

２．取引基本契約書の適用範囲

　法人名義で契約を締結する場合，契約の効力は法人全社に及びます。適用される支店や部門を限定する場合，「○○株式会社ＸＸ支店」等を契約当事者名とし，適用範囲を明確にします。特に，取引基本契約書の内容が自社に不利な内容を含む場合は，適用される範囲を限定するのが望ましいです。

３．取引基本契約書の締結交渉

(1)　自社ひな型を用いる場合

①　自社ひな型の有用性

　取引基本契約書の取り交わしを求められた場合，自社と相手方とどちらが草案（ドラフト）を初めに提出することになるかが重要です。

　一般に，自社からドラフトを提示することができれば，相手方との交渉に際し強い立場で臨むことができます。そのため，同一の相手方と反復継続した取引を行うことがある場合，予め自社の取引基本契約書ひな型を作成しておくべきでしょう。

　売買契約を例とした取引基本契約書においては，自社が売り側，買い側のいずれに立つか，それとも契約当事者間でそれぞれ売り，買い両方の立場になることがあるかによって，どのような記載が自社に有利となるかが異なります。

　たとえば，(i)自社が売り側に立つ場合，不可抗力免責に関する条項を入れて，商品の引渡しができないまたは遅延する場合は契約上の義務を免れるとしたほ

うが有利です。

　これに反し，(ii)自社が商品を購入する側のみに立つ場合，自社の主要な債務
は代金支払いですので，自社の債務が不可抗力で履行できないという事態は考
えにくく，むしろ相手方の売り側の不可抗力抗弁を封じるため，不可抗力事由
が発生した場合も契約上の責任を免れないという規定を置ければそれに越した
ことはありません。

② 　自社ひな型を作成する場合の留意点

　自社ひな型の準備に際して他に留意すべき点として，法令等に基づく制限が
課される場合がある点が挙げられます。

　たとえば，作成したひな型が消費者契約法の適用される取引において用いら
れる場合，事業者の損害賠償責任を免除する条項（8条），消費者の解除権を
放棄させる条項（8条の2第1号）その他消費者の利益を一方的に害する条項
（10条）は無効となる点に留意すべきです。また，下請事業者との契約では，
下請法の規制に留意が必要です（Q23，26，27を参照）。

　強行法規を除くと，自社のひな型の内容は自由に定められますが，あまりに
自社に有利な内容にしてしまうと，相手方から多くの点の修正を求められ，契
約交渉が長引くため，相手方との力関係，取引の実情，現場の労力等を考慮し
た上で，ひな型を作成することが必要です。

　また，日本語の契約であっても，国籍が異なる当事者間で締結される契約書
のひな型を作成する場合，特別の事情がない限り，準拠法，言語，裁判管轄ま
たは仲裁地の記載を入れるとともに，国際物品売買契約に関する国連条約の適
用を排除する旨の条項を入れることが多くなっています（Q13参照）。

(2)　相手方ひな型を用いる場合

① 　契約書の修正

　取引基本契約書の締結交渉に際し，相手方ひな型が提示された場合，どんな
ことに留意して交渉すればよいでしょうか。

　まず，相手方ひな型ですので，多くの場合，相手方に有利，自社に不利に作
られています。自社に不利な条項については，一つ一つ修正を申し入れて交渉
をする必要があります。

　相手方が強い立場にあり，一切の変更は認めずすべてこのままで締結しても

らう旨を述べてくる例も少なくありません。その場合であっても，交渉をあきらめるのではなく，できる限り自社に及ぼす不利益が少なくなるための手段を検討する価値があると考えます。たとえば下記のような対応が考えられます。

(i)　相手方のひな型を使用するのではなく一旦自社ひな型の使用を申し入れる。

(ii)　いずれの当事者のひな型によることもできないとして，業界団体等から公表されている標準ひな型を用いる。

(iii)　商法，民法のルールをベースとして交渉し，自己に不利益な契約内容を押しつけられる場合は，取引基本契約書を締結せずに取引を行うことができないか検討する。

(iv)　相手方ひな型の取引基本契約書の変更を認めないと言われても，契約書の内容は変更せずそのまま締結し，合わせて契約書の内容を一部変更する旨の覚書を締結する。

(v)　契約書の文面の変更が認められなくとも，「この条項の意味は○○である。」という内容のやりとりを電子メールで行って自社にとって有利な解釈を引き出して趣旨を補完する。ただし，契約書に完全条項が存在する場合，この契約外のやりとりが常に係争状態になった際に援用できるか否かについては留意が必要となる。

(vi)　打ち合わせ時に上記(i)〜(v)と同様の内容を議事録に残しておく。

② 契約書の修正依頼の具体的内容

　下請法の適用がある取引で，自社が下請事業者にあたる場合，提示された契約書案に同法の規定に抵触する内容が含まれていることもあります。この場合，強行法規に抵触するとして強い主張をすべきです。

　次に重要な点は，何を主張し，何を主張しないかです。自社に不利な条項が含まれているからといって，すべてを修正するのは困難な場合が多いでしょう。修正を求める条項に優先順位をつけて交渉する必要があります。自社に不利な条項であっても，たとえば，裁判管轄について，第一審の専属的合意管轄裁判所が国内にある限りおよそ対応不可能とは言えませんので，受け入れる余地はあるでしょう。自社にとってリスクの大きい点，自社が対応できない点等，どうしても修正が必要な点で譲歩を得るために，譲歩しうる条項は譲歩するとい

う判断もありえます。

③　契約書の修正以外の対応

　取引基本契約書の締結交渉においては，契約書の文言を変更する以外の手段も検討できます。保険をかけてリスクヘッジする，あるいは，仕入れたものを顧客に売る問屋的な役割をする会社であれば，顧客との間の基本契約書と同様の内容の基本契約書を仕入先との間で結ぶなどの方法も考えられます。

　取引基本契約書の締結交渉は，社内の実情に熟知している社内弁護士であるからこそ，議論の方向を整理し，交渉の加減を調整することができる点で，大いにその能力が期待される分野と考えられます。

Q4 取引基本契約の品質に関する条項

上司から，「メーカーは品質が命だから，取引基本契約書でも品質に関する規定が特に重要だ」と言われました。契約書の作成やチェックにあたって検討すべき品質に関する具体的な項目やその内容について教えてください。

A

品質に関する主な項目としては，品質保証，仕様，検査，瑕疵担保責任等が該当します。法的には品質保証の範囲，検査の手続，瑕疵担保責任の追及期間や救済方法等が特に重要で，またこれらは密接に関連しているため全体として齟齬がないように定める必要があります。

1．メーカーにおける品質の重要性

Q3で取引基本契約書（以下「契約書」といいます）の役割および内容の重要性について説明しましたが，特にメーカーの契約書については，品質に関する規定に注意を払う必要があります。大企業を中心とした品質不正問題が近年巷間を賑わせていますが，これはメーカーにとって品質が生命線であることの一つの表れであり，だからこそ通常の契約書では品質について定められています。それゆえ，売る側か買う側か，また売買か製造委託その他の類型かを問わず，品質に関する当事者間の取決めを文言に正確に落とし込むことは必須であり，それでいて自社のリスクが抑えられている契約書が理想ということになります。

以下，最も使用頻度が高いであろう売買の契約書を念頭に，品質保証，仕様，検査，瑕疵担保責任を中心に説明し，その中でメーカー特有のいわゆる「4M」変更や「トクサイ」といったトピックにも若干触れたいと思います。

2．品質に関する規定のポイント

(1)　品質保証

①　保証内容と管理体制

　納入する目的物につき，売主が買主に何をどこまで保証するかが重要です。一般的には，「仕様書に合致する」ことを最小限として，取引の重要性や力関係等に応じ，「買主の要求を満足させる品質・性能である」「国内外の法規範や公の規格に適合する」「第三者の知的財産権を侵害していない」等，さまざまな保証内容が追加で定められます。一般論として保証内容は少ないほうが売主に，多いほうが買主に有利になります。多様な保証内容を規定せざるをえない場合でも，自社が売主であれば，違反か否かを（買主の主観ではなく）客観的に判断できるように記載する，「売主の認識する限り」と限定を付す等の努力をしましょう。

　また，目的物自体に関して以外にも，品質管理体制の整備およびこれに沿った運用の徹底が義務付けられたり，品質管理体制の買主への報告や買主による監査権限が定められる場合もあり，売主は許容範囲について検討を要します。

　なお，海外に目を向けると，Uniform Commercial Code（米国統一商法典）が適用される契約においては，merchantability（商品性）やfitness for particular purpose（特定目的適合性）等が自動的に黙示的保証の対象となります。そのため，自社が売主になった場合はこれらを契約書にて明示的に排除することを積極的に検討すべきであり，その際は目立つ方法で記載する（実務上多い方法はすべて大文字による）ことが必要という点には注意が必要です。

②　瑕疵担保責任との関係

　最も注意を要するのは瑕疵担保責任との関係です。契約上，一定の品質保証期間を定めているケースがあり，これは法の特則として買主有利に変更する当事者意思の表れであることが多いと思われます。しかし，裁判例の中には，契約書で品質保証期間を定めたとしても，後述する商法に基づく短期間の検査・通知義務の適用を排除しない，と判断をしたものが見られます（東京高判昭56・10・7判時1035号123頁，名古屋地判昭60・6・25金判729号31頁等）。そのため，これら裁判例の判断が合理的かはともかく，買主としては念のため，商法526

条に基づく義務を履行しなかったとしても品質保証責任を免れない旨規定して
おくほうが安心です。

(2)　仕　　様

　品質保証は少なくとも仕様を充足していることが求められますので，前提と
なる仕様について予め当事者間で合意しておくことは必須です。ただ，特に
メーカーが扱うような高度に技術的な内容であればあるほど，実際の仕様は詳
細かつ複雑になります。そのため，契約書の規定そのものは，「甲乙間で別途
協議して定める仕様書による」等，あっさり済ませて，仕様書本体を充実させ
ることが多いと思われます。

　ところで，仕様に関してメーカーの契約ではいわゆる４Ｍ（Man, Machine,
Material, Method）を変更する場合の手続が定められる場合が少なくありま
せん。昨今の品質不正問題を機に自社規定を確認した企業もあったものと想像
しますし，海外とのビジネスでは「サイレントチェンジ」も問題となっていま
す。売主にとっては，「４Ｍ変更により商品の品質や性能に重大な影響を及ぼ
すと判断した場合に限り買主に通知する」等の規定が最も使いやすく，逆に，
「４Ｍ変更を行おうとする場合は事前に買主に通知し，その指示に従う」等の
厳格な規定は現場の負担を招くことになりますので，こだわりたいところです。

(3)　検　　査

　検査に関しては，①納入後の検査および連絡の期限，②検査の合否を分ける
判断基準，③検査不合格の場合における売主の対応，④検査に合格した場合の
効果等の内容が定められることが通常です。

　①は，期限が短いほど売主に有利です。また，「当該期限内に買主から何ら
の連絡もないときは，検査に合格したものとみなす」等の規定を設けることで，
売主の実務がスムーズになります。なお，目的物が定型品で数量が多いケース
では，買主の判断で抜取り検査や検査省略にできる旨の定めも見られます。

　②では，実務上は瑕疵や数量不足があれば不合格とする場合が多いと思われ
ます。そうすると後述の瑕疵担保責任とも連動することになり，全体を通して
矛盾なく規定されているか，慎重に確認する必要があります。「瑕疵」の定義
について，自社が売主であれば，「仕様に合致すること」としてクレームのリ
スクを抑え，逆に買主であれば，「自社の定める検査基準を満たすこと」「品質

不良等」のようにクレームを言いやすくしておくことを検討すべきでしょう。

　③では，瑕疵については修補や代替物引渡しが，数量不足については追加納入が主な手段となります。手段を予め具体的に決めておくのか，当事者のいずれかに都度選択を委ねるのかという２パターンがあり，後者の場合は選択権を有する当事者が有利となります。個別契約の解除が定められることもあります。ところで，関連する規定として，一連の品質不正問題でキーワードとなった「トクサイ」と呼ばれる特別採用，すなわち不合格品であっても買主は上記手段以外に代金を減額した上で引き取ることができる旨規定されることがまま見られるのも，メーカーの契約の特徴です。求めていた品質水準が極めて高い場合等，不合格品であっても一定レベルの品質を満たしているのであれば，むしろディスカウントした上で早期納入を優先するほうが買主にとってメリットが大きい場合も多いからです。とはいえ，不合格品は契約違反であることに違いはなく，この規定が活躍する場面は通常売主に不利ですので，売主としてはそのことを予め想定し，減額幅等につき要協議とするなど，買主の言いなりにならない工夫が必要です。

　④は，合格により引渡しが完了となる旨定められることが一般的ですが，引渡しは所有権や危険の移転時期に関する規定と連動していることも多いため，併せて確認を要します。加えて，「合格後は目的物について買主は何ら請求することができない」旨定められることもありますが，これは瑕疵担保責任を排除する趣旨とみなされる可能性があるため，買主にとっては要注意です。

(4)　瑕疵担保責任

　瑕疵担保責任は，企業の契約においては商法が適用されます。その内容は，「買主は，目的物受領後遅滞なく検査しなければならず，瑕疵又は数量不足を発見したときは，直ちに売主に対して通知しなければ，解除・代金減額・損害賠償の請求をすることができない」（商法526条１項・２項前段），「目的物に直ちに発見できない瑕疵がある場合において，買主が６か月以内に瑕疵を発見したときも同様とする」（同条２項後段）というものであり，売主にとって有利な，非常に短期間の通知義務が買主に課されています。

　しかし，任意規定であり異なる特約を交わすことが認められるため，瑕疵担保責任を定めていない契約書のほうがむしろ珍しいのが実態です。具体的な規

定としては，引渡し後1年間やそれ以上の請求可能期間を付与するもの，売主の故意（重）過失の有無により当該期間を区別するもの等が見られます。買主であれば，前述の検査に合格したことは瑕疵担保責任の請求権を排除するものでない旨，念のため明記しておくことも検討に値します。

　最後に，令和2年4月1日施行の民法改正の影響について若干触れます。瑕疵担保責任は契約不適合責任へと名称や要件，法的性質が変更され，従来の解除と損害賠償に加え，修補・代替物の引渡しや，不足分の引渡し・代金減額請求が認められ，1年間は権利行使ではなく通知の期限ということになりました。ただ，「瑕疵」と「契約不適合」はさほど異ならない概念とされている上，企業の契約には引き続き商法526条が適用されます（ただし，民法に倣って「瑕疵」という文言は消えます）。さらに，そもそも実務上は契約書で特約を定めるのが通例であることからすれば，契約書の文言変更は検討の余地があるものの，実務への影響は少ないと考えてよいのではないでしょうか（Q7を参照）。

Q5 損害賠償責任制限条項等

当社は，ある完成品機械の一部の部品を取引先に納めていますが，この完成品である機械が高価であることから，この部品が原因で機械に不具合が生じると取引先から高額の損害賠償請求をされるおそれがあります。契約書にどのような条項を定めればよいのでしょうか。

A

故意・過失がある場合にまで免責を認める条項や，人身損害に関する責任の免除を許す条項（公序良俗違反）を入れないことを前提に，損害賠償額を制限する条項を定めるべきです。

1. 債務不履行に基づく損害賠償請求

(1) 債務不履行の内容と帰責事由

債務者が，債務の本旨に従った履行をしないことを債務不履行といいます。改正民法は，「債務不履行の事実」，「損害の発生」，「因果関係」に加えて，履行不能・履行遅滞・不完全履行を含めた債務不履行全般の消極要件として，「その債務の不履行が契約その他の債務の発生原因及び取引上の社会通念に照らして債務者の責めに帰することができない事由によるものであるときは，この限りでない。」という規定を新設し（同法415条1項ただし書），債務者の帰責事由が要件となることを明確にしました。改正後の判例の集積を待つ必要はありますが，実務上大きな変更はないと考えられています。

(2) 損害賠償の範囲

損害賠償の範囲について，改正民法416条1項では債務不履行によって「通常生ずべき損害」（通常損害）が賠償の範囲に含まれるとの原則が定められています。通常損害とは，代替品の調達費用など納入先等の具体的な取引上の損害をいいます。同条2項では「特別の事情によって生じた損害」（特別損害）についても「当事者がその事情を予見し，又は予見することができたとき」は賠償の範囲に含まれる旨が定められています。この「当事者」とは，債務者（違法行為をした者）をいいます。なお，損害賠償の範囲の特別損害について

は，「予見し，又は予見することができた」が「予見すべきであった」と修正されていますが，やはり実務上の影響はないと予想されています。

2．契約で賠償責任制限条項を設ける必要性

　継続的な部品等の取引関係を構築する際には，損害賠償責任を負う場面を限定し，また，損害額を限定する規定（以下「賠償責任制限条項」といいます）が置かれることがあります。納入した部品が使用されるプロジェクトの規模が大きくなり複雑化すれば，品質の確保は困難になりますし，もれなくすべての使用条件をカバーすることは困難だからです。納品先で事故が発生したりプロジェクトがとん挫した場合の損害額は予測困難ですし，納入先の逸失利益（債務不履行がなかったならば債権者が得たであろう得べかりし利益の喪失額）が高額に上ることもあります。そこで，部品納入業者は，賠償責任制限条項を置くことを検討する必要性があります。なお，継続的な契約のみならず，単発の契約であっても，高価な機械の部品の一部となる製品を納入する場合等には，損害額が高額になる可能性がありますので，賠償責任制限条項を入れておいたほうがよいです。

3．賠償責任制限条項に関する民法上のルール

　改正民法572条には，担保責任を負わない旨の特約が有効であることの規定がありますが，損害賠償責任を制限する一般的な規定はありません。しかし，一般的に，私的自治または契約自由の原則を根拠に，信義誠実の原則（同法1条2項）または公序良俗（同法90条）に反しない限りにおいて，契約において責任制限条項を付すことが認められています。なお，私的自治の原則が認められるとしても，大規模な企業間で合意された免責条項の適用が問題になった事案につき，解釈によって当事者間の特約をそのまま適用することを制限した裁判例（東京地判平15・1・17判時1823号82頁）があるので，賠償責任制限条項が信義則または公序良俗に反するものでないかどうかにつき，慎重に検討をしてください。

4．具体的な賠償責任制限条項案と留意点

　賠償責任制限条項のサンプルは以下のとおりです。

【損害賠償額の制限】

> 条項例
>
> 1．甲及び乙は，本契約及び個別契約の履行に関し，相手方の責めに帰すべき事由により損害を被った場合，相手方に対して，これによって通常生ずべき損害に限り，損害賠償を請求することができる。
>
> 2．前項の請求は，当該賠償請求の請求原因となる当該個別契約に定める納品物の検収完了日又は業務の終了確認日から○カ月間が経過した後は行うことができない。
>
> 3．本条第1項の損害賠償の累計総額は，債務不履行，法律上の瑕疵担保責任，不当利得，不法行為その他請求原因の如何にかかわらず，帰責事由の原因となった個別契約に定める○○の金額を限度とする。
>
> 4．本条の規定は，損害賠償義務者の故意又は重大な過失に基づく場合には適用しない。

　当該賠償責任制限条項のサンプルのポイントは以下のとおりです。

(1)　賠償責任制限条項の対象になる請求原因

　当該条項例では，債務不履行責任だけではなく，瑕疵担保責任，不法行為責任その他の請求原因に基づく損害賠償責任の制限についても制限の対象になると明記しています（条項例3項）。たとえば，債務不履行を基礎付ける事実関係に基づいて不法行為による損害賠償請求を主張することもありえます。当該賠償責任制限条項に実効性を持たせるためには，条項例のように，債務不履行以外の請求原因も網羅的にカバーすることが必要です。

(2)　帰責事由

　条項例1項は，瑕疵担保の場合も含めて，帰責事由のある場合に賠償責任を限定しています。前記のとおり，納品した部品が原因で生じる損害額は多額に上るおそれがあることから，過失がない場合にも損害賠償責任を負わせることは妥当性を欠くためです。なお，瑕疵担保責任は無過失責任とされていましたが，改正民法によって，債務不履行責任の一種と整理され，帰責事由が必要と

されるようになりました（同法415条1項ただし書）。

(3) 損害の範囲

損害の範囲については，民法416条の通常損害のみに限定し，特別損害を除外する旨の規定を設けることが多いです。本条項例では，「通常生ずべき損害に限り」と記載しています（条項例1項）。民法416条で規定するような予見可能性の点で争うのではなく，契約書上で，逸失利益や間接損害その他の特別損害は請求できない，という主張ができれば大変わかりやすいと言えます。

(4) 請求期間

条項例では損害賠償を行いうる期間を納品物の検収完了日から○カ月という一定期間と定めています（条項例2項）。民法，または商法の時効・除斥期間よりも請求可能期間を短縮する場合はこの記載が必要ですが，法律の原則に従う場合には不要です。

(5) 損害賠償の上限額

条項例3項は，損害賠償の上限額を設定する規定です。上限を設定せず民法の原則に従い相当因果関係にある範囲の損害すべてを対象とする場合には，同項は不要です。

(6) 賠償責任制限条項に対する制約

条項例4項は，債務不履行者が，問題となる債務不履行について故意・重過失の場合には損害賠償額の限度額設定が適用されず，民法の原則どおり相当因果関係にある通常損害および予見可能性のある特別損害のすべてが賠償の対象になることを定めています。故意の場合には，判例では免責・責任制限に関する条項は無効とされており，重過失の場合にも故意と同列に解釈すべきだからです。この規定は，納入先から提示される可能性がありますが，少なくとも「故意・重過失」がある場合にまで損害賠償責任を負わないとすることは妥当ではないので，基本的には受け入れざるをえないと考えるべきです。

Q6 知的財産権の侵害に関連する条項

顧客との取引基本契約書の締結交渉で，当社の製品が第三者の知的財産権を侵害していないことの保証等を求められています。知的財産権の侵害に関する条項の作成にあたり，どのような点に留意する必要がありますか。

A

自社の製品が第三者の知的財産権を侵害していないことについて調査し，確認が取れた範囲での保証にとどめるのが望ましいでしょう。また，第三者との間で知的財産権に関し紛争が生じた場合における自社と顧客との責任と費用負担については，顧客による指示があった場合など顧客の責に起因する場合は，自社が責任を負わないようにする必要があります。

1．第三者の知的財産権の侵害についての保証

顧客（買主）より，自社の製品が，第三者の特許権，実用新案権，意匠権，商標権，著作権，ノウハウ等のすべての知的財産権を侵害していないことの保証を求められることがあります（知的財産権の種類についてはQ14参照）。

製品の種類にもよりますが，一般的には各国の知的財産権を漏れなく調査することは困難ですので，そこまでの保証はすべきではありません。

第三者の知的財産権侵害の有無について，自社が調査した範囲を確認し，たとえば，国内の特許権についてのみ調査を実施しており，第三者の特許権を侵害していないことを確認したのであれば，その範囲の保証にとどめるのが望ましいでしょう。第三者の特許権を調査済みの国を一覧として，別紙記載の国において特許権を侵害していないことを保証するという形にすることも考えられます。

それ以外の第三者の知的財産権については，「侵害しないよう万全の注意を払う」「最善の注意を払う」といった文言にとどめることが考えられます。

2．第三者の知的財産権を侵害した場合の責任

(1)　知財侵害の原因

　第三者との間で知的財産権の侵害に関し紛争が生じた場合の責任と費用負担についても，規定されるのが一般的です。

　顧客からは，自社の責任と費用負担ですべて解決することを求められることがありますが，第三者の知財侵害が生じた原因が，顧客の指示であったり，顧客からの貸与図面，支給品などに起因したりする場合もあり，そのような場合には，責任を負わないようにすることが必要です。第三者の知財侵害の原因が，顧客の指定した設計・仕様に起因する場合，顧客の責めに起因する場合等を例外として規定するようにします。また，自社製品が原材料や部品である場合は，知財侵害の原因が，他の原材料・部品等と組み合わせたことに起因する場合は責任を負わないように規定するようにします。

(2)　紛争解決のコントロール権

　第三者との間の知財侵害の紛争の生じ方としては，自社（売主）に対して第三者からクレームがあったり，自社が第三者から訴えられる場合と，顧客が第三者からクレームを受けたり訴えられる場合とがあります。

　自社がクレームを受けたり訴えられたりした場合，基本的には，製品の知的財産権に関する権利関係については，製造して販売している自社のほうがわかっていることが多いでしょうから，自ら交渉や訴訟の方針を決定し，解決方法や内容を決定するのが合理的です。また，自社が第三者に対する損害賠償金を負担し，紛争解決の費用を負担する場合には，自社の負担を最小限とするためにも，紛争解決のコントロール権を持つことが必要です。なお，紛争解決に際して，顧客の協力がないと解決が難しい場合も考えられますので，必要な場合には顧客の協力を得られるようにしておくことが望ましいでしょう。

　顧客がクレームを受けたり訴えられたりした場合，顧客に紛争解決を委ねてしまってよいかという点にも留意が必要です。第三者に対する損害賠償金や弁護士費用を含む紛争解決費用を自社が負担する場合に，顧客主導で紛争解決が行われると，第三者に支払う損害賠償額が高額になる等解決内容が自社にとって好ましくないものになる可能性があります。そのため，処理解決の方針や第

三者との和解条件等，一定の事項については自社の関与（たとえば，事前同意が必要とする等）を確保するのが望ましいでしょう。

(3) 損害賠償の上限

　自社製品が第三者の知的財産権を侵害していた場合や，第三者との間の知的財産権に関する紛争に巻き込まれた場合，第三者への損害賠償金や解決に要する費用は高額になる可能性があります。特に，海外での知的財産権に関する訴訟になると，訴訟対応の弁護士費用だけでも相当な金額になることが見込まれます。当該取引の規模，利益，リスク等を踏まえて，必要に応じて，顧客に対して負担する損害賠償額の上限を定める等の対応を検討することが考えられます（Q5を参照）。

(4) 通知義務

　第三者から知的財産権を侵害している旨の警告書を受領した場合に，相手方に通知する義務を定めることが考えられます。製品が第三者の知的財産権を侵害している可能性があることが発覚した場合に，できるだけ早期にその事実を認識し，対応策を検討することができるようにするためです。

　顧客に警告書等が送付される場合もありますので，自社のみが通知義務を負う条項となっている場合には，双方が通知義務を負う条項に修正するのが望ましいでしょう。

3．参考判例

　物品の買主が，売主に対し，非侵害保証条項に基づく損害賠償請求をした事案について，知財高裁は，第三者の特許権侵害の成否は不明であるとしたものの，「売主は，物品に関して第三者との間で特許権侵害を理由とする紛争が生じた場合，自己の費用と責任においてこれを解決し，または買主に協力し，買主に一切迷惑をかけないものとし，買主に損害が生じた場合には，売主はその損害を賠償する。」という条項に基づき，買主において特許権者との間でライセンス契約を締結することが必要か否かを判断するため，各特許の技術分析を行い，各特許の有効性，商品が各特許を侵害するか否か等についての見解を，裏付けとなる資料と共に提供すべき義務，および買主においてライセンス契約を締結する場合に備えて合理的なライセンス料を算定するための必要な資料等

を収集して提供すべき義務の各義務違反を認めて，買主が支払ったライセンス料のうち一部につき相当因果関係のある損害として，売主に賠償責任を認めています（知財高判平27・12・24判タ1425号146頁）。

4. 実務上の留意点

　第三者の知的財産権を侵害しないことを保証する範囲，知財侵害に関する紛争が生じたときの解決方法，費用負担等を検討し，非侵害保証条項の交渉をするにあたっては，自社の知財部門と連携し，そのリスク検討を行うことが必要です。

Q7　取引基本契約に民法改正が与える影響

　平成29年に民法が改正され，令和2年4月1日から施行されます。今回の改正で，契約法の多くの規定が変わりましたが，売買取引基本契約を締結または更新する上で，従来と比較し，どのような点に留意すべきでしょうか。

A

　①解除と危険負担，②瑕疵担保責任の2点について，特に留意すべきと考えます。

　改正民法の大部分は令和2年4月1日から施行されます（以下「施行日」といいます）。改正内容は多岐にわたりますが，ここでは売買取引基本契約（以下単に「取引基本契約」といいます）に関連し，特に重要と思われる上記2点と，経過措置について解説します。本設問では，条文番号について，現行民法は「旧○条」，改正民法は「新○条」，と記載します。なお，以下の解説では取引基本契約の買主の支払能力は十分であると仮定し，目的物引渡債務の不履行が生じる典型的な事例を取り上げ，買主が債権者，売主が債務者であるという前提で説明していますが，実際には代金支払債務が不履行になる場合もありますので，ご注意ください。

1．経過措置

(1)　基本ルール

　まず，実務的に非常に重要である施行日と経過措置について説明します。原則として，新民法は，施行日後になされた法律行為にのみ適用されます（民法の一部を改正する法律の附則6条・34条）。施行日前になされた契約については，引き続き旧法が適用されます。ただし，定型約款，債権譲渡，消滅時効などに関するルールには，上記原則と異なる経過措置が適用されますので，ご注意ください。他にも，遅延損害金に新民法の法定利息が適用されるのは，債務者が遅滞責任を負った時が基準時になります（民法一部改正法附則17条3項，新404条）。

(2) 取引基本契約との関係

　取引基本契約との関係では，同契約の最初の締結が施行日前でも，施行日後に当該契約を更新すれば新法が適用されます。取引基本契約本体に旧法が適用されていても，当該契約に基づく個別契約が施行日後に締結された場合，個別契約には新法が適用されます。この状態で紛争が生じた場合，当該紛争が個別契約と取引基本契約のどちらの契約の問題であるかで，適用される民法の規定が異なることになります。この混乱を避けるため，契約当事者間で施行日直後に取引基本契約を意図的に更新することもありうると思います（ただし，実務的には，その前提として新法の影響を考慮した契約の修正交渉が必要になる場合も多いと考えられます）。

2. 解除と危険負担

(1) 軽微な不履行の場合の解除権排除

　契約の解除については，従来から，判例において債務不履行部分が僅かである場合や，契約目的を達成するために必須とはいえない付随的義務の不履行である場合には解除権は認められるべきでないとされていた（大判昭14・12・13判決全集7輯4号10頁，最判昭36・11・21民集15巻10号2507頁）ところ，新541条ただし書は，催告解除において，債務不履行が契約および取引上の社会通念に照らして軽微である場合は，契約解除できない旨を明記しました。取引基本契約においては，解除条項において，上記の内容を明記していない場合も多いと推測しますが，契約でこの内容を明記していなくても，同ただし書の適用を排除したと解釈されるわけではないものと考えられます。「軽微な不履行」の場合を契約で具体的に列挙すれば，両当事者にとって紛争予防の観点からより望ましいでしょう。逆に買主からすれば，社会通念上は軽微と評価されやすい（特に付随的な）債務であっても，当該契約で買主として特に重要と考えるものは，その旨を明記しておくことが望ましいと考えます。

(2) 履行不能に基づく解除における債務者の帰責事由（不可抗力条項）

　続いて，旧法下で，履行不能に基づく解除には債務者の帰責事由が要件とされている（旧543条）ことの妥当性について疑義が呈されていたところ，これを受け，新法では催告解除（新541条）と無催告解除（新542条）の双方において，

債務者の帰責事由は要件とされていません。したがって，取引基本契約において債務者の帰責事由が解除要件として明記されている場合，債権者（買主）にとっては（改正民法よりも）不利ですので，これを機に削除を求めたいところです。この旨が要件として契約上明記がない場合は，民法のルールと揃ったことになります。むしろより深い検討が必要になるのは，契約の不可抗力条項です。新法では，解除に債務者の帰責事由を要件としなくなったので，契約で不可抗力発生時に買主の解除権が排除されている場合，原則として（民法より）買主に厳しい合意と評価できます。したがって，買主としては当該内容を修正したいところです。特に不可抗力の場合，不可抗力が債務の履行を妨げている期間中は債務者が履行を停止することができ，納期の延長を認める旨の規定となっていることも多いと推測しますが，少なくとも買主としては履行停止が一定期間以上継続した場合は，解除により当該契約から離脱する手段を確保したいところでしょう。

　また，新542条1項各号には，旧法にはなかった無催告解除事由が新たに付加されましたが，取引基本契約に当該解除事由の明記がないと，特に買主にとっては，当該解除事由を合意によって排除したと解釈されるリスクに注意を要します。

(3)　危険負担

　危険負担については，特に特定物売買において債権者主義が採用されていた（旧534条）ことについては買主の負担が大きすぎるとの批判を受け，新法では削除されました。また，上述のとおり，解除に債務者の帰責事由が要件とされなくなったため，債権者は解除権を行使すれば反対債権を消滅させることができるところ，新536条1項は「反対給付を拒むことができる」と，危険負担制度は反対債権が解除により消滅する前の取扱いを担う規定として整理されました。また，売買に関する新567条1項において，危険負担の移転時期は目的物の引渡時であることが明記されました。取引基本契約においては，元々，旧534条の債権者主義を修正するために，目的物の危険負担移転時期について，引渡時，または（買主に有利な契約では）検収合格時と定めていた場合が多いと思います。前者（引渡時）の場合は，改正により民法のルールと揃ったことになり，後者（検収合格時）の場合は引き続き，買主からは明記が必要になります。

3．瑕疵担保責任

(1)　改正の概要

　売買における瑕疵担保責任については，旧法下において，法定責任説と契約責任説の対立があったほか，条文が不明瞭で数多くの解釈上の論点がありました。これらについて，新法では，①契約責任説を前提に「瑕疵」という用語の使用をやめ，「契約の内容に適合していない」（「契約不適合」）という用語を採用（新562条1項）し，②目的物が特定物か不特定物かにかかわらず適用され，③「隠れた」（買主の善意無過失）要件を削除し，効果として，④履行追完請求権（同項）のほか，⑤代金減額請求権（新563条1項）を明記し，⑥新415条に基づく債務不履行時の損害賠償請求権，および新541条，新542条に基づく解除権の行使も認められる旨を明記しました（新564条）。

　また，⑦担保責任の免責特約について，売主が知りながら告げなかった事実には適用されない旨が明記され（新572条1項），⑧権利行使の期間制限については，「種類又は品質」に関する契約不適合の場合のみ，買主が契約不適合を知った時から1年以内に売主に通知しない場合は権利行使不能になる（ただし，売主が引渡時に契約不適合に悪意又は重過失の場合は期間制限なし）ことが定められました（新566条）。

(2)　契約不適合の明確化

　取引基本契約との関係では，従来の裁判実務においても，瑕疵の存否の判断について契約内容が参照されていたため，何が瑕疵（契約不適合）であるのかという認定における運用に本質的な差異は生じないと推測されますが，より契約当事者の合意内容が重要性を増しますので，目的物の要求仕様や性能保証の具体的な内容を明確にすることが（これまでよりもさらに）重要になります。特に，不特定物の場合は要求仕様や発注数量など債務の具体的な内容を契約において明確にすることが従来から重要でしたが，特定物の場合は，そもそも仕様や性能を明記しなくても，代替物が存在しないことから一義的に目的物を特定できるため，こういったことが疎かになりがちです。しかし，今後はこれを怠ると何が契約不適合なのか後から不明確になり紛争の火種となるため，注意を要します。特に中古品の販売の場合は，当該中古品が新品と比較して性能・

品質において劣っていることを契約当事者で折り込んだ上で契約する場合が多いですが，売主はどのような性質を保証し，または保証せずに，それを代金に反映させたのか明確化することが重要でしょう。

なお，「瑕疵」という用語については，住宅の品質確保の促進等に関する法律で引き続き使用されているものの，改正法との関係では，「契約不適合のことを指す」旨を契約内で明示しておいたほうが，混乱回避のために望ましいでしょう。

(3) 買主の認識

「隠れた」の要件が削除されたため，民法ルールでは買主が契約締結時に契約不適合に悪意または重過失であっても，保証責任の追及をすることはできます。しかし，商人間の売買では，改正商法526条2項が適用されますので，買主は受領時の検査で契約不適合を発見したときは直ちにその旨を売主に通知し，また，「種類」または「品質」に関して契約不適合を直ちに買主が発見できない場合，6カ月以内にこれを発見して売主に直ちに通知する必要が，引き続きあります（商法526条は任意規定であり契約で排除することは可能）。

(4) 代金減額請求権の位置付け

代金減額請求権は，買主にとって売主の帰責事由を要件としない救済手段ですが，原則として債務者（売主）に履行を追完する機会を与えなければならず，追完の催告において定めた相当期間を経過しても債務者が追完を行わない場合のみ，代金減額請求権を行使することができます（新563条1項。ただし，例外として同条2項各号）。また，追完の方法は買主に不相当な負担を課するものでないときは，売主が買主の請求した方法とは異なる方法ですることができます（新562条1項ただし書）。製造業においては，納入物が要求仕様の水準に達しない場合でも，当該契約当事者以外との関係では品質・安全性において問題がなく，かつ売主の利益を守るため，また買主も買主自身の納期との関係で代替品発注ができない場合等に備えて，代金を減額して買い取る「特別採用」という商慣習が存在しており，これを実現するために売主の追完の機会を守る新563条1項や，売主の追完指定権である新562条1項ただし書を契約で排除するという選択肢もとりうるでしょう。

なお，代金減額請求権は形成権であり，買主が行使の意思表示をすれば，こ

れによって債務の内容は現実に引き渡された物の引渡債務に圧縮され，結果として債務不履行は存在しなくなるため，行使後に債務不履行に基づく損害賠償請求権や解除権の行使をすることはできないという解釈が一般的です。代金減額請求権では，反対債権である代金支払債権が現実に引き渡された物の価額まで減額されるだけであり，履行利益は賠償範囲に含まれないため，買主にとってはいずれの権利を行使すべきか，代金減額請求権を行使する前に決定する必要があるでしょう。

(5)　契約不適合に基づく解除

　契約不適合は債務不履行ですので，新法により買主は売主の帰責事由なく解除権の行使が可能になります。契約における保証責任において，一定の場合に契約解除を制限している場合，その旨の明記が債務者（売主）にとって引き続き重要になります。

(6)　権利行使の期間制限

　期間制限について，新566条では，新562条1項の契約不適合の類型とされている「種類，品質，数量」のうち，「数量」の不足が1年の期間制限から明確に除外されています。そもそも新566条の期間制限は，目的物引渡時からの期間経過によって証拠が散逸するため，引渡し後長期間経過してから保証責任を追及されるリスクから売主を保護するための規定であるところ，数量不足については，類型的に外見上明らかであることが多いため，逆に買主の保護を図る趣旨の規定です（商人間の売買では改正商法526条2項が適用されることは上述のとおり）。買主としては「数量」という類型の扱いについて，契約の内容が民法・商法の定めより不利の場合は，修正を求めたいところです。引渡時に売主が契約不適合に悪意または重過失の場合に期間制限を排除する新566条ただし書および改正商法526条3項の内容についても，契約内容で権利行使の期間制限だけを特に明記し，当該内容を明記しなかった場合，当事者間で適用排除を合意したものと解釈されるリスクが，買主にありますので，契約への追記を求めることを検討すべきでしょう。

《参考文献》

● 筒井健夫＝村松秀樹『一問一答 民法（債権関係）改正』（商事法務，2018）

Q8 印 紙 税

　売買契約書や業務委託契約書に印紙を貼るにあたり，印紙税法上の留意点は何でしょうか。特に，課税される請負契約と不課税である委任契約との区別は，どのようにされているのでしょうか。

A

　印紙税法別表第一課税物件表の何号の課税文書に該当するのか，記載金額（文書の引用を含む）を確認します。請負と委任とは，主として仕事完成義務によって区別されます。

1．印紙税の基礎知識

(1) 印紙税とはどのようなものか

　印紙税とは，日常の経済取引に伴って作成する契約書や領収書等に課される税金で，印紙税法別表第一課税物件表に記載されている20種類の文書が課税対象となります。契約書で印紙が必要となるのは，1号，2号，5号，7号，12号，13号，14号，15号文書の合計8種類になります（以下「○号文書」といいます）。

(2) 印紙税の負担者

　印紙税の負担者は，印紙税が課される文書（以下「課税文書」といいます）を作成した人であり（印紙税法3条1項），課税文書の作成者は，原則として，「課税文書に記載された作成名義人」です（同法基本通達42条(2)）。したがって，法人や団体の役員，従業員が課税文書を作成した場合でも，当該法人や団体が課税文書の作成者となり，印紙税を負担します。

　契約書には，2以上の者が作成者として記載されているのが通常であり，当該契約書の印紙税全額について各人が納付義務を負いますが，共同作成者の1人が印紙税を納付すれば，他方は納付義務を免れます（同法基本通達47条）。実務上は，自らが保管する契約書に印紙を貼ることが多いと思いますが，契約において，誰が，いくら印紙税を負担するかを決めておくとよいでしょう。

(3) 印紙税の納付方法

　印紙税の納付のためには，課税文書の作成者，またはその代理人，使用人そ

の他の従業員の印章または署名をもって，印紙とその彩紋（通常は，印紙の左右の淵に「NIPPON」と記載されている部分）とにかけて，消印をします（印紙税法8条1項・2項，同法施行令5条）が課税文書の作成者が複数いる場合そのうちの1人が消印をすればそれで足ります（同法基本通達64条）。

(4)　海外企業との契約時に，印紙税の納付が必要な場合

　海外企業との間で契約書を作成する場合であっても，印紙税の納付が必要な場合があります。印紙税法は，日本の国内法なので，その適用地域は日本国内に限られます。したがって，「課税文書の作成場所」が国外の場合には，印紙税は課税されません（同法基本通達49条）。節税のためには，日本国内で自社の署名・押印をした後に，海外において取引先の署名・押印等をしてもらいます。また，海外において作成したことの証拠として，課税文書中に作成場所が海外であることを記載したり，Eメールで，作成場所を海外にすることの合意をしたことを残しておいたりするとよいでしょう。

(5)　契約の成立を証明する文書

　契約の成立等を証明する目的で作成される文書であれば，文書の表題が「契約書」となっていなかったとしても，印紙税が課される課税文書にあたります（印紙税法基本通達3条1項・12条）。具体的には，見積書を引用した注文書や，注文請書等です。

(6)　印紙税法，課税物件表，通則，施行令，基本通達の相互関係

①　印紙税法，通則，印紙税法施行令

　印紙税法別表第一課税物件表の適用に関する通則（以下「通則」といいます）や課税物件表の確認をしたい場合には，印紙税法を確認してください。「通則」は，同法別表第一の「課税物件表」という項目にあります。また，同法施行令（以下「施行令」といいます）も法規なので，確認をする必要があります。

②　印紙税法基本通達

　通達とは，行政が法律を解釈したものをいいます。特に，通則だけ調べても判断がつかない場合には，印紙税法基本通達（以下「通達」といいます）を確認します。なお，課税物件表で定める用語の定義については，通達別表第1に詳細な規定があります。

　具体的な条文の適用については，国税庁が毎年改訂を重ねてインターネットで

公開している「印紙税の手引」（以下「手引」といいます）を確認してください。

2．文書の所属の決定（課税物件表を参照）

(1)　確認すべき条項等

　文書の所属の決定については，通則2・3，通達10条・11条を確認してください。以下では，メーカーで特に注意が必要な文書につき説明します。

(2)　売買契約書

①　単発契約

　継続的ではない売買契約書（不動産等，課税物件表1号に該当する場合を除く）は，課税の対象となりません（不課税文書）。なお，売買契約書というタイトルが付された契約書であっても，当該売買契約が製造委託に該当する場合には，2号文書（または7号文書）に該当する場合があるので，注意が必要です。

②　継続的契約（課税物件表の7号文書）

● 7号文書の定義

　課税物件表の7号文書の定義欄および施行令26条1号によれば，7号文書とは，①営業者の間において②売買，売買の委託，運送，運送取扱いまたは請負に関する③2以上の取引を継続して行うため作成される契約書で，当該2以上の取引を共通して適用される取引条件のうち，④a. 目的物の種類，b. 取扱数量，c. 単価，d. 対価の支払方法，e. 債務不履行の場合の損害賠償の方法，f.再販売価格のうち1つ以上の事項を定めるものをいいます。

● 7号文書の物件名（期間要件）

　7号文書の期間の要件は，①契約期間の定めのないもの，または②3カ月を超える契約期間の定めのあるもの，または③3カ月以内の契約期間が定められおり，かつ，当初の契約期間に更新後の期間を加えたときに3カ月を超えるものです（課税物件表7号文書の物件名欄および通達別表第1の7号文書の2）。なお，継続的な売買契約書のうち重要事項（通達別表第2の5参照）を変更する契約書（実務上，覚書を交わすことが多いです）も7号文書に該当します。

(3)　請負契約

　継続的な請負契約書の場合，①施行令26条1号の要件を満たし，かつ，②記載金額の記載のないもの（単価や期間をあわせて計算できないもの）について

は，2号文書ではなく7号文書となります（通則3イただし書，通達11条(3)）。

3．記載金額と記載金額の変更

(1) 記載金額の詳細

課税文書の課税金額は，当該文書に記載されている「記載金額」によって変わります。一の文書に同一の号の記載金額が2以上ある場合（通則4イ，通達24条(1)）や，単価，数量などにより計算できる場合（通則4ホ）等の記載金額の算定については，手引を確認してください。

(2) 他の文書を引用する場合

注文書で見積書を引用したり，個別契約において取引基本契約書を引用することによって，個別の契約を成立させる場合があります。文書を引用する場合の手順は，通達4条1項および2項を参照してください。原則として，記載金額と契約期間以外は，引用先に引用元の文書が記載されているものとして判断します（国税庁ウェブサイトの質疑応答事例参照）。例外として，引用先の文書が1号，2号，17号文書の場合で，かつ，引用元が不課税文書である場合には，引用先に引用元の記載金額が引用されていると判断します。契約期間については，引用先の文書の記載のみで判断します（通則4ホ㈡または㈢）。

4．請負と委任の区別

製品製造や保守を請け負う場合に業務委託契約書を作成することがあります。当該文書が請負契約書であれば，2号文書または7号文書となりますが，委任契約書であれば，不課税文書となります。文書の題名だけではなく，実質的な内容から判断しますが，この区別は容易ではありません。委任契約でも，受任者の報告義務の一環として，報告書の交付が必要とされる場合がありますので（民法645条），成果物の有無で請負と委任の区別をすることはできません。

結局のところ，「仕事を完成することを約し」たかどうか（民法632条）について，個別具体的に判断せざるをえません。たとえば製品保守の契約の場合は，タイトルが「業務委託契約書」となっていたとしても，民法上の（準）委任契約（民法656条・643条）には該当せず，請負契約（民法632条）となることが多いでしょう。

Q9 OEM契約

ある企業にOEM契約により当社製品を製造させることを検討していますが，交渉の前提として，OEM契約ではどのようなことを定めるべきか教えてください。特に，品質管理が問題となると思いますが，当社が満足できる品質の水準を維持するためにどのようなことができるでしょうか。また，相手方企業の品質管理に関する能力が当社の期待を下回った場合，契約に定めることによって当社の判断のみによって契約を終了させることができるでしょうか。

A

OEM契約では，製造・販売に関する事項に加え，委託者の商標の使用許諾に関する点を定める必要があり，さらに製品の製造に委託者の特許やノウハウを用いる場合，それらの使用許諾についても定める必要があります。品質管理に関しては，仕様の整備，品質管理のための手順を詳細に定め，水準に満たないものについてどのように処理をすべきかを決めておくことができます。相手方企業の品質管理能力が合意した水準に達しない場合に，契約を解除することは可能ですが，軽微な契約違反にすぎない場合，直ちに解除権を行使することは難しいと考えられます。

1．製造委託・販売に関する点

(1) OEM契約の法的性質

OEM契約とは，"Original Equipment Manufacturing"契約の略称であり，多義的な用語ですが，一般的には委託者の商標を付して販売される製品の製造委託契約を意味します。たとえば，受託者Xが，委託者Yの委託を受けてYブランドの製品を製造し，Yに引き渡すような取引が典型です。その後，YはXに製造させ購入した製品を自社製品として市場に供給します。Yにとっては，製造能力が不足している中でXの製造能力を利用して製品を市場に供給でき，Xにとっては，製造能力はあるが販売力やブランド不足を補うことができる，というメリットがあります。たとえば，日本のメーカーがA国進出の際に，現

地生産機能を現地製造会社に担ってもらいたいとき等に利用できます。製造委託契約は，売買と請負を中心とした混合契約と考えられるところ，OEM契約は，さらに，委託者の商標を付すという点で商標の使用に関するライセンス契約，製造に関して委託者の特許やノウハウを用いる場合，それらのライセンス契約，開発を受託者が行う場合は開発委託契約，共同で開発を行う場合は共同開発契約の性質を有する混合契約と考えられます。当事者間に特段の合意がない場合，上記の性質に関連する法規範が原則として適用されることになりますので，法律上ポイントになる点については当事者間で合意して契約に明記することが重要です。また，前記のとおり，OEM契約は海外進出の際の現地生産機能不足の補完にも利用されるところ，この場合には当該進出先の法令なども確認する必要があります。

(2)　品質管理の方法

　製造物の品質管理については，まず製品の仕様を明確に特定する必要があります。通常，OEM契約書上仕様の規定を設け，製品の仕様（規格等も含みます）は委託者が指定する仕様書やマニュアル等に適合したものとすることを明記します。仕様書やマニュアルは通常社内向けに用意されるものですので，提供する前に，第三者が一読して理解できるものかどうか，必要以上に秘密情報が含まれないかどうか検討するとよいでしょう。また，製造方法に委託者が保有する特許やノウハウが含まれている場合，OEM契約上，これらの使用許諾条件および契約終了後の返還等の義務を定め，OEM契約終了後に特許やノウハウを不正に利用されないように注意しましょう。なお，ノウハウには登録などの保護制度がないことに留意してください。特許やノウハウのライセンスについてはOEM契約と別の契約にすることもあります。ライセンス契約については，Q17もご参照ください。

　また，①受入検査を委託者が行うこと，②受入検査の基準を委託者が定めること，③不合格品の処理について委託者が定めること，④所有権および危険の移転は受入検査の合格の時点であることを契約に規定しましょう。②については，検査基準についても別紙で添付するなどの方法により契約上両当事者の合意内容が明確になるようにしましょう。③については，通常，委託者の指示により受託者が無償で補修することと定めます。自社が委託者である場合，受入

検査の合格によって，受託者の契約責任（瑕疵担保責任）が免除されるもので
はないことも契約上明記することを検討しましょう。さらに踏み込んで，受託
者の製造方法や品質管理に関する手順等を書面により整備させ，開示させるこ
と，製造方法や品質管理の手順を変更する場合，委託者の同意を要することを
規定することも考えられます。

　④に関連して，製造委託契約一般の受渡し・検収・所有権の移転・品質保証
の論点について，Q4もご参照ください。

(3)　合意した品質に達しない場合の対応

　OEM契約において，契約の目的である製品の品質については，当事者間に
特段の合意がない場合，民法の売買に関する規定が適用されます。したがって，
契約上品質について明確に定めていた場合，受託者が納入した製品が当該品質
を満たさなければ，委託者は，改正民法によると，①製品の修補，代替物の引
渡しにより履行の追完を求める，②代金の減額を求める，③損害賠償を求める，
④契約を解除する，という対応が考えられます（改正民法の概要については，
Q7をご参照ください）。また，前記のとおり海外法の適用が問題になりうるので，
準拠法や裁判管轄も含めて，OEM契約の中で当事者の合意する内容を可能な
限りしっかり明記すべきです。

　受託者が恒常的に品質水準を満たさない場合や合意された生産量を達成しな
い場合，契約違反により解除できるよう，契約上解除に関する規定を置きます。
解除規定の定め方としては，品質に関する違反に限らず，当事者のいずれかに
OEM契約（および個別契約を別途締結する場合，個別契約）の違反があった場
合，契約の解除ができる旨規定すべきです。もっとも，各国の継続的契約等の解
除制約に係る強行法規の有無は念のため確認が必要です（日本につき，Q31参照）。

2．商標の使用に関する点

　受託者が委託者の商標を製造物に付すことや，商標を付した製品を委託者に
納入する行為は，商標法2条3項の商標の「使用」にあたり，商標のライセン
スに関する事項を契約書で定める必要があります。

　まず，商標を付す方法について，対象物（製造物以外にも，部品，梱包材な
どに付すことも考えられます），態様，方法など図面などを用いて具体的に特

定します。委託者が自社製品を参考に指示書を作成することが多いでしょう。次に，OEM契約に基づき委託者のもとに供給される製造物以外に，商標を使用しないことを明記します。さらに，OEM契約が終了した後，委託者に引き渡す前の完成品が受託者の手元に残らないよう終了に関する規定においてそのような場合の取扱い（商標を外して販売することが可能なのかどうか，不可能である場合どちらの負担で処分するのか等）を定める必要があります。

3．その他の留意点

(1)　独　禁　法

　受託者は，OEM契約に基づく製造物と同一または類似の製品を受託者のブランドで製造・販売することが考えられます。委託者が相当数の最低購入数量を保証する場合など，受託者に同一または類似の製品の販売を制限することも考えられますが，独禁法上の不公正な取引方法に該当しないよう注意する必要があります。まず，公取委による流通・取引慣行ガイドライン第1部第2「非価格制限行為」の各項目を参照し，条件が指針に規定されている行為等に該当しないか検討しましょう。一般的には，受託者のブランドで製造・販売することは認めた上で，OEM契約に関して委託者が開示した技術上の情報および営業上の情報を利用しないことを求めることが多いと思われます。上記に加えて，委託者は一般的に著名なブランドを有している，強力な販売網に基づく購買力がある等，受託者に対して交渉上優位な立場に立つことが考えられます。このような有利な立場を利用した取引条件の設定については，他にも独禁法上の問題が考えられますので，Q11もご参照ください。

(2)　そ　の　他

　OEM契約は製造委託に該当するため（Q27参照），下請法が適用される可能性があります。同法に関して検討すべき点についてQ23，25〜29もご参照ください。また，受託者は委託者の仕様に沿って専ら製造することになりますが，その過程で生み出された知的財産権の帰属についても契約書で規定すべきです（設問では，委託者である自社に，すべての知的財産権が帰属するよう交渉します）。また，仕様を提供する委託者は，当該仕様がOEM契約以外の目的に流用されないように徹底した秘密保持義務や競業避止義務を課すべきでしょう。

Q10　合弁契約

　ある企業から，相互に技術および資産を出し合って合弁会社を設立し，新しいマーケットの創出が期待できる新製品を開発することの打診がありました。新しいマーケットの創出は魅力的ですが，共同事業の成否の見込みや，必要な期間および予算，また事業の成果についても未知数の部分が多くあります。合弁契約においては，どのようなことに注意すべきでしょうか。

A

　合弁契約においては，まず自社が当該共同事業にどのように関わり，どのような成果を目標としているのか明確にしましょう。そして，そこで定めた関わり方と目標に沿って，解説に記載した重要な事項を洗い出し，合弁契約に記載する必要があります。また，合弁契約に合わせて定款も作成する必要があり，その他必要に応じて別途付随契約を締結する必要があるものもあります。

1．合弁契約とは

　企業提携方法の一つに，当事者が相互に経営資源を提供し，共同事業のための組織を設立して特定の事業を行うものがあり，一般に「合弁」「ジョイント・ベンチャー（JV)」と呼ばれています。かかる組織を設立し，共同事業の内容に関する当事者の合意を契約の形にしたものを「合弁契約」といいます。

2．検討事項

　合弁契約においては，自社が当該共同事業にどのように関わり，どのような成果を目標としているかを具体的に定め，それを適切に反映すべく合弁パートナーと交渉する必要があります。以下の項目は最低限の検討項目なので，共同事業の内容や当事者の特徴等に応じて適宜追加・変更する必要があります。以下では，原則として日本の会社法上の株式会社を合弁会社に利用することを前提としますが，同様の視点は海外で現地法に基づく合弁会社を設立する際に利用できます。

⑴　組織の選択

　共同事業の主体となる組織（合弁企業）は，日本法上，出資者が間接有限責任のみ負担する株式会社または合同会社の選択が考えられますが，社会的認知度が高い株式会社が選択されることが多いです。一方，株式会社は合同会社と比較して，設立費用が高額になる可能性があること，機関設計の柔軟性がやや乏しいことに留意してください。

⑵　出資比率

　合弁当事者の一方の持株比率が50％を超える場合，原則として株主総会や取締役会を支配可能で，持株比率が３分の２を超える場合には合弁会社の株主総会の特別決議事項も支配可能となります。他方，出資比率を，50％ずつとすると後述のデッドロックに陥るおそれがありますが，解消手段を合弁契約により定めた上で採用する場合もあります。

⑶　意思決定機関の構造

　合弁会社の意思決定機関を明らかにする必要があります。たとえば，公開会社（会社法２条５号）や監査役会設置会社（同条10号），監査等委員会設置会社（同条11号の２），指名委員会等設置会社（同条12号）のいずれにも該当しない株式会社は取締役会（取締役３名で構成）を設置する必要はありません（同法327条１項）。この場合，取締役は最低１名（同法326条１項）でよく，監査役も不要になる（同法327条２項）ため，機関運営コストを低減できます。他方でこの場合，株主総会は法定決議事項に加えてあらゆることを決議しうる（同法295条１項・２項）ので，場合によっては機動的意思決定が阻害される可能性もあることに留意すべきです。本設問のように共同事業の当事者同士がいずれも経営に関与することが明白である場合，通常，取締役会を設置し，意思決定の迅速さを担保することになるでしょう。なお，合弁企業において，株主総会や取締役会等の法定の期間とは別に「運営委員会」「ステアリング・コミッティ」等の名称で任意の会議体を設けることが考えられます。このような任意の機関を設置することは会社法上可能であると解されていますが，株主総会の法定決議事項を委任することはできません。一方，取締役会非設置会社においては，定款に定めることにより株主総会の法定決議事項以外の事項を任意の機関に委任することも考えられます。

　出資比率が50：50から大きく離れる場合，少数派合弁当事者にとっては，重要な決議事項に拒否権を行使する制度を置くよう主張することが考えられます。具体的には，①定款において株主総会・取締役会の定足数および決議要件を加重する定めを置く，②種類株式を発行する，③全株式を譲渡制限株式とした上で，定款において株式の属人的定め（会社法109条2項・105条1項）を置くという手段が考えられます。会社法上の制度によらず，当事者間の合弁契約上，議決権行使に関する合意を規定することも考えられますが，議決権拘束契約自体については一般的に有効と解されているものの（有効性を認めた判例として，東京高判平12・5・30判時1750号169頁），当事者が契約に違反したとしても，現実的には契約上予め定めた違約金を請求する以上のことは難しい（違約金につき合意できなかった場合は，損害賠償を請求することとなりますが，損害額を立証することが難しい）と考えられます。したがって，当事者間の合意に現実的な拘束力を与えたい場合，上記①②③のいずれかの手段等を採る必要があります。

(4)　知的財産権の管理

　当事者が各自保有する技術を共同事業のために拠出する場合，現物出資・事後設立等の検討の他，合弁企業の設立後にライセンスをすることも考えられます。合弁企業にライセンスをする場合，共同事業以外に当該特許等を使われることを制限するため，付随契約等により専用実施権または独占的通常実施権を設定することが多いと思われます。

　また，技術やノウハウの提供者が一方の合弁当事者側の場合，新規に生じた知的財産権については当該当事者側に帰属させる一方で，当該当事者側から合弁会社に対して専用実施権または独占的通常実施権を設定することを義務付ける等のアレンジが考えられます。その他当事者が共同で研究開発をする場合の論点については，Q18～20を参照してください。

(5)　従業員の派遣

　合弁当事者双方の技術・ノウハウ等を提供すべく，通常，当事者の従業員を合弁会社に派遣することが考えられます。従業員の派遣の形態としては出向が多いと思われますが，これにとどまらず転籍させる場合，当該従業員本人の同意が必要となります。合弁契約上で転籍について規定する場合は契約上当事者

の努力義務にとどめることが必要です。また，従業員の人件費の費用負担，就業管理，社会保険の取扱いについても，具体的に検討して合弁企業の負担部分と当事者の負担部分を明確に規定すべきです。

(6)　合弁契約の終了事由

一般的に，重大な契約違反，合弁当事者の支配関係の変更，信用不安等により合弁契約を終了させることが考えられます。また，本設問のように，共同事業の成否が不明である一方，共同事業の内容上多額の設備投資や人員の拠出を義務付けられる場合，リスクが具体化する前に契約を終了させることができるようにすることも検討すべきでしょう。合弁企業の持分の処理については，合弁企業を清算させるほかに，先買権，買取請求権，売渡請求権等を規定することが考えられます。

(7)　デッドロック

合弁当事者間で意見が合致せず，重要な意思決定を行うことができなくなる場合を，一般的に「デッドロック」といいます。通常，デッドロックの解消方法としては，①一定期間所定の担当者が協議することを契約に定めることが多いでしょう。①の協議により解決できない場合には，②合弁契約の終了事由（上記(6)参照）とし，合弁関係を解消させることが考えられます。合弁会社の持分処理については，上記(6)と同様の方法が考えられます。

(8)　競業避止

合弁当事者は合弁事業に一定の経営資源を投下しますので，合弁事業と競合する事業を合弁当事者が自らまたは第三者と行うことを禁止することが考えられます。その場合，独禁法上，私的独占（同法2条5項）または拘束条件付取引等の不公正な取引方法（同条9項6号ニ，一般指定12項）の問題を生じないよう，禁止される事業の範囲（事業の内容および地理的範囲），主体，期間を定めるとともに，競業避止義務を負わせる合理的な理由を検討して明らかにしておく必要があります。

Q11　取引基本契約の輸出制限規定に関する留意点

当社は，これまでも取引があった日本国内の取引先と取引基本契約を締結する予定です。しかし，当社の製品が海外に並行輸出されることは今後の当社の海外進出計画を考慮すると避けたいです。契約上どのような手当てができますか。また，仮に無断で輸出された製品が原因で事故を起こした場合に，どのような手当てをすべきでしょうか。

契約上，海外その他の地域への輸出を制限することは可能です。ただし，その目的や制限の程度によっては国内外で独禁法上の問題が生じえます。また，意図しない海外での事故について責任負担を避けるために，免責規定を設ける必要があります。

1．輸出制限規定とその目的

取引基本契約書上は，端的に「乙は甲の書面による事前の承認を得ずに，本地域外へ製品を販売し，又は輸出してはならない」との規定を設けることになります。ここでいう「本地域」とは契約書ごとに定義することになりますが，たとえば「本契約において『本地域』とは，日本国内をいう。」と定義します。

購入先に輸出制限義務を課す理由はさまざまですが，大きくいえば①コンプライアンス上の理由と，②ビジネス上の理由があります。前者では，たとえば法律上輸出が原則制限されている国へ法律上の手続を経ず輸出されることを防ぐというものです。後者については，まさに本設問のようなニーズがありえます。通常法務部に相談がくる場合には②の目的が多いと思われます。法務サイドから，輸出禁止により具体的にどのような狙いがあるのかビジネスサイドにヒアリングしましょう。

2．独禁法上の留意点

(1)　日本国内（販売地域）での独禁法上の留意点

販売製品の輸出禁止義務は，販売先に対して比較的重い制限を課すものであ

り，自社の取引上の地位が販売者との関係で優越している場合には，優越的地位の濫用（独禁法2条9項5号ハ）に該当するおそれがあります。また，このような条件を拒絶した販売先との取引を拒絶する場合，これにより販売先が市場から排除されることになれば，単独直接取引拒絶（同項6号イ，一般指定2項前段）に該当するおそれがあります。

① 優越的地位の濫用

　優越的地位の濫用は，(i)「自己の取引上の地位が相手方に優越していることを利用して」，(ii)「正常な商慣習に照らして不当に」行われる，独禁法2条9項5号イからハで定められる行為です。Q23やQ28でも説明されていますが，具体的な行為類型は以下のとおりです。これに違反した場合，課徴金の対象になります。不公正な取引方法においては唯一，1回の行為で直ちに課される課徴金となります（同法20条の6）。そのため，公取委は，「優越的地位の濫用」のルール明確化のため，「優越的地位濫用ガイドライン」を公表しています(https://www.jftc.go.jp/hourei_files/yuuetsutekichii.pdf)（改正平成29年6月16日改正）。

イ：継続して取引する相手方（新たに継続して取引しようとする相手方を含む。ロにおいて同じ。）に対して，当該取引に係る商品又は役務以外の商品又は役務を購入させること。

ロ：継続して取引する相手方に対して，自己のために金銭，役務その他の経済上の利益を提供させること。

ハ：取引の相手方からの取引に係る商品の受領を拒み，取引の相手方から取引に係る商品を受領した後当該商品を当該取引の相手方に引き取らせ，取引の相手方に対して取引の対価の支払を遅らせ，若しくはその額を減じ，その他取引の相手方に不利益となるように取引の条件を設定し，若しくは変更し，又は取引を実施すること。

- 「自己の取引上の地位が相手方に優越していること」とは，一方の当事者（甲）にとって他方当事者（乙）との取引の継続が困難になることが事業経営上大きな支障を来すため，乙が甲にとって著しく不利益な要請等を行っても，甲がこれを受け入れざるを得ないような場合をいいます（優越的地位濫用ガイドライン第2の1）。これは甲と乙の関係を，以下の要素を考慮して個別具体的に判断されます（同ガイドライン第2の2）。

---
①　乙の甲に対する取引依存度

②　甲の市場における地位

③　乙にとっての取引先変更の可能性

④　その他甲と取引することの必要性を示す具体的事実

　なお，絶対的に優越した地位である必要はなく，取引の相手方との関係で相対的に優越した地位であれば足りるとされています（同ガイドライン第2の1）。

- 取引条件の設定が「濫用」，つまり正常な商慣習に照らして不当であるとされるためには，当該取引条件が相手方にとって予期できないこと，または著しく不利であることが必要とされています。また，一見すると相手方にとって不利な取引条件であったとしても，当該取引条件の設定に正当な目的が認められる場合には，かかる目的との関係で合理的な範囲にとどまる限り，「正常な商慣習に照らして不当」であるとはいえないと考えられます。そして，この際には，取引条件の設定にあたって相手方と十分に協議をしたか否かも考慮要素となります。

　以上を前提として，まず，輸出禁止規定は「その他取引の相手方に不利益となるように取引の条件」に該当しえます（独禁法2条9項5号ハ）。

　また，自社が販売先との関係で優越的地位にあるか否かは，前記①～④の考慮要素を販売先との関係でチェックする必要があります。

　最後に，「不当」といえるかですが，その狙いが1①のコンプライアンス上の理由であればその目的は問題ないといえます。一方で1②のビジネス上の理由については，内容にもよりますが，通常目的に一定の合理性が認められるものの，仮にすべての国への輸出を一律に禁止することは目的達成の手段として合理的な範囲を超えていると評価されるおそれがあります。また，仮に輸出禁止先を制限するにしても，たとえば期間や解除条件を定めるなども検討すべきでしょう。いずれにしても，個別の事案ごとに検討する必要があります。

②　単独直接取引拒絶に該当しないか

　販売先にとって当社の製品を購入することが競争を行うために必須である場合，輸出禁止条項を飲まないことにより当社に取引を拒絶された販売先は，競

争から排除されるかもしれません。したがって，単独直接取引拒絶（独禁法2条9項6号イ，一般指定2項前段）に該当すると評価されえます。ここではあまり具体的な説明には踏み込みませんが，この場合にも，取引拒絶の目的が合理的で，当該目的に照らして合理的な範囲にとどまっている場合には正当化理由があるとして公正競争阻害性が満たされないこととなりえます。

3．競争法上の問題

　本設問から少し外れますが，輸出規制条項を設ける場合，これが並行輸入の不当な阻止であるとして不公正な取引方法（拘束条件付取引または競争者に対する取引妨害）に該当するおそれがありますのでご留意ください。たとえばEUの事例で，日本のゲームメーカーおよびその欧州における正規流通業者がゲーム機等について高価格を維持する合意に加えて，一定の地域から並行輸出することを禁止する合意をしており，メーカーが同合意の違反を発見すると，当該並行輸出を行った販売業者に製品の出荷の停止または減少というペナルティを課していたケースで，EU競争当局は，ゲームメーカーおよび正規流通業者に巨額の行政制裁金をそれぞれ課しました。

4．意図しない海外での製品事故に対する契約上の手当て

　輸出禁止規定を仮に設けたとしても，販売先の手によって海外に運ばれ，そこで当該製品に起因する事故が起こることもありえます。製品の製造者が海外でのPL訴訟の被告になるか否かは各国での解釈次第ですが，仮に被告になるとした場合，まず，ユーザーとの関係では，契約書に免責条項を設けていても，消費者保護の関係で当該条項は原則無効になると考えるべきです（たとえば米国PL法についてはQ52参照）。もっとも，ユーザーのPL訴訟等で決まった損害額を事業者間で誰が最終的に負担するか契約で決めることはできますので，本設問の事例では，仮にPL訴訟などになったとしても，無断海外輸出などした場合であれば販売先が自社を免責（Hold Harmless）する趣旨の規定を置くように交渉すべきです。

Q12　インコタームズ

　海外企業との売買契約書を読んでいると，製品の納品条件の箇所で
FOBやCIFなどの用語が出てきます。どのようなものか教えてください。

A

　インコタームズと呼ばれる貿易条件です。貿易を行う際に，売買取引の，①
費用負担の範囲と，②貨物の危険負担の範囲について定めたもので，2020年版
のインコタームズでは11種類の条件があります（ただし，実務的によく使われ
る条件は限られます）。売買契約の当事者間でどの条件を採用するか合意するこ
とで，上記①②の点について両当事者の意思の相違がないようにしています。

　インコタームズの内容は難しいものではありません。理解してしまえば，法
的に難解な論点などもなく，輸出企業においては必須の知識となりますので覚
えておきましょう。なお，以下の説明では特に断りのない限り，自社が製造し
た製品を輸出する立場で説明します。

1．定　　義

　インコタームズは，International Commercial Termsを短く略した合成語で
す。国際商工会議所（ICC, International Chamber of Commerce）が貿易条件
の解釈に関する国際規則として制定した解釈基準です。1936年に誕生した後，
ICCは時代の変化に合わせて何度かインコタームズの改定を行っており，現在
は2020年版が最新です。

　インコタームズは法律ではないため，契約当事者はインコタームズを使用す
る義務はありませんが，広く普及しており便利ですので，貿易取引においては
頻繁に用いられます。

2．経　　緯

　異なる国の当事者間で売買を行う際，売買の目的物の価格については当然交
渉し合意しますが，取引を成就するには目的物，すなわち商品を売主から買主
に納品しなければなりません。納品には，①コストがかかり，また，②貿易取

引では納品（運送）の途中で貨物が事故に遭い，滅失・毀損する可能性も国内取引より一般的に大きくなります。①は費用負担，②は危険負担の問題ですが，これらの条件について売買契約の当事者間でどちらの負担か明確に合意しなかった場合，国内取引であれば，その国・地域における商慣習などから契約内容が補充されることも期待できますが，貿易取引では契約当事者の属する国・地域の商慣習が同じである保証はありませんので，意思に相違があるままに契約に臨む可能性が相対的に高く，トラブルの元です。こういった紛争を回避するため，長年の取引慣習から定型的な取引条件が考え出され，使われるようになったのがインコタームズです。

3．内　　容

　2020年版のインコタームズでは，11条件が規定されています。これらは以下の4類型に分類できます。
- E類型（EXW）
　　売主が自身の施設等で物品を買主に提供する条件
- F類型（FCA, FAS, FOB）
　　売主は輸出通関の義務を負い，買主の指定した運送人に物品を提供し，その後の主要輸送費および危険は買主が負担する条件
- C類型（CPT, CIP, CFR, CIF）
　　売主が主要輸送費を負担するが，船積みまたは運送人引渡し後は危険負担が買主に移転し，輸入通関は買主が義務を負う条件
- D類型（DPU, DAP, DDP）
　　売主が，物品を目的地まで輸送するために必要なすべてのコストを負担し，危険も負担する条件

　このうち，FAS, FOB, CFR, CIFの4条件は「海上及び内陸水路輸送のための規則」とされており，船舶で貨物を輸送する場合にしか使えません。その他の7条件は，陸・海・空すべての輸送と，これらを組み合わせた複合輸送等にも対応しています。

　11条件の概要は次表のとおりです。インコタームズの各条件について解説した文献は，貿易関係の本が多数あります。詳細はそれらで確認してください。

				輸出国内			輸出港		輸入港	輸入国内	
				工場等	国内運送	ターミナル	埠頭	本船	仕向港	指定仕向地	荷卸し
いかなる単数または複数の輸送集団にも適した規則											
EXW	Ex Works	工場渡条件	費用								
			危険								
FCA	Free Carrier	運送人渡条件	費用								
			危険								
CPT	Carriage Paid To	輸送費込条件	費用			（輸入通関・関税抜き）					
			危険								
CIP	Carriage and Insurance Paid To	輸送費・保険料込条件	費用			（輸入通関・関税抜き）（＋保険料）					
			危険								
DAP	Delivered At Place	仕向地持込渡条件	費用			（輸入通関・関税抜き）					
			危険								
DPU	Delivered at Place Unloaded	荷卸込持込渡条件	費用			（輸入通関・関税抜き）					
			危険								
DDP	Delivered Duty Paid	関税込持込渡条件	費用			（輸入通関・関税込み）					
			危険								
海上および内陸水路輸送のための規則											
FAS	Free Alongside Ship	船側渡条件	費用								
			危険								
FOB	Free On Board	本船渡条件	費用								
			危険								
CFR	Cost and Freight	運賃込条件	費用								
			危険								
CIF	Cost, Insurance and Freight	運賃・保険料込条件	費用						（＋保険料）		
			危険								

11の条件がありますが，E類型では輸入者が輸出国内の運送や通関を，D類型は反対に輸出者が輸入国内の運送を手配することになり，あまり頻繁には使われていません（もちろん，その会社の業種や取引形態次第ですが）。日本から輸出する場合に実務的に頻繁に使われていて重要なのは，FOB, CFR, CIFの3条件です。この3つは覚えておくとよいでしょう。

　覚え方も簡単です。この3つはいずれも海上輸送のみに使われていて，いずれも危険負担は貨物が本船の船上に置かれたとき（または，引き渡された貨物を調達したとき）と規定されています。輸出者にとって費用負担が最も少ないのはFOBで，輸出者が輸出通関と船積みまで費用を負担します。CFRは，輸出者にとってFOB条件にさらに運賃負担を加えたものです。CIFは，輸出者にとってそのCFR条件にさらに保険料負担も加えたものです。輸入通関以降の費用は3条件とも輸入者の負担です。

　なお，貨物の輸出手続において，輸出者は輸送の手配や保険付保などは自ら行うことが多いですが，通関手続や船積みは通常「乙仲」と呼ばれる海貨業者に委託して行わせています。乙仲の多くは，港湾運送事業法に基づく許可に加えて通関業の許可を取得してこれらの業務を輸出者から受託しており，さらには倉庫業や陸運業の許可も取得して，輸出に関連する船積みまでの業務をワンストップで請け負う業者も増えています。

4．実務的に注意すべきこと

　インコタームズは費用負担条件を含むため，営業担当者としてはインコタームズを理解していないと客先への提示価格の見積もりができません。したがって，営業担当者は通常，インコタームズの内容を理解しています。

　法務担当者として貿易における英文契約の作成を依頼された場合，インコタームズについては，通常，納品（Delivery）条件において言及することが多いと思いますが，同時に危険負担条件についても定めたことになるので，別途危険負担について契約で定める必要はないことになります。その他の契約条項（特に取引基本契約）とも矛盾が生じないよう，整合性に注意する必要があります。なお，インコタームズは目的物の所有権の移転時期について定めるものではないので，この点は別途契約で定めることが一般的には推奨されます。

　現在，インコタームズの最新版は2020年版ですが，契約当事者で合意すれば
それ以前の版を使うことも禁止されません。実際，筆者が2010年代の前半に契
約の確認・起案業務を行っていた頃はインコタームズ2010年版が最新でしたが，
1つ古い版である同2000年版を引き続き採用している例をよく見ました（理由
としては，契約当事者間で継続的な一連の契約をすべて同じ条件としておきた
い場合や，取引の実務担当者がインコタームズの改定内容を十分把握しておら
ず新条件の使用を忌避することなどが考えられます）。改定直後にはこういう
ことが起こりやすいため留意しておくとよいでしょう。

5．改正米国貿易定義と契約におけるインコタームズの記載例

　米国では，インコタームズとは異なる固有の貿易条件である，「改正米国貿
易定義」が規定されており，主に国内取引で使用されています。特に注意を要
するのは改正米国貿易定義のFOBで，インコタームズと同じ表現ですが内容
が全く異なる場合があります。特に米国企業が相手の場合は混同しないよう注
意が必要ですが，貿易条件は普段からインコタームズであることを明確にして
規定することが望ましいといえます。たとえば，以下のように記載すれば誤解
は生じません。

　The Seller shall deliver the Products on FOB Yokohama Port as defined in
the INCOTERMS 2010 as published by the International Chamber of
Commerce.

《参考文献》
- International Chamber of Commerce "Incoterms 2020: ICC Rules for the Use of
  Domestic and International Trade Terms"

Q13 海外企業との取引基本契約の留意点

海外の企業と新規に取引基本契約を締結することとなり，相手方の取引基本契約書のひな型を受け取りました。相手方のひな型では，準拠法は相手方の国の法律，紛争解決は相手方の国の裁判所の専属管轄とされています。当社のひな型では，準拠法は日本法または第三国の法律，紛争解決条項は仲裁になっており，国際物品売買契約に関する国際連合条約を排除する旨の規定がありますが，相手方のひな型について気を付けるべき点を教えてください。

A

準拠法となる相手方の国の法律を理解していないと，予想外の内容の規律が適用される可能性があります。また，相手方の国の裁判制度によっては裁判に膨大な費用や年月を要する，判決を別の国で得た場合第三国にある財産について判決を執行ができないなどの問題が生じる可能性があります。可能な限り上記の点について相手方の国の弁護士等に確認しましょう。物の売買に関する国際契約では，国際物品売買契約に関する国際連合条約を当事者間の合意により排除しないと，当事者の権利義務について当事者間の合意と異なる規律が適用されますので，排除するのが一般です。

1．準　拠　法

一般的に，2つ以上の法域に関係する法律関係について適用される法律を準拠法といいます。契約上合意されていない事項について，準拠法により結果が異なる可能性があることはもちろんですが，契約上合意された事項についても，特定の法律行為に関する強行規定があること等によって結論が異なる可能性があります。合意がない場合，準拠法は，関連する国の国際私法により，当該法律関係の性質および当該国際私法の準拠法選択に関する規則に従って定まります。準拠法が争いになる事態を避けるため，国際契約において準拠法は必ず契約上合意して明記しましょう。

自社の法務部がよく理解している日本法を準拠法にすることが望ましいです

が，日本法は外国人にとってなじみがなく，言語的な障壁もあり，希望どおりに合意できないことも多いと思われます。このような場合は，いずれの当事者の国でもなく，かつ弁護士等による法律サービスを受けやすいことや，両当事者の中間点にある等の理由により，ニューヨーク州やシンガポールなど第三国の法律を準拠法として合意することも考えられます。

なお，準拠法を相手方の国の法律以外の法律とした場合であっても，相手方の国の法律の強行法規の適用を免れないことがあり，当該法律関係に適用される具体的な規律については可能な限り確認することが望ましいでしょう（相手方の国に存在する財産等を対象とした手続（執行など）には，一般的に相手方の国の法律が適用されます）。

2. 管轄・執行

紛争が生じたときに問題となるのが，紛争解決手段，いずれの場所で訴訟手続を実施できるかの合意（管轄）と紛争解決手段の実効性（執行）です。紛争解決手段としては，主として仲裁か裁判になりますが，下記「3. 仲裁」に記載のとおり，国際契約においては仲裁を選択することが一般的です。裁判による場合は，裁判管轄をどこにするかが重要です。

自社側に交渉力がない場合は相手方の国の裁判所を管轄に指定することに同意せざるをえない場合もあるでしょう。そのような判断を迫られた場合，自社において，相手方の国の裁判所の手続を理解しているか，適切な代理人（弁護士）等の起用が可能であるかを確認しましょう。

管轄の指定の方法として，被告側の所在地を管轄とする方法がありますが，そのように指定すると，準拠法と裁判所の所在国が異なることとなる可能性があります。一般的に裁判所の所在国以外の法律を準拠法にすると手続が複雑になることから，国際契約においてはあまり一般的ではないでしょう。

また，紛争解決手段を選択する際は，紛争解決手段の最終決定を実現する手続である執行がどのような手続で，実現可能性がどの程度あるのかを確認する必要があります。外国の判決の承認・執行については国際条約が整備されておらず，承認・執行の可否は当該国の国内法によることになります。日本の裁判所を管轄と定めて，勝訴判決を得ても，相手方の国で執行できない場合がある

ので，注意が必要です（たとえば，日本の裁判所の判決を中国内で執行することは認められていません）。

　なお，国際契約において，当事者間に合意がない場合，管轄もまた関連する国の国際私法により定まります。

3. 仲　　裁

　仲裁とは，当事者が第三者である仲裁人を選任し，紛争の解決を仲裁人の判断に委ね，かつその判断に従うという合意に基づき紛争を解決する手続です。

　日本の民事訴訟制度と比較すると，仲裁は1回限りの判断で上訴の機会がなく，不利な判断をされた場合であっても争えないこと，仲裁人の費用を当事者が負担するため，1回限りの手続としては費用が高額になる場合があること等のデメリットがあります。しかし，国際紛争の場合，他国の裁判所の判断の承認を得て執行することは各国共通して困難であることが多い中で，仲裁判断の承認および執行は比較的容易な場合が多いこと（後述するニューヨーク条約加盟国であれば，国内での仲裁判断の執行を認めています），1回限りの判断であるため紛争解決に要する期間が比較的短くなること，仲裁手続は原則として非公開とされており，企業秘密を保持する上で便宜であること等のメリットもあります。特に，承認および執行の容易さから，国際契約においては紛争解決手続として仲裁を選択することが一般的です。

　仲裁は両当事者の合意に基づく手続であることから，契約上仲裁条項として明記しておくべきです。各仲裁機関がモデル条項を提供しておりますので，まずは選択した仲裁機関のモデル条項を参考にドラフトすると良いでしょう。一般的に，仲裁条項においては，仲裁地，仲裁機関，仲裁人の人数および選任方法，言語等を合意します。

　仲裁機関のモデル条項の例

　SIAC（Singapore International Arbitration Centre）

　http://www.siac.org.sg/model-clauses/67-model-clauses/157-siac-model-clause

　日本商事仲裁協会

　http://www.jcaa.or.jp/arbitration/arbitrationclause.html

4. 条　　約

　国際取引について，当事者間に定めがない事項を補完する目的で，さまざま
な条約が締結されており，日本が加盟している条約も多くあります。中でも①
国際物品売買契約に関する国際連合条約（The United Nations Convention on
Contracts for the International Sale of Goodsの略で，CISG（シスク）または
ウィーン売買条約と称されることが多いです），および②外国仲裁判断の承認
及び執行に関する条約（Convention on the Recognition and Enforcement of
Foreign Arbitral Awards（ニューヨーク条約と称されることが多いです））が
重要です。

　①CISGは，国際的な物の売買について，当事者が異なる国で営業をしてお
り，当該国がそれぞれCISGに加盟している場合，当事者間の合意により排除
しない場合，CISGの規律が自動的に適用されます。CISGは売買契約の成立や，
売主および買主の義務等，売買契約の重要な事項について規定しており，当事
者間の合意と異なることが多いので，適用を排除することを規定するのが一般
的ですが，あえて当事者の合意により適用する場合もあります。

　②ニューヨーク条約は，外国の仲裁判断の承認，および執行に関する条約で
す。当事者および執行の対象とすべき財産の所在国が条約に加盟していること，
仲裁判断の承認・執行について，独自の規定が置かれていないかどうかUN
CITRAL（United Nations Commission on International Trade Law）のウェ
ブサイト（https://www.uncitralun.org/en/texts/arbitration/conventions/foreign_
arbitral_awards/status2）等で確認するとよいでしょう。

　執行の対象となる工場，営業拠点などが相手方の本社所在地以外の国にある
ことも考えられます。現実的に相手方の財産に対して執行をする必要性がある
場合，具体的に執行の対象物を想定して，関連する国についてはすべて確認す
るようにしましょう。

COLUMN 1

M&Aの開始とDDでの注意点

　M&A（Merger and Acquisition/企業買収）手続における法務部門の本格的な関与は通常，事業部門ないし経営企画部門等が先行して組成に着手したM&A案件に関して社内外のキックオフ会議に参加することから始まります。

　M&Aの手続上，被買収企業（売り手）と買収企業（買い手）との間で秘密保持契約を締結後に詳細情報を開示せずに初期交渉を行って買収の基本骨子を定めた基本合意書が締結されます。そして基本合意書の締結後に被買収企業から買収企業に対して，買収対象事業に関する詳細な資料，情報が開示されます。

　買収企業における法務部門の主な役割として，被買収企業から開示される資料・情報について法的観点から精密な監査を行い（この監査を「デューデリジェンス」（DD）といいます），買収対象の事業に法的な瑕疵がないかを検討する業務が重要です。DDには法務部門が行う法務DDのほか，事業部門が行う事業DD，財務経理部門が行う財務DD，知財部門が行う知財DD，人事部門が行う人事DD，環境部門が行う環境DD等があります。また，これらのDDの結果は，最終的にはM&A契約の表明保証条項の対象となるため法務部門は法務DDだけでなくすべてのDDの結果を把握する必要があります。特にメーカーにおいては，技術・製造・販売・管理のすべてにDDが必要であるため，DDのコントロールは重要です。

　DDは，これまでは外部弁護士を主体として行われることが主流でしたが，M&A経験がある社内弁護士の増加に伴い社内弁護士がDDに参加するケースが増えています。また，外部弁護士がDDを行う場合にも，M&A案件の個別のリスク要素と，コスト管理の両方の観点から，法務部門が外部弁護士によるDDのレビュー対象のフォーカスを決定し，DDをコントロールする例が増えています。

　法務DDでは，買収企業側の法務部門ないし弁護士は，買収対象事業に関するすべての契約書をチェックし，たとえば契約書にChange of control条項（契約主体の株主等の所有者に変更があれば契約相手の同意がない限り契約書が無効になるとする条項）がある場合には，買収企業・被買収企業が協力して被買収企業の契約相手方に通知を行い，M&Aに伴う被買収事業の所有者の変

更に同意をしてもらうよう求めることがあります。

　また，メーカー間のM&Aでは継続的に製品を製造・販売している事業の譲渡が行われるため，製品の開発，製造，販売，品質保証（製造物責任）等に関する人員，工場，設備等が一体となって瑕疵がなく譲渡されることが必要です。

　メーカーのM&AとDDで特に論点として問題になりやすい点として，資産の移譲（環境面や製造設備の瑕疵の有無），労務関係の承継（承継させる人員の範囲や未払賃金の有無等），コンプライアンス（簿外債務の有無，独禁法や贈収賄関係）です。たとえば，資産譲渡の関係では，買収対象会社が設備リースを受けている場合が見受けられ，統合スキームの関係で契約主体が変わる場合にはリース会社から契約移転の同意を事前に受ける等の処理が必要です。また，海外の新興国の会社を買収する際には，コンプライアンスの観点から，簿外債務の有無や贈収賄を含む違法取引の有無について，DDで厳しく確認する必要があります。

　M&Aでは最終契約で買収対価が定められますが，最終契約において被買収企業は買収企業に対して，買収対象事業が買収対価に見合うものであり，法的ないし財務会計的にも事業内容に瑕疵がない旨の表明保証を行うことが行われています（表明保証責任）。

第 **2** 章 ▶▶

開　発

Q14　知的財産権（総論）

知的財産権にはどのようなものがあり，自社の知的財産権を守るために，どのような点に留意が必要ですか。

A

知的財産権には，特許権，商標権，著作権等があります。会社は自社の知財戦略に従い，事業展開にとって必要な知的財産権を出願・登録し事業の競争力を高める必要があります。

知的財産権が関わる契約・社内規定等については，必要に応じて知財部と協働して担当することになります。

1．知的財産権の意義と種類

知的財産権（制度）とは，知的創造活動によって生み出された内容や事業活動に関する表示（マーク等）を，創作した者の財産として保護するための制度です（知的財産基本法2条参照）。知的財産権のうち，メーカーにとって特に重要なものには【図表2-1】【図表2-2】の種類があります。

【図表2-1】知的創造物を保護するための権利

権利の種類（根拠法）	権利の内容（保護の対象）	存続期間
特許権（特許法）	比較的程度の高い新しい技術的アイデア（発明）を保護。厳しい審査手続が必要。	出願から20年（医薬品等は最大で25年）
実用新案権（実用新案法）	発明ほど高度でない物品の形状等の考案（小発明）を保護。原則として無審査で登録。	出願から10年
意匠権（意匠法）	物品の形状，模様など斬新なデザインを保護。	登録から20年
著作権（著作権法）	文芸，学術，美術，音楽，プログラム等の精神的作品を保護。	著作者の死後70年法人著作・映画は公表後70年
営業秘密（不正競争防止法）	営業ノウハウや顧客リスト情報等の営業秘密を保護。審査・登録は不要だが，保護要件あり。	保護要件を満たせば半永久的に保護。

【図表２−２】営業上の標識を保護するための権利

権利の種類（根拠法）	権利の内容（保護の対象）	存続期間
商標権（商標法）	商品やサービスの識別に用いるマーク（標識）を保護。	登録から10年（更新あり）
商号（商法）	企業の社名等の商号を保護。	商号登記の期間中
商品等表示（不正競争防止法）	周知・著名な表示（商標等）の不正使用を禁止。	①使用の事実・使用者を知った時から３年または②行為開始時から20年は損害賠償請求等が可能

２．特許権の概要

　メーカー（製造業）が必要とする知的財産権の代表である特許権の概要について説明します。

(1)　特許権の成立要件

　特許権の対象とされる発明として保護されるためには，新規性（出願当時に公知または公然と実施されるものではないこと），進歩性（出願当時の技術では容易に考え出すことができないこと）等の保護要件を満たす必要があります。特許権を取得するためには，特許出願をする必要があり，特許出願後，特許庁における審査を経て特許査定され，特許料を納付すると，特許権の設定登録がされます（特許権の発生）。登録されると，特許庁により発行される特許公報により特許の内容が公開されます（特許公報はインターネット等でだれでも閲覧できます）。

(2)　特許権の効力

　特許権には独占的効力と排他的効力があります。特許権者は発明品の製造・販売を独占することができます（独占的効力）。また，第三者が特許権を侵害する行為を行った場合，特許権者は，侵害行為の排除（差止め）や損害賠償を請求することができます（排他的効力，特許法100条等）。なお，特許の内容は公開されていますので，特許権者から差止め・損害賠償を請求せずとも，競合他社に対して，製品開発時に特許の内容を回避させる，という事実上の抑止効果もあります。

　また，自社の特許権を他社に利用させることによって，収益を上げることもできます（Q17参照）。

　近時の企業の研究開発活動（新技術・新製品の創出）には莫大なコストと手間を必要とします。新技術・新製品を特許権等の知的財産権により防衛しなければ企業は多額の研究開発投資に見合った事業収益を得ることができません。

　そのため，メーカー（大企業）を中心として，模倣品や類似品を排除し，自社の新技術・新製品の競争優位性を確保するために，特許権や実用新案権の出願を中心とする知的財産活動が活発に行われています。

３．オープン＆クローズ戦略（特許内容の公開と営業秘密としての秘匿化）

　メーカーは，自社の事業規模・事業内容や製品開発プロセス等を考慮しながら，自社の事業推進に必要となると思われる知的財産権を獲得し，活用することになります。その意味で，知財戦略は事業戦略・開発戦略とは切っても切り離せない関係にあります。

　知財戦略の中でも特に重要なものがオープン＆クローズ戦略と呼ばれるものです。これは，自社の技術について，技術内容が公開される特許として保護するのか（オープン），それとも秘密として管理してノウハウとして保護するのか（クローズ），を決定するものです。

　特許権の登録後は，特許庁における特許公開制度（システム）により特許権の内容（技術・製品）は公開され，模倣のリスクが発生します（特に海外での模倣リスクは高いといえます）。また，特許権等の知的財産権には原則として有効期間があり（特許権の場合は原則として出願から20年），権利の有効期間満了後には第三者も合法的に特許権の内容を実施することができます。

　そのため，企業（メーカー）においては，自社の事業戦略に鑑み，どのような自社技術を営業秘密（Q15参照）として公開せずに半永久的に秘匿するか，どのような自社技術を特許権として登録・公開させて独占・排他的効力を発生させるかを峻別・判断しなければなりません。

　一般論（判断軸）としては，①他社の新規参入が見込まれない自社のコア技術については特許出願をしないで営業秘密としてブラックボックス化し，②他社の新規参入のリスクがある分野については他社に先んじて特許出願を行って競争優位性を確保し，③自社の製造キャパシティ以上に市場の拡大が見込まれる分野については特許権の積極的なライセンス・アウトによる市場の拡大とラ

イセンス収益を実現することが望ましいといえます。ただし，リバース・エンジニアリング（他社の製品を分解・解析すること）をしても自社の技術内容が利用されているかがわからないような場合は，特許化しても特許侵害を探知・立証できないため特許化戦略をとるべきでないことに注意する必要があります。

4．知的財産権と独禁法の関係

　独禁法は，公正かつ自由な競争を促進することを目的とし，企業による私的独占や談合（カルテル）を禁止する法律です。一方，知的財産権は上記の特許権のような独占・排他的効力が認められており，独禁法と知的財産権は対立関係にあります。独禁法は「この法律の規定は，著作権法，特許法，実用新案法，意匠法又は商標法による権利の行使と認められる行為にはこれを適用しない」と定めており（21条），知的財産権に基づく権利の行使と認められる行為には，独禁法が適用されないとしています。

　逆に言えば，知的財産権に基づく権利の行使と認められない行為については，独禁法が適用されます。この判断のため，公取委はガイドラインを定めています（知的財産の利用に関する独占禁止法上の指針，共同研究開発に関する独占禁止法上の指針）。

　ライセンス契約や共同研究開発契約の作成にあたり，これらのガイドラインを参照する必要があります（Q17～20参照）。

5．社内規程，手続，業務（担当部門）

　一般的にメーカーでは，特許権を中心とする知的財産権の出願，管理，侵害排除対応は知財部の役割となっています。もっとも，企業の規模によっては法務部門と知財部門が同一の部門であることもありますし，法務部門と知財部門が異なっていても，侵害排除対応は協力して行うことが多い傾向にあります（Q25参照）。

　また，近時，発明成果に関して発明者個人と会社との紛争が増加しているため，職務発明の帰属や発明報奨に関する社内規定・手続を整備する必要があります（Q16参照）。

Q15 営業秘密の保護

　近時，退職者等による営業秘密の漏えいが問題になっていますが，営業秘密として保護される要件にはどのようなものがあり，営業秘密の管理にあたってどのような点に留意すべきでしょうか。

A

　不正競争防止法の営業秘密として保護されるためには，①有用性，②非公知性，③秘密管理性の3つが要件となります。
　会社は営業秘密を守るため，秘密としての有用性があることを前提に，非公知性を維持しながら秘密として管理するための対策と実行が必要となります。

1．営業秘密とは何か（営業秘密の要件）

　不正競争防止法は，営業秘密を不正に取得・使用・開示する行為を不正競争とし，不正競争により被害を被った者は，不正競争者に対して不正競争の差止め，損害賠償，信用回復措置を請求することができます（同法3条1項等）。また，同法は，不正競争者に対する刑事罰（懲役刑，罰金刑）も定めています。

　営業秘密の侵害事案が増加しているため，経済産業省は「営業秘密管理指針」を定めて企業における具体的な営業秘密の管理方法の例などを公開しています。

　法律上の営業秘密の定義は，「秘密として管理されている生産方法，販売方法その他の事業活動に有用な技術上又は営業上の情報であって，公然と知られていないもの」をいいます（同法2条6項）。

　よって，同法上，技術情報ないし営業情報が営業秘密として保護されるためには，下記の3要件をすべて満たすことが必要です。

---

① 有用性：当該情報が事業活動に有用な技術上または営業上の情報であること
② 非公知性：当該情報が公然と知られていないこと
③ 秘密管理性：当該情報が秘密として管理されている（いた）こと

　以下では，上記の3要件について企業がどのような対策を講じなければなら

ないかを解説します。

２．要件①―有用性

　営業秘密としての「有用性」とは，その情報が客観的にみて，事業活動にとって価値があること（有用であること）です。あらゆる企業の事業活動は価値創造（価値と金銭の交換）を目的として行われているため，一般的には，後記の非公知性・秘密管理性を満たす企業内の情報は有用性も認められます。ただし，公序良俗に反する内容の情報（脱税や環境汚染行為等の反社会的な情報）は有用性が否定されます。

　有用性を否定する判例には，営業情報については，転職者が転職先に自己の名刺帳を持ち出した事案で，転職者の名刺帳とは別に社内に顧客リストが整備されており個人の名刺帳それ自体には営業秘密としての有用性を否定したもの（名刺帳事件・東京地判平27・10・22判例集未登載（青山紘一『企業秘密事件判決の総括』（経済産業調査会，2016）910～912頁））や，技術情報については，発熱セメント体に係る情報について，当業者（発明の帰属する技術分野における通常の知識を持つ者）であれば通常の創意工夫の範囲内において適宜に選択する設計的事項にすぎないとして有用性を否定したもの（発熱セメント体事件・大阪地判平20・11・4判時2041号132頁）などがあります。

　上記の有用性と，特許として認められる要件の一つである「進歩性」との異同については，経済産業省の営業秘密管理指針では「当業者であれば，公知の情報を組み合わせることによって容易に当該営業秘密を作出することができる場合であっても，有用性が失われることはない（有用性と特許制度における「進歩性」概念とは無関係）」としていますが，上記の大阪地判のように，「進歩性」の判断基準と類似する概念で有用性を否定したケースもあり注意が必要です。

３．要件②―非公知性

　営業秘密管理指針では，非公知性とは，「当該営業秘密が一般的に知られた状態となっていない状態，又は容易に知ることができない状態」とされています。

　つまり，営業秘密情報を，公刊の刊行物に記載したりウェブサイトで公開したりすると「非公知性」の要件を欠くことになります。特許として認められる要件の一つである「非公知性」との異同については，特許庁の特許審査基準では，特定の者しか当該情報を知らない場合であっても特定の者に守秘義務がない場合は特許法上の公知となりうるが，営業秘密における非公知性では，特定の者が事実上秘密を維持していれば，特定の者に守秘義務がない場合でも，なお非公知と考えることができる場合があるとされています。ただし，企業の実務においては，守秘義務がない者に自社の営業秘密を開示することは厳に避けるべきでしょう。

　メーカーにおける営業秘密の非公知性の要件については，リバース・エンジニアリング（他社技術を自社で応用することなどを目的として，他社の製品を分解・解析すること）との関係が問題になります。リバース・エンジニアリングによって非公知性が欠如するかについては肯定・否定の双方の判例があり，単純な機械の構造など「一般的な技術的手段を用いれば容易に製品自体から得られるような情報」はリバース・エンジニアリングにより非公知性を失うとされています。一方で，「専門家により，多額の費用をかけ，長期間にわたって分析することが必要であるもの」については，リバース・エンジニアリングによっても非公知性は失われないとされています（セラミックコンデンサー事件・大阪地判平15・2・27判例集未登載（前掲・青山299〜300頁））。

　企業の対応としては，外販する製品の構造等を営業秘密として保護するためには，販売先に秘密保持義務・リバース・エンジニアリング禁止義務を課すほか，なるべく分析が困難な製品構造とすることが必要といえます。

　なお，特許権の場合は，リバース・エンジニアリングが容易である場合でも，リバース・エンジニアリングに基づく類似品の製造・販売に対して特許侵害行為として差止請求・損害賠償請求が可能となるので，分析が容易である技術・製品を保護するためには，営業秘密よりも特許権が適切といえます。

4．要件③—秘密管理性

　秘密管理性は，営業秘密の3要件のうち最も重要な要件とされており，企業における日常的な営業秘密の管理内容に直結します。

　条文上の定義は，「秘密として管理されている」（不正競争防止法2条6項）にとどまり，講学的な定義としては「営業秘密の保有者が主観的に秘密にしておく意思を有しているだけではなく，従業者，外部者から，客観的に秘密として管理されていると認められる状態にあることが必要」（ベネッセ顧客情報漏えい事件・東京高判平29・3・21高刑集70巻1号10頁，経済産業省知的財産政策室編『逐条解説　不正競争防止法〔第2版〕』（商事法務，2019）43頁）とされていますが，若干，曖昧な概念です。

　経済産業省の営業秘密管理指針がまとめた判例の傾向としては，秘密管理性を満たすためには下記の3つの管理をすべて実行することが必要とされています。

> ①　アクセス権者の限定・無権限者によるアクセスの防止
> 　営業秘密にアクセスできる者が限定され，アクセス権限のない者によるアクセスを防ぐような手段が取られていること（例：鍵のかかった棚に保管する，パスワードをつけてファイル保存するなど）
> ②　秘密であることの表示・秘密保持義務の設定
> 　営業秘密である旨の表示を徹底し，営業秘密にアクセスした者が当該情報を営業秘密であると認識し，またアクセス権限のある者が営業秘密に関する管理の意識を持ち，営業秘密管理の責務を果たすような状況になっていること（例：文書に「秘密」表示をするなど）
> ③　組織的管理
> 　上記の措置が機能するように組織としての管理を行っていること

　以上のように，秘密管理性を満たすために重要な措置としては，①営業秘密のランク（極秘，マル秘等）に応じたアクセス権の設定と，②秘密が含まれる情報・モノについて明確に秘密である旨の表示を行い，③社内外を問わず営業秘密にアクセスする者に対して秘密保持義務を徹底（重要な営業秘密については秘密保持義務を書面で定めることが望ましい）することが必要です。また，これらが社内でルール化され，ルールに則った運用がされている必要があります。

　以上は日本法に基づく検討ですが，近時，海外企業等による日本企業の営業秘密の侵害行為が増加しており，海外展開をしているメーカー等においては，日本のみならず海外においても通用する自社グループの営業秘密の管理基準を定めて実行することが必要といえます。

Q16　職務発明

　社員が発明したいわゆる職務発明について，社員とのトラブルを防止するためどのような社内規程を設けるべきでしょうか。

　近時の法改正（平成27年改正特許法）により発明報奨に関して法律上の基準が設けられ，企業は自社の職務発明と発明報奨の基準を明確にした社内規程を設けることが必要となっています。

1．職務発明制度とは何か

　職務発明制度とは，企業や研究機関等の「使用者」と，役職員，従業員等の「従業者」との関係において，従業者が職務上，行った発明（職務発明）に関する権利の帰属や，使用者から従業者に対する経済上の利益（発明報奨）の供与について定める制度です（特許法35条）。なお，職務発明に対して，会社の業務の範囲に属さない発明は，「自由発明」と呼ばれます。

　職務発明制度については，使用者と従業者との間での発明報奨に関するトラブル（裁判）の増加と，海外企業のように発明者である従業者に合理的なインセンティブを与えながら日本企業のイノベーション創出力を向上させる必要性から，平成27年に特許法の大きな改正が行われました。

2．特許を受ける権利

　そもそもの前提として，発明とは事実上の行為であることから，法人としての発明は認められておらず，従業員が行った発明を会社が当然に特許出願できるわけではありません。したがって，会社は，その発明について特許出願するためには，そのための権利（特許法上「特許を受ける権利」といいます）を発明者（従業者）から取得するなどしなければなりません。

3．平成27年法改正以前の職務発明制度

　以前の職務発明制度（改正前特許法35条）においては，職務発明に係る特許

を受ける権利は当然には使用者に帰属せず，企業の就業規則や知財に関する規則等に，職務発明についての特許を受ける権利が従業者から使用者に承継されることを予め定めておくことが必要であり，使用者と従業者との間で，「譲渡証書」を取り交わすことが通常でした。

　しかし，これでは従業者が使用者以外の第三者に特許を受ける権利を譲渡し，第三者が対抗要件（特許出願・特許査定）を具備した場合には使用者である企業は自社の技術に関する特許権を取得できなくなるという不都合がありました。

　また，以前の職務発明制度においては，従業員が使用者に特許を受ける権利を譲渡した場合の対価（発明報奨）について明確な基準を設けておらず，対価の定めがない場合や対価について争いがある場合には裁判所が対価の額を決定するとされていました。

4．青色発光ダイオード裁判の衝撃

　職務発明に関する裁判としては青色発光ダイオード事件が有名です。この事案では，後にノーベル賞を受賞したカリフォルニア大学の中村修二教授が日亜化学工業に在職中に行った青色発光ダイオードに関する発明について，会社側が提示した発明報奨が約2万円であったことを不服として約200億円の発明報奨を求めて提訴しました。第1審判決（東京地判平16・1・30判時1852号36頁）は，当該発明（特許）に関する日亜化学工業の収入を約1,200億円と算定し，中村教授の貢献度が少なくとも50％はあったと認定して中村氏への対価は約600億円とし，中村教授の請求額200億円を全額認容する判決を言い渡しました（その後，東京高裁で会社側から中村教授へ約8億円を支払うことで和解成立）。

　米国企業を中心に，企業のイノベーションを積極的に創出するため重要な発明を行った従業員に対しては高額のインセンティブ（発明報奨）をもって報いることが世界の潮流となっています。青色発光ダイオード事件は国際的なニュースになり，日本企業に属する発明に関する，使用者と従業員の対立の問題をクローズアップし，類似の裁判が増加しました。

5．平成27年法改正後の職務発明制度

　平成27年改正特許法は職務発明における権利の帰属と，発明報奨について，

下記の法改正を行いました。

(1)　特許を受ける権利の原始帰属

　予め従業員との契約ないし就業規則等に職務発明に係る特許を受ける権利の帰属について定めることにより，使用者は，職務発明に係る特許を受ける権利を，職務発明が完成した時点で原始的に会社に帰属させることができることになりました（特許法35条3項）。なお，自由発明については，会社に原始的に帰属させ，または承継させることを予め契約等で定めたとしても，無効となります（同条2項）。

(2)　発明報奨の多様化とガイドライン

　従来の発明報奨は金銭対価だけでしたが，法改正後は，金銭に限らない相当の利益（経済的利益，たとえば金銭的処遇の向上を伴う昇進・昇格やストック・オプションの付与等）を与えることができるようになりました（特許法35条4項）。

　また，発明報奨に関するトラブルを防止するためのガイドラインが定められました（同条6項，経済産業省「特許法第35条第6項に基づく発明を奨励するための相当の金銭その他の経済上の利益について定める場合に考慮すべき使用者等と従業者等との間で行われる協議の状況等に関する指針」（職務発明ガイドライン））。同ガイドラインには，使用者と従業者との間における発明報奨に関する協議のプロセス等が定められています。

(3)　改正後の実務

　改正後に就業規則等で職務発明を会社に原始帰属させる旨の規定を置いた会社は，厳密にいえば「譲渡証書」を従業者から取得する必要はありません。もっとも，このような会社でも，無用な争いを避けるために，確認の意味で「譲渡証書」（のような書類）を従業者から取得する運用を継続していることが少なくありません。また，改正後も職務発明規定に金銭以外の報奨を追加していない会社も相当数残っています。

　このように改正後の実務が必ずしも定着しているわけではありませんので，今後の他社の動向等を注視する必要があります。

6．適正な発明報奨の算定

　従業員に発明報奨を行うタイミングは，主に，出願時，特許登録時，実施時などがあります。また，売上高等の実績に応じた報奨もあります。実績に応じた報奨の算定は会社ごとに異なる方法で行われていますが，一般的には特許ライセンス料の算定方法に類似した下記の算定式が用いられています。

　①単年度の製品の超過利益額 × ②特許寄与度 × ③仮想実施料率 × ④従業員の発明貢献度 ＝ 単年度の報奨金額

　例として，①単年度の製品売上が10億円増加した場合，②特許の寄与度を50％とし，③特許権者からのライセンスを受けた場合の料率を掛け合わせ（ライセンス料率は一般に１～５％であり，ここでは５％とする），④従業員の発明貢献度が30％とすると，当該単年度に受け取る従業員の発明報奨金額は750万円となります（10億円×50％×５％×30％）。

　また，発明者が数人いる場合には発明への貢献割合により報奨金額を分割することになります。上記の例で発明者が３人いて，発明貢献度が均等とすると，各人が250万円ずつの単年度の発明報奨金を受け取ることになります。

Q17　ライセンス契約

(i)　ライセンサーになる場合の留意点

　当社は，将来有望な市場と目されている地域において，現地の有力な企業であるA社に当社製品を製造させることにより，現地生産を立ち上げたいと考えています。A社に，特許または製造ノウハウのライセンスを与える場合の確認事項と留意点を教えてください。

(ii)　ライセンシーになる場合の留意点

　(i)と同じ状況において，ライセンシーになる場合，ライセンス契約における確認事項と留意点を教えてください。

A

(i)　ライセンス契約にあたっては，①実施権の対象となる権利，②専用実施権か通常実施権か，通常実施権の場合，独占的権利か非独占的権利か，③再許諾（サブライセンス）・下請実施の可否，④実施対象製品，⑤実施態様（製造，販売など），⑥実施地域，⑦存続期間，⑧ロイヤリティの支払スキーム等を確認する必要があります。

　ライセンサーになる場合，ライセンシーが買収されること等によるライセンシーの予期せぬ変更についても注意する必要があります。

(ii)　ライセンシーになる場合は，上記(i)の確認事項に加えて，特許の有効性の確認と，ライセンサーによる第三者の知的財産権侵害の保証の検討が重要になります。

1．特許のライセンサーになる場合の確認事項と留意点

(1)　ライセンサーとなる場合の確認事項

　ライセンスをするにあたっては，通常，①実施権の対象となる権利（特許かノウハウか（または双方か），特許の場合はどの国の特許か），②専用実施権か通常実施権か，通常実施権の場合，独占的権利か非独占的権利か，③再許諾（サブライセンス）・下請実施の可否，④実施対象製品は何か，⑤製造，販売，それ以外の使用など実施態様は何か，⑥実施地域はどこか，⑦存続期間はどの

くらいか，⑧ロイヤリティの支払スキーム等を確認します。

　①実施権の対象となる権利については，本設問の事例では相手方企業に特定の製品を製造させることを目的としていますので，「一定の事業や製品に必要な技術一切」のような形で具体的な特許を特定せずにライセンスを行う包括ライセンスも考えられます。包括ライセンスでも，特許の特定以外の上記の検討事項は同じと考えてください。

　上記②の実施権については，特許権者が他の者に実施の権限を与える制度として，(a)専用実施権と(b)通常実施権があり，(b)通常実施権を付与する場合，❶独占的通常実施権とするか，❷非独占的通常実施権とするかが重要なポイントとなります。(a)専用実施権とは，特許権者が定めた範囲内で特許を独占的に実施できる権利で，特許原簿に登録することにより効力が生じます（特許法77条1項・2項，98条1項2号）。専用実施権を付与された場合，その範囲内では特許権者も特許を実施することができなくなり，専用実施権者は特許の侵害に対して差止めや損害賠償の訴えを提起することができます。(b)通常実施権は，特許権者が定めた範囲内で特許を実施できる権利です。通常実施権は，特許原簿に登録することなく，成立後の特許権の譲受人に対して対抗することができます（当然対抗制度。同法99条）。(b)-❶独占的通常実施権は，通常実施権のうち，特許権者が他の者に当該特許の実施権を許諾しないという約束のもとに設定されるものです。独占的通常実施権を許諾された者は，通説によると，損害賠償請求権は認められるものの，差止請求権は認められないとされています。(b)-❷非独占的通常実施権は，当該特許権を適法に実施することができる権利にとどまり，独占的な権利を有しないため，独占的通常実施権とは異なり，第三者による特許権の侵害に対して，損害賠償請求権は認められないと考えられます。

　以上を踏まえて②の実施権について検討すると，自社が当該特許を使用する可能性がある以上，専用実施権ではなく通常実施権を設定するべきでしょう。ライセンシーは現地生産立ち上げリスクの見返りとして独占的通常実施権を要求する可能性があります。ライセンシーとの力関係によっては，ライセンス対象地域を限定するなど実施権の範囲を限定したり，最低限のロイヤリティ支払義務を課すなどして独占的通常実施権を許諾することも考えられます。なお，

独占的通常実施権を許諾する場合は，ライセンサー自身が実施できるか否かが契約上不明確な場合がありますので，実施を希望する場合には，その点を明確にしておくべきです。

　上記③について，ライセンシー自身が実際に製造を行うのかどうかを確認する必要があります。たとえば製造機能をライセンシーの子会社が持っている場合，当該子会社に限りライセンスを再許諾（サブライセンス）できるとするか，下請実施させることができるとするかを規定する必要があります。なお，下請実施とは，製造品をすべてライセンシーに納品させるなど，ライセンシーが製造子会社等を自己の手足として技術を実施させることをいいます。これに対して，再許諾（サブライセンス）が必要な場合は，製造のみならず第三者への販売も委託するなど，独立した第三者に技術を実施させる場合です。

　上記④，⑤，⑥についてはなるべく詳細な特定が望ましいでしょう。

　上記⑦について，特に独占的な実施権を許諾する場合，ライセンサーとしてはライセンス期間を短くすることが望ましいですが，ライセンシーが一定の設備投資を予定しているような場合などは，ある程度の長期のライセンス期間を要求される可能性があります。独占実施権を与えるリスクは，ロイヤルティの金額（率）のアップやロイヤルティの最低額の設定（最低額を下回る場合は非独占に変更するなど）でカバーして，ライセンシーの要求を受け入れることも考えられます。

　上記⑧ロイヤリティの支払スキームとしては，(a)固定額の定期的な支払い，(b)販売数量等に比例した額の支払い，(c)契約開始時の一時金支払い，これらの組み合わせ等が考えられます。たとえば，現地生産が軌道に乗るまでは販売数量が抑えられると見込まれる場合，販売数量が少ない時期にライセンシーの負担を抑える一方，見込みどおり販売数量が伸びた場合にロイヤリティ料を回収できる(b)の販売数量等に比例した額の支払いとすることが考えられるでしょう。また，(b)に加えて上記のとおり独占実施権の対価として最低額のロイヤルティ支払義務を課す等のアレンジも考えられます。なお，(b)を採用する場合，販売数量等の確認をどのようにするかという問題があります。一般的には相手方の自己申告によるものとされますが，ロイヤリティ収入がライセンス契約の重要な目的である場合，監査権を契約上規定し，第三者の専門家に必要な範囲で帳

簿等を監査させることができること（申告額との乖離があった場合には，ライセンシーによる違約金の支払いや監査費用の負担を必要とするなど）を規定する場合もあります。

(2)　その他の留意点

ライセンシーが買収等をされることにより予期せぬ第三者がライセンシーになる可能性があることに注意する必要があります。ライセンサーとしては，ロイヤリティの支払能力がない会社または競合他社等にライセンス関係が引き継がれることは回避したいと考えるでしょう。このようなリスクに備えて，(a)合併，事業譲渡，株式交換，会社分割等の組織再編および資本構成の重大な変更を契約の解除事由とすること，および(b)契約上の地位および契約に基づく権利義務の譲渡の禁止を契約上定めておくことが考えられます。

また，以下の点を定めることは独禁法上問題となるリスクが高いため，避けるべきです（公取委「知的財産の利用に関する独占禁止法上の指針」参照）。

- 特許権者（ライセンサー）がライセンシーに対してライセンス製品の価格や販売先を指定，制限すること
- ライセンサーがライセンシーに対して改良技術の無償供与をさせること

2．製造ノウハウのライセンサーになる場合の確認事項

製造ノウハウのライセンスの特徴は，マニュアルのような有形的情報に限らず，コツや技能のような無形的情報までライセンス対象に含まれる点です。

また，ノウハウを活用して最終的な製品の生産・販売等を実現するためには，ノウハウを利用した実際の製造技術の移管や原材料・製造機械・部品等の調達についても，ライセンサーのサポートを必要とする場合が多くあります。本設問は，ライセンサーにとっても現地生産を立ち上げるという重要な目的がありますので，このような目的についてはライセンサーから詳しく説明し，費用の分担を含め契約に定めることが考えられます。ただし，調達に関して，必要以上に特定の調達先から調達することを強制するような条項は，独禁法上の問題が生じる可能性があることに注意してください。

3．特許のライセンシーになる場合の確認事項と留意点

　特許のライセンシーになる場合であっても，確認する事項は上記①～⑧です。実施権の対象となるライセンサーの特許については，有効であるか，制限が付されていないかどうかを確認することが必要になります。これは特許登録原簿・包袋を確認することにより相手方にコンタクトすることなく可能ですし，最も基本的な権利関係の確認ですから，検討の初期段階で行うべきです。また，この段階で特許の無効化を主張できる余地がないかを併せて検討しておくべきです。無効化できる特許について（対価を支払って）ライセンスを取得する必要はないためです。

　契約条件としては，第三者による特許権（ライセンス対象特許と同分野）の侵害を理由とする差止請求や損害賠償請求の対応（ライセンサーからライセンシーに対する保証）を検討するべきです。特にライセンシーはライセンス対象特許や第三者の特許について知識がなく将来の紛争の可能性を予測することも困難であることが多い一方，ライセンス対象の特許権を実施している当事者であり，侵害訴訟の当事者となる可能性が高いため十分な検討が必要です。本設問では，ライセンシーは生産立ち上げのために多額の設備投資も必要になると考えられ，第三者による差止めが行われた場合，大きな影響を受けることが予想されます。もっとも，一般的にはライセンサーは金額の予想がつかない保証には消極的ですし，特に訴訟費用が高額になりがちな地域（米国等）における損害の保証をさせることは現実的ではない場合も多いと思われます。このような場合，ライセンシーの生産・販売地域以外の地域や，弁護士費用など特定の費用を除外したり，補償額に上限を設けたり，保険費用を一部負担する等の対応で合意ができる場合も考えられますので，事前にさまざまな可能性と想定される費用を検討した上で交渉に臨むとよいでしょう。

4．ノウハウのライセンシーになる場合の確認事項と留意点

　ノウハウのライセンシーが確認すべき事項は，ノウハウを実際に活用するために必要な包括的な支援の要否や内容です。もっとも，このような情報の中には本来ノウハウとして管理されるべき非公知の情報に限らず，公知の情報等も

含まれる可能性があります。そこで，ライセンサーに本来のノウハウを具体的に特定させるなどの方法により，ノウハウにあたらない情報の利用が必要以上に制約されないよう留意するとよいでしょう。また，ライセンサーの支援内容についても，ライセンサーとの交渉となることが考えられますが，ライセンシーとしては契約前に必要な範囲を特定することが難しいため，具体的な支援内容を設定することは難しいかもしれません。本件のようにライセンスの実施がライセンサーにおいても経営戦略上重要な意味を持つ場合は，必要な支援の一部をライセンサーに負担させたり，ライセンシーの判断により柔軟に支援の追加を要求したり，中止させたりできるような契約を結ぶことが考えられます。

Q18　共同研究開発契約（総論）

当社は，ある企業と共同研究開発を行うことを計画しています。どのような点に留意して契約書を作成するべきでしょうか。

複数の企業，学術機関等が協力して研究開発を行うことが増加していますが，開発目標，役割，スケジュール（マイルストーン），開発経費の負担（分担），開発成果の帰属等について予め明確に定めていないとトラブルになる可能性があるため，これらを定めた「共同研究開発契約」を締結することが望ましいです。

1. 共同研究開発契約の意義と必要性

共同研究開発契約とは，複数の企業，学術機関等の間で協力して共同で新技術の開発などを行うことを約束する契約です。

メーカー等の企業における研究開発は自社内で完結することが従来は多かったですが，近時は技術・製品の内容が複雑化しており，さまざまな知見を有する当事者が集まり，外部リソースを用いた研究開発を行うことが増えています。

特に，米国企業を中心にオープン・イノベーション戦略を採用する企業が増加しており，自社だけでなく，他社や大学等の学術機関，国や地方自治体などの政府，NPOや社会起業家など，異業種，異分野の組織ないし個人が持つ技術やノウハウを活用して組み合わせ，革新的な研究成果，製品開発，ビジネスモデル開発等のイノベーション創出を目指す取組みが急増しています。

オープン・イノベーション戦略の実行のためには共同研究開発が不可欠ですが，共同研究開発の対象（目標）は新技術・新製品・新サービスなど現時点では存在しないものであり，研究開発の過程で多額の経費が発生することが多く，事前に共同研究開発のプロセスや参加者の役割等を明確にしておかないとトラブルが発生するおそれがあり，予め下記の事項・内容を定めた共同研究開発契約を締結することが望ましいといえます。

2．共同研究開発の目的・成果

　共同研究開発において最終的に何を目的・成果として達成しようとするのかを明確に記載することが望ましいです。しかしながら，共同研究開発の目的である新技術，新製品，新サービス等は契約時点では存在しないものであるため，目的・成果の特定は概括的な記載にならざるをえないことが多いです。

　そのため，実務上は，共同研究開発に至った経緯，動機，克服するべき技術課題等を契約書の別紙等で明確にする場合もあり，また，目的・成果を修正する必要が生じた場合に柔軟に対応できるようにすることが望ましいです。

3．共同研究開発の期間（マイルストーン）

　共同研究開発の期間については，多くの場合は多額の経費をかけて外部リソースを用いる以上，目的達成と費用統制の観点から，期間を契約で限定することが望ましいです。

　実務上は，複雑な共同研究開発の場合，複数のマイルストーン（フェーズ）を契約書の別紙等で定めておき，フェーズ終了ごとにマイルストーン目標（中間目標）を達成したかを当事者で確認し，達成していれば次のフェーズに進み，達成しなければ共同研究開発を打ち切るという扱いも行われています。

4．共同研究開発の業務分担（役割）

　共同研究開発において参加当事者は，各々の技術，ノウハウを持ち寄って新技術等の開発を行います。共同研究開発における参加当事者の業務上の役割と責任については契約書で明確にしておく必要があります。

　参加当事者は，共同研究開発に際して提供する自社の技術情報を明確にし，参加当事者が提供する技術情報に関する管理体制や共同研究開発以外での利用等についても契約で定めておくことが望ましいです。複雑な共同研究開発においては参加当事者の代表者で構成されるステアリング・コミッティ（運営委員会）を設けて，ステアリング・コミッティを定期的に開催して，共同研究開発の進捗を監督することもあります。

5．共同研究開発の経費

　近時の企業（メーカー）同士や大学等との共同研究開発は多額の経費を必要とすることが多いです。そのため共同研究開発の開始前にマイルストーンに応じた予算（経費）を策定し，参加当事者がどのように経費を分担するかを契約書に記載する必要があります。

　経費分担の考え方としては，①参加当事者ですべて均等に負担する方法，②企業と大学との共同研究開発においては企業が経費を負担する方法，③知的財産権等の開発成果の帰属者が経費を負担する方法，などがあります。なお，開発経費を多く負担した者は最終成果に対する期待が生じますので，経費の負担と最終成果の帰属について矛盾が生じないように調整する必要もあります。

6．共同研究開発の成果の帰属

　共同研究開発契約で定める最も重要な事項として，開発成果の帰属・実施（利用）条件などの取決めがあります。

　共同研究開発の成果（新技術，新製品，新サービス，ノウハウ，特許権等の知的財産権）について参加当事者の権利関係を定める必要があるほか，知的財産権についての共有関係や，事業化後の第三者に対するライセンス実施にあたっての実施条件，実施料の分配方法等について検討する必要があります。

　開発成果の帰属の考え方については，①発明等をなした従業員が所属する当事者に帰属する（共同発明の場合は共有する）方法，②持分均等で共有する方法，③開発成果に対する寄与度に応じて共有する方法，④参加当事者が提供する技術分野を基準とした成果の帰属とする方法，⑤上記のように経費額の拠出に応じた帰属とする方法，⑥一方当事者の単独所有とするが他方当事者に対して無償ないし有償でライセンスを行う方法などさまざまな方法があります。これらのいずれかを選択するかは，共同研究開発の成果を用いて自社がどのように収益を上げるのかなど（例：新製品を販売したいのか，技術をライセンスしたいのか），将来のビジネスの方針を踏まえて決定する必要があります。その意味で，共同研究開発契約の作成等にあたっては，開発部門のメンバーだけでなく，必要に応じて事業部門のメンバーを巻き込む必要があります。

　また，企業と大学等の学術機関との間の共同研究開発において大学等が開発成果に関する事業化を行わない場合は，最終成果の帰属と事業化の権利を企業側が専有する見返りに，企業が事業化で得られた経済的利益の一部を大学等に支払うこともあります（不実施補償）（Q20参照）。

　なお，最終成果の帰属や事業化の権利が一方当事者に過度に有利な場合には独禁法に抵触するリスクもあり注意が必要です（Q19参照）。

7．秘密保持と技術の混交（コンタミネーション）の防止

　共同研究開発において参加当事者が共同研究開発の進行や成果についての秘密保持を行うことは当然です。加えて，共同研究開発においては，自社以外の外部に機密内容である自社技術の内容を明らかにするため，自社技術と他社技術の意図しない混交（コンタミネーション）が生じるリスクがあります。このようなコンタミネーションが生じると，共同研究開発の枠組外で他社技術が自社技術に紛れ込んで事業化されてしまうリスクや他社の技術・秘密情報を利用して特許出願をしてしまうリスクにつながります。そのため，参加当事者は，共同研究開発にあたって提供・開示する自社技術について契約書で明確に定め，また共同研究開発の遂行過程で創出された新技術等については新技術に係る権利の帰属関係をマイルストーンごとに決定する必要があります。

　また，複数の共同研究開発のプロジェクトが同時に進行し，各々に他社技術についての厳重な守秘義務が課せられている場合には，プロジェクトごとに自社内でもファイヤーウォール（情報障壁）を設定することもあります（例：担当者を別にする，資料を保存するフォルダを別にしてアクセス制限を施す）。

8．その他（委託研究開発との異同）

　外部の開発リソースを活用するものの共同研究開発とは異なる概念として委託研究開発があります。

　一般的な委託研究開発においては，委託者がすべての経費と責任を負担することと引き換えに受託者の開発成果について委託者が独占することが通常です。

　自社が外部リソースを活用して開発成果を独占したい場合には，共同研究開発ではなく委託研究開発を活用することも検討したほうがよいでしょう。

Q19 共同研究開発における独禁法上の問題

このたび，ある企業と新製品の共同研究開発を行うこととしました。共同研究開発契約においては，①共同研究開発に関する秘密を保持すること，②開発期間中は，同一テーマおよび周辺テーマの研究開発を第三者と行わないこと，③共同研究開発の成果について，使用対象商品を制限し，第三者に使用を許諾しないこと，を合意したいと考えておりますが，法律上問題はあるでしょうか。

A

共同研究開発における参加当事者間の取決めにより，参加者の事業活動を不当に拘束し，公正な競争を阻害するおそれがある場合，当該取決めは不公正な取引方法として，独禁法19条に違反する可能性があります。本設問の検討事項のうち，上記①は原則として問題はないと考えられますが，②および③は不公正な取引方法に該当するおそれがあるため，このような対応を要する目的，必要性を確認の上，独禁法上問題のない方法を検討する必要があります。

1．共同研究開発に関する独禁法上の指針

共同研究開発に関する独禁法上の問題については，公取委が，「共同研究開発に関する独占禁止法上の指針」（平成5年4月20日公表，平成29年6月16日改定。以下本設問において「指針」といいます）を公表して，特定の行為が独禁法上問題となるおそれがあるかどうかについて見解を示しています。当該指針はそれ自体に法的拘束力があるものではありませんが，実務上，指針において「不公正な取引方法に該当するおそれが強い事項」に該当する事項を契約書に含めることは避けるべきです。また，「原則として不公正な取引方法に該当しないと認められる事項」（およびその例外となりうる事項），ならびに「不公正な取引方法に該当するおそれがある事項」の例も挙げられており，参考になります。

2．秘密保持義務

共同研究開発においては，必要な技術等（知見，データ等を含みます。以下

本設問において同じとします）の情報を当事者相互に開示することが必要となり，共同研究開発契約の中であるいは別途契約を締結して，相互に秘密保持義務を課すことが必要となります。共同研究開発に必要な技術等の情報，および共同研究開発の過程で得られた情報に関して，相互に秘密保持義務を課すこと，ならびに共同研究開発のために必要な技術等の情報以外の情報についても，情報提供者において特に秘密と指定されているもの（研究開発の実施自体を秘密とすることもあります）の秘密保持義務を課すことは，原則として不公正な取引方法に該当しないと考えられます。また，開示された情報を共同研究開発の目的以外に流用することを制限することも，原則として不公正な取引方法に該当しないと考えられ，契約上明記することを考慮するべきです（指針第2の2(1)ア[3][4][6]）。

　共同研究開発の成果物については，公表すること，または，特許を出願することも考えられますが，当事者間の秘密情報とすることも考えられます。共同開発の成果物について秘密保持義務を課すことも，原則として不公正な取引方法に該当しないと考えられます（指針第2の2(2)ア[4]）。

　実務上，当該共同研究開発において，どのような技術やデータを必要とし，またどのような成果が期待されているのかについては，研究に関わる事業部門の担当者に具体的に確認することが大切です。相手方に提供する技術やデータについて，第三者に権利が属するもの（自社がライセンスを受けているものや，自社が取得したデータ等であっても第三者に権利が帰属するもの（顧客データなど））が含まれないかどうか，含まれる場合，研究開発に利用可能かどうかも確認しましょう。

3．開発期間中の他の研究の制限

　開発期間中は，相互にリソースを共同研究開発に集中するため，また，秘密の漏えいを防ぐため等の目的から，参加当事者間で他の研究開発の実施を制限することが考えられます。共同研究開発のテーマと同一のテーマについては，第三者との別の共同研究開発に限らず，参加当事者が独自に研究することについても，共同研究開発実施期間中に制約することは原則として不公正な取引方法に該当しないと考えられますので，必要性と当事者間の交渉力に応じて提案

することも考えられます（指針第2の2(1)ア[7]）。

　これに対し，共同研究開発のテーマ以外のテーマ，および共同研究開発終了後の研究の制限については，慎重に検討する必要があります。まず，共同研究開発のテーマ以外のテーマの研究開発の制限は，一般的に不公正な取引方法に該当すると考えられます。指針は，共同研究開発の成果について争いが生じることを防止するためまたは参加者を共同研究開発に専念させるために必要と認められる場合に，共同研究開発のテーマと極めて密接に関連するテーマについて，第三者との研究開発を制限するといった限られた場合は原則として不公正な取引方法に該当しないと整理していますが，必要性等の要件は慎重に検討する必要があります（指針第2の2(1)ウ[1]・ア[8]）。次に，共同研究開発終了後の研究開発の制限は，背信行為の防止または権利の帰属の確定などの制限の必要性があり，制限の対象を密接に関連するテーマの第三者との研究に限定し，制限する期間を合理的な範囲にとどめる等の限定をしない限り，不公正な取引方法に該当するおそれがあると考えられており，注意が必要です（指針第2の2(1)ア[9]）。

4．共同研究開発の成果の利用に対する制限

　共同研究開発の成果について，①定義または帰属を取り決めること，②成果の第三者への実施許諾を制限すること，③成果に係る秘密を保持する義務を課すこと等は原則として不公正な取引方法に該当しないと考えられます（指針第2の2(2)ア[1][2][4]）。しかし，「他社に使用を許諾しないこと」については，一切の使用許諾を認めないとすると，共同の取引拒絶（独禁法2条9項1号），その他の取引拒絶（一般指定2項），私的独占（独禁法2条5項・3条）として問題になる可能性があります。第三者への使用許諾を認めない期間を限定する，使用の対価を徴収することにより研究開発の費用を回収する等により，一定の範囲での使用を認める余地がないか十分に検討する必要があります。

　次に，研究成果を使用する製品を制限することについては，成果に基づく製品の生産・販売の制限に該当すると考えられるところ，成果に基づく製品の生産・販売の制限は，原則として不公正な取引方法に該当するおそれがあります。共同研究開発参加当事者による研究成果の利用については，原則として制限す

ることは独禁法上問題となる可能性があることを念頭において，制約する目的を明らかにして，目的に応じた対象，手段，期間等を検討する必要があるといえます。たとえば，成果であるノウハウの秘密性を保持する必要性が認められる場合に，成果に基づく製品の原材料・部品の購入先，または製品の販売先を当事者または当事者が指定する他の事業者に合理的な期間に限り限定することは不公正な取引に該当しない可能性があります（指針第2の2(3)ア[1][2]）。

　このように参加当事者による共同研究開発の成果の利用を制限することは独禁法上問題となる可能性があるため，社内で共同研究開発の企画を検討する段階で，そのメリット・デメリットについて十分に検討する機会があることが望ましいといえます。たとえば，法務部が企画の初期段階から関与をし，研究開発部門に定期的に独禁法上の規制について周知する機会を設けるなどの方法により，企画段階で法務の視点が反映されるような環境を作ることを検討してもよいかもしれません。

Q20 大学との共同研究開発契約

当社は大学の教授らと共同研究契約を締結することを検討しています。大学との共同研究の成果にかかる知的財産権や実施権のあり方，および情報管理(学会での発表の可否)などについて留意すべき点を教えてください。

大学との共同研究については，Q18，19で示された留意点に加えて，日本版バイ・ドール制度の利用が可能か否か，大学側が望む公表の条件，および不実施補償その他の大学への金銭的支払いの金額や方法に留意すべきです。

1．はじめに

　大学と民間企業との共同研究は，大学が民間企業等から共同研究員や研究費用又はその両方を受け，大学と民間企業との共通の課題について研究を共同して行う産学連携の一形態です。このメリットは，大学には，研究資金の獲得，基礎研究の応用，研究成果の実用化などがあり，民間企業側には，研究開発の促進，先端技術の取り込み，優秀な技術者の確保などがあります。他方で，Q18，19と同様，共同研究の結果生じた発明に係る知的財産権の帰属・実施（利用）条件が問題になります。また，大学が共同研究の成果を利用して営利活動を行うことができないという特殊性を考慮する必要があります。

2．大学の知的財産権に関する政府の考え方

　大学の研究成果の中には新規産業に資する技術やノウハウとして有望なものがあり，これらが民間産業等に活用されれば大きなシナジーが生まれます。そのため，政府も，このようなシナジー創出を円滑にする施策を行ってきました。

(1)　技術移転機関（Technology Licensing Organization）

　大学には，民間企業のような特許その他知的財産権の管理を専門に行う部署が通常存在しません。そのため，特許権侵害を確認した場合の差止請求権や損害賠償請求権の行使その他特許権を管理することに伴うコストの負担が重荷になります。そこで，大学の研究者の研究成果を特許化し，それを企業へ技術移

転する法人であるTechnology Licensing Organization（技術移転機関，通称"TLO"）の設立を政策的に支援するいわゆる「大学等技術移転促進法」が平成10年8月から施行されました。TLOは，大学の研究者の研究成果（発明や特許など）を発掘・評価し，特許権化するとともに，その特許権などを民間企業等に対して実施許諾（ライセンス）等を行い，対価として企業からライセンス料を得て，大学や研究者（発明者）に利益配分する役割を担います。かかる利益が研究資金として活用され，その結果，新たな研究成果をさらに生み出すことにつながるという「知的創造サイクル」の形成がTLOに期待される役割です。

(2)　日本版バイ・ドール制度

　大学との共同研究について，国の委託を受けて行う場合があります（例：国立研究開発法人新エネルギー・産業技術総合開発機構（NEDOによる委託研究開発事業の一環として大学と共同研究を行う場合）。この場合，国の資金を原資とした委託研究開発の成果がすべて国に帰属することになれば，自ら発明した特許であってもその実施にあたっては国に実施料を払わなくてはならないという状況が生じ，発明のインセンティブが失われます。このような状況を防ぐため，産業技術力強化法（以下「強化法」といいます）は，米国の制度を参考に，政府（特殊法人等を通じて行うものを含みます）の資金による研究開発から生じた特許等の発明に係る権利について，その活用と民間企業等による事業化を促進するため，国に帰属させることなく，大学や民間企業等の発明者にそのまま帰属させることを可能にしました。これは「（日本版）バイ・ドール制度」と呼ばれます。日本版バイ・ドール制度の適用を受けるためには，以下の4つの条件を遵守することが条件となります（強化法17条1項1号〜4号）。

① 研究成果が得られた場合には国に報告すること。

② 国が公共の利益のために必要がある場合に，当該知的所有権を無償で国に実施許諾すること。

③ 当該知的所有権を相当期間利用していない場合に，国の要請に基づいて第三者に当該知的所有権を実施許諾すること。

④ 当該知的財産権を移転するときは，原則として予め国の承認を受けること。

　本設問の事例でも，国からの委託を受けた事業に関する共同研究である場合

には，日本版バイ・ドール制度が利用できないかを考える必要があります。

3．大学との共同研究開発に伴い考慮すべき問題点

　産学連携の共同研究はメリットが大きい一方で，大学・企業間の共同研究に関する考え方の相違のため，契約交渉を行う上でさまざまな議論が生じえます。

(1)　研究成果の公表

　大学側としては，共同研究の成果を，論文等を通じて可能な限り公表をしたいと考えます。他方で，民間企業側としては，競合他社を意識するため，成果はもとより研究を実施自体を公表されたくない場合もあります。そこで，大学側は，ノウハウの維持・特許出願に支障のある部分以外は自由に公表することを求め，民間企業側は，公表を事前承諾を条件にすることを求めます。着地点としては，特許出願まで一切の公表を制限し，出願後は自由に公表可とするものや，公表内容を個別の協議の上，公表範囲を設定するというものになります。

(2)　不実施補償料

　共同研究において生じた特許権の帰属形態としては，おおざっぱにいえば，①大学が特許権を有する場合，②民間企業等が特許権を有する場合，および③大学と民間企業等が特許権を共有する場合が考えられます（前記TLOが大学に代わって特許権を信託等の方式で管理する場合等の派生的な帰属形態も考えられますが，ここでは触れません）。特に③のケースでは，特許権の各共有者における自己実施は通常相手方の同意なしに認められる（特許法73条2項）ところ，企業は自己実施により営利活動を行い，収益を上げることが可能だが，大学側は当該特許権を自己実施することによる営利活動は通常行うことができません。また，大学がその特許権を第三者に許諾実施してロイヤルティ収入を取得しようとしても，相手方である企業の同意がない限り，第三者に実施許諾して対価を取得することが特許法上できませんし（同条3項），契約上もこれを禁止することが多いです。そのため，大学は，企業から継続して収益を得ることを目的に，大学と共同研究の相手方企業との間で，企業が自己実施しながら大学が自己実施／ライセンスできないことを根拠として，企業に対していわゆる「不実施補償料」の支払いを求めるケースがあります。もっとも，不実施補償料は，ネガティブな見方をすれば，ビジネス上の努力をしない（できな

い）大学側が当該特許権の実施をあきらめることの対価であり，当該特許を
使ってビジネス上の努力をしようとする企業からみれば，当該特許権が実際に
ビジネスで収益を上げるか否か見込みがない段階で，このような目的で支払い
を強制されることになるので，通常受け入れがたいというのが実態です。民間
企業側としては，不実施補償料の支払いを交渉において拒絶するが，大学側と
しても経済的な見返りを受けたいという要請があるので，通常，不実施補償料
の支払いは合意しつつ，金額や支払方法（たとえば，企業が当該特許権を利用
して収益を得た段階で支払義務を生じさせる等）で交渉となります。また，大
学側に契約上第三者実施権を認めてしまうことも考えられます。なお，不実施
補償料という用語は多義的であることに注意が必要です。特に，企業が独占的
な実施権を有する（大学が第三者に共有特許をライセンスすることを契約上禁
止する）場合の補償料なのか，企業が非独占的な実施権しか有しない（大学が
第三者に共有特許をライセンスすることが契約上禁止されない）場合の補償料
なのかが混同されている場合もあります。本来的な意味は後者と思われますが，
この点の前提を意識した上で大学と交渉すべきです。

⑶　そ　の　他

　大学側は，民間企業等との共同開発契約の交渉を円滑にすべく，契約条件に
かかるガイドラインを公表している場合があります。たとえば，東京大学は，
平成17年1月25日付「民間企業との共同研究による共同発明の取扱いに関する
ガイドライン」（同年12月20日改正）を公表しています。大学との交渉の際には，
かかるガイドラインの公表の有無や他大学のガイドラインも参照しつつ，当該
特許権その他知的財産権の利用価値なども考慮して適切な契約条件を模索すべ
きです。

Q21　特許権侵害への対応

　競合企業による当社特許の侵害を懸念していますが，どのように対応すればよいでしょうか。また，逆に競合企業から当社による競合企業の特許侵害に関して警告された場合，当社はどのように対応すればよいでしょうか。

A

　自社の特許が侵害されていると考えられる場合，調査を経た上で特許権者から特許侵害者に警告書を送ることが一般に行われています。警告書の送付後は特許侵害や特許の有効性について議論・交渉が行われます。

　任意の交渉で決着しない場合には特許侵害訴訟に進むケースもあります。

1．特許権者側の事前調査と警告書の作成・送付

(1)　特許権侵害に関する製品・情報の入手

　競合企業等が自社の特許権を侵害していると考えられる場合，特許権侵害が事実であるかどうかの調査が必要です。侵害品と思料される製品ないしサンプル（被疑侵害品，日本では特許侵害訴訟の訴状目録での呼称で「イ号製品」ともいいます）の入手が必須のほか，製品のカタログ，パンフレット等も入手するよう努め，顧客・サプライヤーからの口頭・伝聞情報を含めてあらゆる調査を行います。また特許侵害を行った者（被疑侵害者）の調査（相手方が企業の場合には企業の事業内容，財務状況等の調査）も行います。

　メーカー間でのB to B取引（企業間取引）における特許侵害は，B to C取引（一般消費者との取引）に比べて取引の秘匿性が高く，被疑侵害品の入手には困難を生じることも多いです。B to B取引における特許侵害の探知の手法としては，一般に，自社と顧客との関係を強くして顧客に自社の特許権の内容を理解いただき，自社の特許権を侵害している競合製品の情報について顧客からフィードバックを受けることが有効です。

(2)　構成要件侵害の確認

　被疑侵害品の入手に成功した場合，特許権者においては被疑侵害品のリバー

ス・エンジニアリング（分解）等を行い，被疑侵害品が実際に自社の特許権を侵害しているかの調査・確認を行います。特許侵害が認められるためには，特許の請求項の構成要件をすべて満たすことが必要です（なお，複数の請求項から成立する特許権の場合には，ある単独請求項の構成要件をすべて満たせば特許侵害が認められます）。

　特許の構成要件侵害の認定は，①技術判断であると同時に②事実判断でもあり最終的には③法的判断です。そのため，特許侵害訴訟が想定される事案においては，外部弁護士・弁理士とも相談しながら構成要件侵害の有無を慎重に判断していきます。

(3)　特許有効性の確認

　警告書送付後の相手方（被疑侵害者）からの反論として多いのは，構成要件侵害の欠如のほかに，特許が無効であるとの主張です。特許無効の主張は，特許侵害訴訟になった場合に被告（被疑侵害者）から抗弁として提出される（特許法104条の3）ほか，被疑侵害者から特許庁に対する特許無効審判の申立てとして争われることもあります。

　日本を含む先進国の特許審査の実務として，特許の審査官が特許の無効事由の有無を調査しますが，審査官が当該特許の有効性に影響を及ぼす特許出願前のすべての技術（先行技術といいます）や学術論文等（公知文献といいます）の調査を行うことは困難であり，特許の成立後に第三者が特許侵害訴訟や特許無効審判を提起して特許無効を主張することが認められています。

　日本では，かつては特許の有効性は特許庁における特許無効審判制度のみで争い，特許庁のみが特許の有効性を判断するものとされてきましたが，平成12年の最高裁判例（キルビー事件・最判平12・4・11民集54巻4号1368頁）により，特許侵害訴訟においても特許の有効性を争い，裁判所も特許の有効性を判断できることになりました。

　このように裁判所と特許庁の双方で特許の有効性を確認できる制度をダブル・トラックといい，日米欧では現在，ダブル・トラックの制度が一般的です（これに対して特許庁のみが特許有効性を判断する制度をシングル・トラックといいます）。

　仮に特許が無効となってしまうと，特許があったことによる他の競合他社に

対する（事実上の）参入抑止効果も失われてしまうため，特許の有効性の確認は極めて重要です。したがって，特許権者においては警告書の送付の前に，被疑侵害者から特許無効を主張された場合に特許の有効性を維持できるかどうか，外部弁護士・弁理士を交えた慎重な検討が必要です。

(4)　警告書の作成と送付

　特許侵害と特許有効性を確認した後，特許権者側としてはいきなり特許侵害訴訟を提起することも可能ですが，任意に解決する道を探るため警告書を作成して被疑侵害者に送付することが一般的です。

　警告書では，少なくとも特許権者の特許権を明示し，被疑侵害品を特定した上で，被疑侵害品が特許権を侵害していると思わる旨を指摘し，被疑侵害者に何らかの対応ないし応答を要求することが必要です。

　特許権者側で考えられる被疑侵害者に対する要求内容としては，①被疑侵害品に関する事業の中止（訴訟になった場合には差止め），②特許権者が被った被害に関する損害賠償，③被疑侵害者が被疑侵害品に関する事業継続を希望する場合には被疑侵害者が特許権者に対して相当額のライセンス料を支払うこと，等があります。

　特許侵害の立証が容易で侵害内容が悪質であり，特許権者としては徹底した侵害排除（差止め）を求めたい場合には，訴訟予告を伴う厳しい警告書を送付することもありますし，特許侵害の立証が確実とまでは言えない場合ないし特許権者として侵害排除ではなくライセンスアウトを希望する場合には，警告書の内容を控えめにして任意の協議を呼び掛ける場合もあります。

2.　警告書を受領した被疑侵害者における対応

(1)　構成要件侵害と特許有効性の確認

　前記のとおり，特許権者においては被疑侵害品が特許の構成要件に該当し，かつ特許が有効であることを前提に警告書を送付しますが，被疑侵害者においても，自社製品である被疑侵害品が本当に特許の構成要件に該当するか，また，特許に無効事由がないかを精査することが必要です。

　その上で，被疑侵害者において，被疑侵害品が特許を侵害しない，あるいは特許に無効事由があるとの結論になった場合は，警告書に対する反論書にその

旨を記載して，特許権者の主張を争っていくことになります。

(2)　他の法的な反論手段

　特許の非侵害ないし特許の無効主張のほかに被疑侵害者が特許権者からの主張を否定できる法的な方法として先使用権の主張と特許消尽の主張があります。

　先使用権は，特許出願前に被疑侵害者が特許の構成要件の内容を実施していると証明できた場合に，被疑侵害者に法定の無償実施権が認められる制度です（特許法79条）。

　特許消尽は，特許権者が販売した製品を第三者が正常な流通過程で仕入れた場合は，特許権者から外部に対する販売（出荷）の時点で，当該製品の流通過程上では特許は用い尽くされたとして「消尽」し，当該流通過程に関与する第三者が特許の構成要件に該当する実施行為を行っても特許侵害とならないという判例法理です（BBS事件・最判平9・7・1民集51巻6号2299頁）。

(3)　カウンター特許の探索

　被疑侵害者側の交渉材料を増やすために，被疑侵害者側でも相手方に侵害を主張できる特許（カウンター特許などと呼ぶことがあります）の有無の調査を早急に開始しておくべきです。この場合，上記1と同様の注意点があてはまります。

3．任意交渉と裁判

　特許侵害に関する交渉は，警告書と反論書のやりとりを数回往復してから，特許権者と被疑侵害者との間で交渉が行われることがあります。大規模なメーカー間での特許侵害に関する交渉は通常，複雑な内容となり時間がかかりますが，知財部，法務部，外部弁護士・弁理士等が協力して交渉に臨みます。

　任意の交渉で決着しない場合には，特許権者は法的措置を検討することになります。日本における法的措置は，裁判所に対して特許侵害訴訟を提起するほか，民事調停や商事仲裁という法的解決手段もあります。

　特許権者と被疑侵害者との主張が全く異なる場合には裁判が有力な選択肢になりますが，一部の論点（たとえば特許有効性を前提として構成要件該当性の一部のみ争いがある場合，特許侵害を前提としてライセンス料の額についてのみ争いがある場合）は，調停や仲裁も有力な選択肢となります。

Q22　特許訴訟と標準必須特許

　近時，国内外（特に海外）で大型の特許訴訟が増加していますが，これはどのような背景があるのでしょうか。また，メーカー同士の不要な特許訴訟を避けるために，標準必須特許についてFRAND宣言が行われているとのことですが，これはどのような概念なのでしょうか。

A

　競合メーカー同士の事業上の競争が激化していることに加え，米国を中心にパテント・トロールによる特許訴訟が増加しており，日本メーカーが特許侵害訴訟に巻き込まれるリスクが高まっています。

　かかる状況下で，特許権者が，自社の方式を標準規格として採用してもらうこと等を意図して，標準化された技術を実施する際に必ず使用しなければならない標準必須特許についてFRAND宣言をすることが行われており，米国のAppleと韓国の三星電子が日米欧の裁判所で争った特許訴訟では，そのような標準必須特許の権利行使が論点となりました。

1．特許侵害訴訟の概要

　特許侵害に関する任意交渉（調停・仲裁を含む）が不調の場合（Q21を参照），特許権者は特許侵害訴訟により被害の回復（差止めないし損害賠償）を求めることになります。日本における特許侵害訴訟の一般的な手続の流れは次のとおりです。

　原告は特許権者であり，被告は特許を侵害したと疑われる者（被疑侵害者）です。特許侵害訴訟の論点は大きく下記の3つがあります。

① 侵害論：被疑侵害製品（特許権者が訴状別紙目録で「イ号製品」として特定することが必要）が特許の構成要件に該当するかを主張・反論します。なお，特許権侵害が問題となる被疑侵害者の対象物を実務上「イ号物件」「イ号製品」などと呼びます。

② 無効論：訴訟の対象特許に無効事由があるかどうかを主張・反論します。

　審理の順序は一般的には侵害論の次に無効論を審理しますが，事案の内容および裁判所の判断により侵害論・無効論が同時並行する場合や，無効論が先行する場合もあります。また，ダブルトラックシステムのもとで，特許侵害訴訟における無効論と，特許庁における特許無効審判が同時並行する場合も多いです（Q21参照）。

③　損害論：特許侵害があり特許が有効であることを前提に，被疑侵害品によって特許権者がどの程度の損害を被ったかを主張・反論します。

　上記の論点のうち技術事項は複雑なため裁判所の判断により技術的知見を有する学者等の専門委員が審理に関与することもあります。一審判決までの標準的な所要期間は提訴時から1年ないし1年半ほどです。

2．知財高裁の役割

　特許侵害訴訟の第一審の管轄は東京地裁と大阪地裁に専属します（民事訴訟法6条）。

　第二審については，平成17年に東京高等裁判所の特別の支部として知的財産高等裁判所（以下「知財高裁」といいます）が設置されました。知財高裁は，複雑な特許侵害訴訟の増加に伴い，第二審としての専門的な判断を統一するために設置されたものです。法律が定めた高度な専門的技術が関わることの多い類型の控訴事件は，すべて知財高裁の専属管轄として審理します。

　また，知財高裁の設置後は，審決取消訴訟は知財高裁の専属管轄となりました。審決取消訴訟とは，特許庁が特許出願に対して拒絶査定を行った場合，出願人は特許庁に不服の審判を申し立てることができますが，特許庁が出願人の申立てを却下する審決を行った場合に，出願人が裁判所に対して特許庁の審決を取り消すよう求める訴訟です。

3．大型の特許訴訟の増加（Apple 対 三星電子の事案）

　近時，国内外で大型の特許訴訟の事案が増加しています。各メーカーは特許出願数を大幅に増加させており，競合メーカー同士の事業上の競争が激化しているほか，米国を中心にパテント・トロールによる特許訴訟が増加しています。パテント・トロールとは，自らは技術開発や製造・販売をしないで他社から特

許を買収し，特許権を侵害している疑いのある者（主に大企業）に特許権を行使して巨額の賠償金やライセンス料を得ようとする者・会社をいいます。

　近時の大型の国際的な特許訴訟として米国のAppleと韓国の三星電子との間の特許訴訟があります。この訴訟の論点は多岐にわたりますが，Appleは三星電子のスマートフォンやタブレット端末（Galaxy, Galaxy Tab）がiPhoneやiPadのデザイン（意匠権）や音声検索機能の技術（Siri）に関する特許権等を侵害している等と主張し，三星電子はAppleが三星電子の有する通信規格（W-CDMA方式）に関する特許を侵害している等と主張し，各々が原告・被告となる国際的で大規模な特許訴訟が行われました。

　この国際特許訴訟は2011年に開始され，2018年に和解で決着しましたが，大規模な訴訟（特許訴訟のほか独禁法の論点の訴訟も含む）が世界の各国で行われました（訴訟が行われた国は，米国，日本，韓国，EU各国（英仏独伊，オランダ，スペイン）とオーストラリアです）。

　この各国の特許訴訟で審理された論点は多岐にわたりますが，その1つが，三星電子の通信規格に関する特許がいわゆる標準必須特許に該当し，三星電子からAppleに対して当該特許の特許権行使が認められないのではないかという論点です。この論点については各国でさまざまな判決がなされましたが，日本では東京地裁と知財高裁が標準必須特許とFRAND宣言に関する論点について初めての判決を出しました。

4．標準必須特許とFRAND宣言に関する知財高裁の判決

　標準必須特許とは，無線通信の規格などの，ある標準化された技術を実施する際に必ず使用しなければならない特許のことをいいます。最近の技術では，1つの標準規格に数百もの特許が関係することもありますので，ライセンシーがそのすべての特許についてライセンスを受けようとすると，ライセンス料だけで膨大な額になってしまいますし，代替技術で回避することも通常困難です。また，特許権者側としても，標準化による技術の普及という目的を達成することができなくなります。

　そこで，標準必須特許に関しては通常，特許権者による特許権者が参加する業界団体である規格標準化団体等に対するFRAND宣言によって，一定のライ

センス料を支払うことを条件に特許の利用が広く開放されています。

　FRAND宣言とは，特許権者が規格標準化団体等に対して行う，公正，合理的かつ非差別的な条件（Fair, Reasonable and Non-Discriminatory terms and conditions）によりライセンス許諾を行うとする宣言です。

　日本におけるAppleと三星電子との間の特許訴訟において，三星電子が特許権行使（特許権侵害を理由とする損害賠償請求）をした三星電子の保有の特許権の中に，過去に三星電子が企画標準化団体である欧州電気通信標準化機構に対しFRAND宣言を行った特許権がありました。

　Appleは三星電子に対して，FRAND宣言をした標準必須特許については特許権の行使（損害賠償請求）は認められないとして，損害賠償請求権の債務不存在確認請求訴訟を日本で提起しました。

　第1審の東京地裁の判決（東京地判平25・2・28判時2186号154頁）は，三星電子が同社保有の特許権についてFRAND宣言をしたこと等の事実関係を認定した上，当該特許権に基づく権利行使（損害賠償請求）を行うことは，権利の濫用（民法1条3項）にあたるものとして許されないと判示し，Appleの主張を認容しました。これは標準必須特許とFRAND宣言に関する日本初の判例です。

　三星電子が上記東京地裁の判決に対して知財高裁に控訴したところ，知財高裁はFRAND宣言を行った標準必須特許について特許権行使ができるかについて広く一般から意見を公募した上で（パブリックオピニオンの募集），前記の東京地裁の判決を一部，修正し，FRAND宣言に基づくライセンス料相当額の損害賠償請求について請求を認容し，ライセンス相当額以上の損害賠償請求については請求を棄却しました（知財高判平26・5・16判時2224号89頁）。

　上記の東京地裁の判決が一切の損害賠償請求を認めなかったのに対して，知財高裁は，FRAND条件でのライセンス料相当額を超える部分の損害賠償請求は権利の濫用に該当するが，ライセンス料相当額の範囲内については権利の濫用にはあたらず損害賠償が認められるとして，AppleがFRAND宣言に基づき三星電子から当該特許のライセンスを受けたと仮定し，ライセンス料相当額の損害賠償請求を認めました。

COLUMN 2

米国特許侵害訴訟
―懲罰的損害賠償を回避するための対策

1　懲罰的損害賠償

　米国特許侵害訴訟の特徴の一つとして，いわゆる懲罰的損害賠償があります。懲罰的損害賠償とは，故意侵害（特許の存在を知りながら特許侵害製品を製造販売すること）の場合等には，損害賠償額が最大で 3 倍まで引き上げられる制度です（いわゆる「 3 倍賠償」と呼ばれます）。

2　実務上の留意点

　メーカーが製品を自社開発する場合，開発の過程で関連する第三者の特許を調査し，第三者の関連特許（障害特許）が発見された場合，①設計回避する，または②（設計回避しない／できない場合は）障害特許の無効化の可能性を検討することが通常です。この過程で認識した障害特許について，製品化後に特許権者から特許侵害訴訟を提起され，故意侵害を主張された場合に備えて，以下の対策を講じておくことが重要です。

　まず考えられるのが，米国特許法および当該技術分野に精通した弁護士から鑑定書を取得しておくことです。鑑定の対象は，①開発製品が特許を侵害していないこと（設計回避した場合には，設計回避により非侵害となっていること），②無効化を選択した場合には，特許無効であることなどです。この鑑定結果を特許侵害訴訟で提出することにより，故意侵害に対する反論とすることができます。

　また，当該特許に関する社内コミュニケーションに細心の注意を払うように，社内で運用を徹底しておくべきです。たとえば，開発メンバー同士で障害特許を「侵害している」などと記載したメールのやりとりをすることは避けるべきです。このようなメールは，ディスカバリーによる開示対象となり，特許権者側に故意侵害の証拠として使用されるリスクがあります。特に，センシティブな内容のコミュニケーションをする場合には，必ず秘匿特権の対象となる弁護士を介在させ，弁護士・依頼者間の秘匿特権の対象となるようにしておくべきです。

第 **3** 章 ▶▶

調達・製造

Q23　下請事業者との契約における留意点

　調達先との間で締結する取引基本契約書のひな型を作成しようと考えています。当社に有利な取引条件を盛り込みたいのですが，調達先と合意さえできればどのような内容の契約を締結してもよいのでしょうか。

A

　一般的に調達先との関係においては購買力を持つ購買側が交渉上優位にあるため，購買側の取引基本契約書ひな型が使われることが多いようです。しかし，交渉上優位にあるからといって，下請法や独禁法などに違反する契約内容になっていないか注意が必要です。

1．契約自由の原則とその例外

　契約を締結しようとする当事者には，①契約を締結するかどうかの自由，②契約の相手方を選択する自由，③契約の内容決定の自由，④契約の方式の自由があるとされています（契約自由の原則）。また，取引において，一般的には購買力を持つ購買側は交渉上優位な立場にあります。そうなると，購買側としては自社に有利な契約を締結したいと考えますし，調達先としても当該購買側との取引で一定の利益が見込めるのであればたとえ不利な内容であっても合意することもあります。

　しかし，購買側に一方的に有利な契約内容が，信義則（民法1条2項）や公序良俗（同法90条）に違反する場合には許されないことはもちろんですし，強行法規である下請法や独禁法，契約内容によっては建設業法などの各種業法に違反しないよう注意が必要です。

2．下請法

　下請法は，すべての調達先との取引に適用されるわけではなく，取引内容と資本金基準とで一定の要件を満たす取引にのみ適用されます。どのような取引に下請法が適用されるのかについては，Q25を参照してください。

　調達先が下請法上の「下請事業者」に該当する場合，特に代金の支払期日に

関する条項と，瑕疵担保責任に関する条項の内容に注意が必要です。

　まず，「親事業者」から「下請事業者」への支払期日に関しては，給付を受領した日（役務提供委託の場合は下請事業者がその委託を受けた役務の提供をした日）から起算して60日以内で，かつできる限り短い期間内に支払わなければなりません（下請法2条の2）。支払期日についての詳細はQ26を参照してください。

　また，原材料等を有償支給している場合には，「下請事業者」に対して有償支給材の代金を，これを用いて製造した製品の下請代金よりも早く支払わせてはならない点にも留意しましょう（下請法4条2項1号）。

　次に，瑕疵担保責任に関しては，「委託内容と異なること又は瑕疵等のあることを直ちに発見することができない給付であっても，受領後6か月（下請事業者の給付を使用した親事業者の製品について一般消費者に対し6か月を超える保証期間を定めている場合においては，それに応じて最長1年）を経過した場合」には返品はできません（改正平成28年12月14日公正取引委員会事務総長通達第15号「下請代金支払遅延等防止法に関する運用基準」https://www.jftc.go.jp/shitauke/legislation/unyou.html（以下「運用基準」といいます）第4の4(2)エ）。また，「委託内容と異なること又は瑕疵等のあることを直ちに発見することができない給付について，受領後1年を経過した場合（ただし，親事業者の瑕疵担保期間が1年を超える場合において，親事業者と下請事業者がそれに応じた瑕疵担保期間を定めている場合を除く。）」については，やり直し等をさせることはできません（運用基準第4の8(3)エ）。一般的に取引基本契約書において瑕疵担保条項で，検収から1年間などと任意に定めた期間内に瑕疵が発見された場合に調達先に返品や代品納入，補修を求める旨を定めていることが多いですが，下請法上の「下請事業者」との取引については返品と補修について上記期間制限があることに注意しましょう。瑕疵担保条項の中で別項を設けて，「第X項にかかわらず，乙が下請代金支払遅延等防止法に定める下請事業者に該当する場合においては……」などとして，下請事業者の場合の特例を定めるのも一案です。

　その他，下請事業者との契約に関してよくある実務上の問題や当局の運用については，公取委の「よくある質問コーナー（下請法）」（https://www.jftc.go.

jp/shitauke/sitauke_qa.html）や，公取委が公開している「下請取引適正化推進
講習会テキスト（令和元年11月）」（https://www.jftc.go.jp/houdou/panfu_files/
R1textbook.pdf）が参考になります。

3. 独禁法

　取引内容と資本金基準の両要件からして下請法が適用されない取引であって
も，購買側に一方的に有利な契約内容が常に許されるわけではなく，独禁法の
規制を受けることもあります。

　購買側が調達先に対し取引上優越した地位にある場合に，その地位を利用し
て，正常な商慣習に照らして不当に不利益となるように取引の条件を設定し，
もしくは変更し，または取引を実施する場合があります。このような行為は，
調達先の自由かつ自主的な判断による取引を阻害するとともに，調達先はその
競争者との関係において競争上不利となる一方で，当該購買側はその競争者と
の関係において競争上有利となるおそれがあります。そこで，このような行為
は，公正な競争を阻害するおそれがあることから，不公正な取引方法の一つで
ある優越的地位の濫用として，独禁法により規制されます（同法2条9項5号）。

　取引上優越した地位にある場合とは，調達先にとって購買側との取引の継続
が困難になることが事業経営上大きな支障を来すため，購買側が調達先にとっ
て著しく不利益な要請等を行っても，調達先がこれを受け入れざるをえないよ
うな場合をいいます。その判断にあたっては，調達先の購買側に対する取引依
存度，購買側の市場における地位，調達先にとっての取引先変更の可能性，そ
の他事業規模の格差，取引の対象となる役務の需給関係等を総合的に考慮する
ことになります（優越的地位濫用ガイドライン）。さらに，調達先が購買側によ
る不利益行為を受け入れている事実が認められる場合には，これを受け入れる
に至った経緯や態様によっては，それ自体，購買側が調達先にとって著しく不
利益な要請等を行っても，調達先がこれを受け入れざるをえないような場合に
あったことをうかがわせる重要な要素となりうるものというべきと考えられて
います（公取委「株式会社山陽マルナカに対する審決について」（平成31年2月22日），
「株式会社ラルズに対する審決について」（平成31年3月28日））。

　また，市場における有力な事業者であるメーカーが，調達先に対して自己の

競争者との取引や競争品の取扱いを制限するよう条件を付けて取引する行為を行うことにより市場閉鎖効果が生じる場合（流通・取引慣行ガイドライン第1部3⑷）には，当該行為は独禁法上の不公正な取引方法に該当し（流通・取引慣行ガイドライン第1部第2の2⑴イ），違法となります（一般指定2項（その他の取引拒絶），11項（排他条件付取引），12項（拘束条件付取引））。

　なお，下請法と独禁法の適用関係については，Q28を参照してください。

4．部門間の協力

　下請法違反は勧告による是正措置や罰金などの制裁を受けることもありますし，なによりも「下請いじめ」「弱い者いじめ」といった評価を世間から受けることによるレピュテーション・リスクが懸念されます。会社によっては，購買に係る契約は調達部門の担当業務になっていることもあるかもしれませんが，取引基本契約書案作成や文言見直しに法務部門も協力していくことが必要な場合もあると思われます。

Q24　業務委託契約

　当社はこれまで業務委託契約を締結するにあたって取引先から提示された契約書を使用していましたが，業務の効率化や事業の拡大にあたって社内で同契約書のひな型を作成しようと思います。業務委託契約書作成のポイントを教えてください。

　業務委託契約は，請負型か委任型かによって受託者の義務や責任等に違いが出てくることを意識して委託業務の目的，内容を明確に定めましょう。また，対価支払いのタイミング，再委託の可否や条件，知的財産権が生じる場合の扱いなどの検討も必要です。下請法に違反したり偽装請負に該当することのないよう注意も必要です。

1．メーカーが締結する業務委託契約の対象業務

　材料を調達して，製品を製造し，販売する，というメーカーの典型的な一連の活動の中で，業務委託契約は売買契約とともに最もよく使われる契約類型の一つといえるでしょう。メーカーが受託側として業務委託（受託）契約を締結する場合としては，たとえば製品の販売に付随して当該製品の据付けや保守を請け負うケースや，製造受託などが考えられます。また，調達・製造・販売のさまざまな局面でメーカーが業務委託の委託側になることはよくあります。なおOEM契約についてはQ9を参照してください。

2．請負型と委任型

　業務委託契約は多くの場合，請負契約または準委任契約としての性質を有しています。製造受・委託や製品据付け，システム開発などは，一般的には仕事の完成を目的とする請負契約（請負型）としての性質を持っていることが多いと考えられます。他方，コンサルタント業務などは一定の事務処理を目的とする準委任契約（委任型）といえます。保守契約は，消耗部品を交換する定期メンテナンス業務のように請負型に該当するものもあり，障害の切分けや調査業

務のように委任型といえるものもあるでしょう。

　請負型においては，受託者は仕事の完成義務を負い（民法632条），瑕疵担保責任を負いますが，瑕疵が重要でない場合で修補に過分の費用を要するときは委託者は修補請求できず（民法634条1項），改正民法においても過分の費用を要するときは修補は取引上の社会通念に照らして不能であると扱われ，履行不能に関する一般規定によって修補請求できません（改正民法412条の2第1項・636条）。また，再委託は原則可能と考えられます。したがって，自社が委託側の場合は，当該業務委託契約の成果物が何であるのか特定するとともに，成果物に瑕疵が発見された際には軽微であっても修補・やり直しを請求できるように民法を修正する定めや，再委託の可否・条件（たとえば，事前の書面による承諾を条件とする，再委託を認める場合に，同等の守秘義務を負わせることを条件とするなど）を契約書へ盛り込むことを検討します。委託業務の内容の特定は重要で，詳細にわたるようであれば別紙に記載することも考えられます。

　委任型であれば，受託者は善管注意義務を負うのみです（民法656条・644条）。瑕疵担保責任も負いません。当該業務委託契約が請負型なのか委任型なのかは，当然ながら契約書の題名によるものではなく，委託業務の目的や内容，受託者の義務等を踏まえて仕事を完成することを約したかどうか契約の実質的な内容から判断されることになります。たとえば保守契約として自社製品に不具合が生じた場合の障害調査業務を受託するのであれば，障害原因不明の場合にやり直し義務を負わず，調査結果の報告義務を負うのみである旨を契約書に明記するなどして，請負契約とみなされて仕事の完成義務を負うことのないように注意しましょう。

　なお請負契約か委任契約かによって，印紙税法上の扱いが異なることについてはQ8を参照してください。

3．業務委託契約書のポイント

(1)　契約期間

　売買契約と同様に，業務委託契約においても受託者・委託者間で継続して同種の委託業務を受発注するようであれば，基本契約を締結した上で都度の個別契約を取り交わすことはよくあります。この場合，基本契約には通常自動更新

条項または合意による更新の定めを置きます。基本契約を締結せずに個別契約の取り交わしのみとする場合には，委託業務を履行する期間を契約期間として特定して記載します。

　なお，委任型の場合，いずれの当事者であってもいつでも解約することができますが，相手方に不利な時期に解約する場合には，やむをえない事由がない限り，相手方に生じた損害を賠償しなければなりません（民法656条・651条2項）。場合によっては，これを修正して，契約書上で中途解約不可とする，逆に，解約時の損害賠償を不要とすること等も考えられます。

(2)　対価の支払時期

　請負型の場合，原則成果物の引渡しと引換えに対価を支払います（民法633条）。委任型でも原則後払いです（民法648条2項）。ただし，契約期間が長期にわたる場合や対価が高額な場合には，委託業務の内容を分割してそれぞれの業務の対価を定め，マイルストーンごとに中間報告書や中間成果物の提出を要求するなど委託業務の遂行状況を確認できるようにしておくこと，そしてその授受や受入検査合格をもって対価の支払いを請求できるようにしておくことは受託者・委託者それぞれメリットがあると考えられます。

　なお請負型の場合には民法上は報告義務が定められていません。そこで委託側が業務の遂行状況を把握するための方法として，委託者が要求するときはいつでも受託者は業務の遂行状況について報告義務を負う旨の定めを置くと安心です。また，請負型・委任型を問わず報告書を受領し保管しておくことは，対価性のある業務を履行してもらったことの証憑として税務上も重要です。

　さらに，自社が下請法上の「親事業者」として「下請事業者」に対して業務を委託する場合，物品の受領日や役務提供日から起算して60日以内で，かつできる限り短い期間内に対価を支払わなければならない（同法2条の2）点に注意が必要です（Q26参照）。

(3)　費用負担

　契約上特段の定めがない場合，請負型であれば受託者が委託業務遂行に必要な経費を負担します。委任型であれば受託者は委託者に対し必要な費用と利息の償還を求めることができます（民法650条1項）。実務上は，特に委任型の場合に受託者・委託者のどちらがどの費用を負担するのか予め定めておくことが

多いようです。

(4)　知的財産権の扱い

　自社が情報成果物などの作成を委託する場合で委託業務の遂行過程で知的財産権が生じる場合，成果物やその他の知的財産権の扱いについても予め定めておく必要があります。契約上の定めなく，成果物に加えて無償で当該知的財産権を自社に譲渡・許諾させることは，下請法上の不当な経済上の利益の提供要請（同法4条2項3号）や独禁法上の優越的地位の濫用（同法2条9項5号）に該当するおそれがあります。対価算定にあたって当該知的財産権の譲渡の対価も含むことを明示したり，契約の目的に必要な範囲において当該知的財産権を無償で使用することができる旨の定めを置くことなどが考えられます。

　また，成果物として報告書等が予定されているときには，報告書の著作権の帰属についても定めます。規定の仕方としては，対価の支払いと引換えに著作権法27条および28条の権利を含む著作権はすべて委託側に譲渡されるとする，または著作権は受託側に留保されるものの委託側は独占的に利用できるとする，などが考えられます。

4．実務上の対応その他注意点

　業務委託契約書は上記のとおりさまざまな性質を持ち合わせますので，1つの定型ひな型で自社が行うすべての業務委託をカバーするというのは難しいかもしれません。ひな型作成にあたっては，受託側／委託側の視点に加えて委託業務の目的や内容，受託者の義務等の記載について請負型／委任型いずれなのかという点から予め複数の選択肢を条項例として記載しておき，対象取引に適した条項例を選んで契約書案として整えた上で使用する，とするのも一つの方法です。もちろん，たとえば調達の局面で使用することに限るなどして，ある程度取引内容，法的性質を特定するのであれば定型ひな型を作成することは可能でしょう。

　また，業務委託契約書一般として気を付けるべきなのが，取引内容によっては特定の法律の適用を受けることがある点です。たとえば製品の据付け業務などが建設業法上の建設工事に該当する場合には建設業法を，産業廃棄物の処理業務であれば廃棄物の処理及び清掃に関する法律（廃棄物処理法）を遵守する

必要があります。さらに，特に受託者に自社内に常駐して業務遂行してもらう場合には，労働者派遣法違反（偽装請負）のおそれが生じないよう留意しましょう（Q42参照）。

Q25　下請法の適用場面

　当社は精密機械を製造するメーカーです。先日，下請先の納品業者X社から商品企画の提案を受けたので，当社の意見を製品設計に反映の上，この商品を注文しました。なお，当社が引き取らなかった商品についてはX社が自由に販売できることにしました。この場合，下請法が適用されるでしょうか。なお，当社の資本金額は4億円，X社は3億円です。

　自社が規格，品質，性能，形状，デザイン等を指定して納品業者に依頼したと評価される場合，「製造委託」に該当し，また，資本金要件の観点からも自社・納品業者社間では下請法が適用されます。

1．下請法について

　下請法は，①親事業者と下請事業者との間の，②一定の内容の委託取引を下請取引として適用対象とする強行法規であり，独禁法上の不公正な取引方法のうちの優越的地位の濫用行為を規制する特則的・補完的法律です。適用範囲を客観的基準により明確にすることで，下請取引の公正化および下請事業者の利益保護（下請法1条）を迅速かつ効果的に図ることとしています。①は各取引当事者の資本金で，②は対象となる委託取引の内容（たとえば，建設業法上の建設工事や，派遣業法に基づく派遣業務，製造・加工が介在しない売買契約等は対象外）で決められます。

　なお，自社・納品業者間の取引に下請法が適用される場合，親事業者には4つの義務が課せられ，かつ11項目の禁止事項が定められています。詳細はQ26とQ27をご参照ください。

2．下請法の適用対象

(1)　親事業者・下請事業者の資本金区分

　下請法は，規制対象となる取引の親事業者・下請事業者を資本金区分により定義します。

【図表3-1】 下請法上の親事業者・下請事業者の定義

a．物品の製造・修理委託及び政令で定める情報成果物作成・役務提供委託※

親事業者　　　　　　　　　　　　　　　下請事業者

| 資本金3億円超 | ⟶ | 資本金3億円以下（個人を含む。） |

| 資本金1千万円超3億円以下 | ⟶ | 資本金1千万円以下（個人を含む。） |

　　※　政令で定める情報成果物作成委託…プログラム

　　　　政令で定める役務提供委託…運送，物品の倉庫における保管，情報処理

b．情報成果物作成・役務提供委託（政令で定めるものを除く※）

親事業者　　　　　　　　　　　　　　　下請事業者

| 資本金5千万円超 | ⟶ | 資本金5千万円以下（個人を含む。） |

| 資本金1千万円超5千万円以下 | ⟶ | 資本金1千万円以下（個人を含む。） |

（出所）公取委・中小企業庁「下請取引適正化推進講習会テキスト」(令和元年11月) 2頁

　このルールを免れるため，直接下請事業者に委託すれば下請法対象取引となる場合に，資本金が3億円または5千万円以下の子会社等を通じて下請事業者に委託を行うことにより，下請法の適用を免れようとする行為を防止するため，次の2要件を充足するとき，問題となる子会社を親事業者とみなし，当該子会社と下請事業者との間の取引に同法が適用されます（同法2条9項，トンネル会社規制）。

- 親会社から役員の任免，業務の執行または存立について支配を受けている場合（たとえば，親会社の議決権が50％以上の場合，②常勤役員の過半数が親会社の関係者である場合等），および
- 親会社からの下請取引の全部または相当部分について再委託する場合（例：親会社から受けた委託の額または量の50％以上を再委託している場合）

(2)　取引類型

　下請法が適用される取引類型は，製造委託，修理委託，情報成果物作成委託，および役務提供委託の4種類です。

- **製造委託**：事業者が，他の事業者に物品（その半製品，部品，附属品，原材料およびこれらの製造に用いる金型等の動産）の規格・品質・性能・形状・

デザイン・ブランドなどを指定して製造（原材料である物品に一定の工作を加えて新たな物品を作り出すこと）または加工（原材料である物品に一定の工作を加えることにより一定の価値を付加すること）を委託すること（下請法2条1項）。製造委託には，次の4タイプがあります。詳細な事例や定義などは後記3の公取委・中小企業庁のテキスト等を参照してください。

①　物品の<u>販売</u>を業として行う事業者が，その物品の製造・加工を他の事業者に委託する場合

②　物品の<u>製造</u>を業として請け負う事業者が，その物品の製造・加工を他の事業者に委託する場合

③　物品の<u>修理</u>を業として行っているまたは自社の機械を自ら修理する事業者が，その物品の修理に必要な部品または原材料の製造・加工を他の事業者に委託する場合

④　自ら<u>使用・消費</u>する物品の製造を業として行っている事業者が，その物品の製造・加工を他の事業者に委託する場合

- 修理委託：事業者が業として請け負う物品の修理の行為の全部または一部を他の事業者に委託することおよび事業者が自社で使用する物品の修理を業として行う場合にその修理の行為の一部を他の事業者に委託すること（下請法2条2項）。

- 情報成果物作成委託：たとえば，①プログラム（例：ゲームソフト等），②映画，放送番組，その他映像または音声その他の音響により構成されるもの（例：CM・アニメ等），③文字，図形もしくは記号もしくはこれらの結合またはこれらと色彩との結合により構成されるもの（例：ポスターのデザイン等）等，いわゆる「情報成果物」の提供・作成を行う事業者が，他の事業者にその作成作業を委託すること（下請法2条3項）。具体的には，①情報成果物を業として提供している事業者，②情報成果物の制作を業として請け負っている事業者，もしくは③自ら使用する情報成果物の作成を業として行っている事業者の3種類があります。

- 役務提供委託：他社から運送，ビルメンテナンス，情報処理等の各種サービスの提供を請け負った事業者が，それらのサービスの提供を他の事業者に委託すること（下請法2条4項）。

3. メーカーの下請法対策

メーカーは日々多くの取引を行うため，取引すべてを法務担当者が精査することは現実的ではありません。そこで，下請業者と常時接する調達部門に対して定期的・頻繁に下請法に関するトレーニングを行うべきです。特に，公取委や中小企業庁が実施する同法の書面調査の対応が重要となるため，書面関係の同法のコンプライアンス違反を洗い出しつつ，この過程で同時に調達部門への教育も併せて実施するのが効率的でしょう。また，匿名の相談窓口にて社内のみならず取引先からの通報・相談を受ける仕組みを設けることも検討すべきでしょう。さらに，自社と取引を行う企業の資本金情報を決済システムなどに連動させ，同法が適用されうる下請事業者か否かを把握することも検討に値します。なお，下請業者に対しては，資本金の変更があれば直ちに自社に報告する旨の義務を課すべきでしょう。

なお，下請法については，例年11月の「下請取引適正化推進月間」に公取委・中小企業庁が主催する「下請取引適正化推進講習会」に出席し，提供されるテキストを読みこむのが効果的です。当該テキストには，同法に関する基礎・応用知識や図表が網羅されており便利です。テキストはウェブサイト上にPDFファイル形式で公表されます（https://www.jftc.go.jp/houdou/panfu_files/R1textbook.pdf）。

4. 本設問の事例へのあてはめ

本設問で当社は，納品業者の商品に「意見を反映」させていますが，これが商品の「規格・品質・性能・形状・デザイン・ブランドなどを指定」して製作させたと評価されれば「製造委託」に該当しえます。業務委託を行うに至るきっかけが下請事業者から企画提案であったか否かは製造委託を否定する要素ではないという点に留意が必要です。また，本設問では資本金要件は充足しています。

本設問の当社の行為については，禁止行為のうち「受領拒否」が問題になりえます（Q27参照）。本設問のように，当社・納品業者間で残った商品を「納品業者が自由に販売できる」合意をしても，発注した商品を受領しない場合とし

て当社は下請法違反に問われる可能性があります。ただし，納品業者が，当社の意見を取り入れて商品を製造すると同時に，これを一般市販向けにも販売しようとし，その商品を自らの判断で製造（見込み生産）したものについては問題ないと整理できる場合もあるでしょう。

Q26　下請法における親事業者の義務 ── 一定の期間内の支払義務

　新製品のある部品の製造を外部業者に委託しようと考えています。当社では，基本的に月末締め，3カ月後末日払いとしていますが，すべての製造委託先に同じ支払サイトを適用しても構わないでしょうか。

A

　製造委託先との取引が下請法の適用対象か否かをまず確認し，対象の場合には，同法に定められた支払条件とする必要があります。同法の適用がある場合，親事業者は，下請事業者に対する代金支払いを，納品日から60日以内にしなければならず，月単位の締切制度を採用している場合は，毎月末日納品締切であれば，翌月末日払いまたはそれより短い期間での支払い，としなければなりません。

1．親事業者の4つの義務

　下請法の適用される取引を行う親事業者は，

　①発注書面の交付義務，②支払期日を定める義務，③書類の作成・保存義務，④遅延利息の支払義務，の4つの義務を負います。

　本設問はこのうち，②④に関するものです。下請法は強行法規であり，下請事業者の了解を得ていたとしても，また，親事業者に違法性の意識がなくとも，規定に触れる場合は同法違反となるため，十分注意する必要があります。

2．発注書面の交付義務（下請法3条）

　親事業者は，発注に際して下記の具体的記載事項をすべて記載している書面（一般に「3条書面」といいます）を直ちに下請事業者に交付する義務があります。

(1)　記載事項

①　親事業者および下請事業者の名称

　番号，記号等による記載でも構いませんが，別の略称一覧表などにより事業者を特定できる記載でなければなりません。

② 発注した年月日

　製造委託，修理委託，情報成果物作成委託または役務提供委託をした日を記載します。

③ 給付の内容

　委託の内容がわかるよう，明確に記載します。たとえば製造委託であれば，品名，数量，仕様などを具体的かつ明確に記載する必要があります。情報成果物作成委託の場合には，委託内容のすべてを記載することは困難でも，下請事業者が３条書面を見て「給付の内容」を理解でき，親事業者の指示に即した情報成果物を作成できる程度の情報を記載することが必要です。３条書面の「給付の内容」の記載は，親事業者として下請事業者に対し，やり直し等を求める根拠となるものであることからも，必要な限り明確化することが望ましいといえます。

　また，主に情報成果物の作成委託において，委託した情報成果物に関し下請事業者の知的財産権が発生する場合がありますが，親事業者が，情報成果物を提供させるとともに，作成の目的たる使用の範囲を超えて，当該知的財産権を自らに譲渡・許諾させる場合には，「給付の内容」の一部として，その譲渡・許諾の範囲を明確に記載する必要があります。またその場合，下請代金に，知的財産権の譲渡・許諾に係る対価を加える必要があります。

④ 給付を受領する期日

　役務提供委託の場合は，役務が提供される期日または期間を記載し，製造委託，修理委託，情報成果物作成委託は，特定の期日を記載します。

⑤ 給付を受領する場所

　具体的な場所を記載します。

⑥ 給付内容について検査をする場合は，検査を完了する期日

　特定の期日または，給付を受領する期日から何日後，といった記載をします。

⑦ 下請代金の額

　具体的な金額を記載する必要がありますが，算定方法（単価×数量など）による記載でも構いません。また，代金が消費税を含む額か否かを記載しましょう。なお，銀行振込手数料を下請事業者の負担とする場合には，その旨も記載します。この点を明確にせずに手数料分を差し引いた額を支払うと，親事業者

が禁止されている「下請代金の減額」にあたり，違法となります。また，一定量の取引がある銀行より手数料の割引を受けている場合に，割引前の定価としての手数料額を下請事業者に負担させると，これも代金減額にあたることとなるため，必ず実際にかかった手数料の支払いを控除するよう注意する必要があります。

　なお，正当な理由により単価を定められない場合には，その単価を記載せずに当初書面を交付し，正式な単価でないことを明示した上で具体的な仮単価を記載したり，「0円」と表記したりすることも認められますが，「単価が定められない理由」と「単価を定めることとなる予定期日」を記載し，単価が決定した後には直ちに補充書面を交付しなければなりません。

⑧　下請代金の支払期日

　特定の日付または，「納品月末締切翌月末日現金払い」等の記載をします。

⑨　手形を交付する場合は，手形の金額（支払比率でも可）および手形の満期

⑩　一括決済方式で支払う場合は，金融機関名，貸付けまたは支払可能額，親事業者が下請代金債権相当額または下請代金債務相当額を金融機関へ支払う期日

⑪　電子記録債権で支払う場合は，電子記録債権の額および電子記録債権の満期日

⑫　原材料等を有償支給する場合は，品名，数量，対価，引渡しの期日，決済期日，決済方法

(2) 長期継続的役務取引において1年ごとの自動更新としている場合の書面交付

　長期継続的役務取引契約に基づき個別の役務提供がある場合，3条書面に必要記載事項がすべて契約書に記載されていれば，個別の役務提供のたびに3条書面を交付する必要はありません。また，契約書中の3条書面に記載すべき事項に変更がなければ，自動更新時に改めて3条書面を交付する必要はありませんが，契約上代金は別の書面で定めることとしており代金改定を行う場合には，改定のたびに代金に関する別途の書面を交付するとともに，相互の関連付けが明らかになるようにする必要があります。

3．支払期日を定める義務（下請法2条の2）

　親事業者は，下請事業者との合意の下に，親事業者が下請事業者の給付の内容について検査をするかどうかを問わず，下請代金の支払期日を，物品などを受領した日（役務提供委託の場合は，下請事業者が役務の提供をした日）から起算して60日以内でできる限り短い期間内で定める義務があります。

　下請事業者からの請求書の提出が遅れた場合であっても，定められた支払期日までに代金を支払う必要があるので注意しなければなりません。また，下請事業者から，当月納入分を翌月納入分として扱ってほしいと要請され，代金支払いも1カ月延期してもよいと言われたとしても，受領日から60日以内に定めた期日までに支払わなければなりません。

　なお，平成28年12月14日付の事業者団体代表者向け中小企業庁長官・公正取引委員会事務総長の連名による通知「下請代金の支払手段について」において，①下請代金の支払いは，できる限り現金によるものとすること，②手形等により下請代金を支払う場合には，その現金化にかかる割引料等のコストについて，下請事業者の負担とすることのないよう，これを勘案した下請代金の額を親事業者と下請事業者で十分協議して決定すること，③下請代金の支払いに係る手形等のサイトについては，繊維業90日以内，その他の業種120日以内とすることは当然として，段階的に短縮に努めることとし，将来的には60日以内とするよう努めること，との行政指導がなされており，これは一括決済方式を用いる場合の決済期間においても同様の対応をすべきものと解されます。

4．書類の作成・保存義務（下請法5条）

　親事業者は，下請事業者に対し製造委託，修理委託，情報成果物作成委託または役務提供委託をした場合は，下請代金の額等下請取引の内容を記録した書面（一般に「5条書面」といいます）を作成し，2年間保存する義務があります。3条書面のほか，物品の受領，代金支払い，給付内容の変更があった場合の経緯や変更内容などを記録し，保管する必要があり，公取委や中小企業庁から指示があればいつでも提供できるようにしておかなければなりません。

　なお，情報成果物作成委託の場合，個々に親事業者と下請事業者が打ち合わ

せを行いながら委託内容を決定していくことがありますが，こうした場合，個々の作業指示をすべて記載する必要はないものの，少なくともそれにより下請事業者に下請代金の設定時には想定していないような新たな費用が発生する場合には，その旨記載し保存する必要があります。

5．遅延利息の支払義務（下請法4条の2）

　親事業者は，下請代金をその支払期日までに支払わなかったときは，下請事業者に対し，物品等を受領した日（役務提供委託の場合は，下請事業者が役務の提供をした日）から起算して60日を経過した日から実際に支払いをする日までの期間について，その日数に応じ，当該未払金額に年率14.6％（下請代金支払遅延等防止法第4条の2の規定による遅延利息の率を定める規則）を乗じた額の遅延利息を支払う義務があります。

Q27 下請法における親事業者の禁止事項—下請代金の減額

顧客から当社製品の強い値下げ要求があり，当社も，下請先のＡ社に対し，３月から単価の引き下げの交渉をしていました。５月中旬に，Ａ社との間で単価引き下げの合意ができたので，４月発注分から同単価を遡って適用したいと考えています。下請法上，問題はあるでしょうか。

A

親事業者が，下請事業者の責に帰すべき理由がないのに，下請代金の額を減ずることは，禁止されています（下請法４条１項３号）。下請事業者との間で単価引き下げの合意が成立した場合であっても，既に発注分にまで新単価を遡及適用することは，下請代金の減額になるため許されません。

1．親事業者の禁止事項（下請法４条）

⑴　11項目の禁止事項

下請法４条により，親事業者には次の11項目の禁止事項が課せられています。下請事業者の了解を得ても，これらの行為を行うと，同法に違反することになります。

本設問は，「③下請代金の減額」にあたるかどうかが問題となります。

【図表３－２】下請取引における親事業者の禁止事項

禁止行為	概要
①　受領拒否 （１項１号）	下請事業者の責に帰すべき理由がないのに，注文した物品等の受領を拒むこと。 「下請事業者の責に帰すべき理由」がある場合とは以下の２つの場合に限られると解されています。 •下請事業者の給付の内容が３条書面に明記された委託内容と異なる場合または給付に瑕疵等がある場合 •下請事業者の給付が，３条書面に明記された納期までに行われなかったため，その物が不要となった場合

② 下請代金の 支払遅延 （1項2号）	物品等を受領後60日以内の定められた支払期日までに，下請代金を支払わないこと。 検収完了をもって納入とみなすと契約に定めている場合や，下請事業者の請求書に基づいて支払っているところ請求書の発行がなされなかった場合でも，受領後60日を超えて支払うと違反になります。そして，親事業者は，受領日から起算して60日を経過した日から支払日までの日数につき年14.6%の遅延利息を支払わなければなりません。
③ 下請代金の 減額 （1項3号）	下請事業者の責に帰すべき理由がないのに，発注時に決定した下請代金を減額すること。 「歩引き」，「リベート」等の代金を差し引く名目，方法，金額の多寡を問いません。
④ 返品 （1項4号）	下請事業者の責に帰すべき理由がないのに，受け取った物品等を返品すること。
⑤ 買いたたき （1項5号）	発注した内容と同種または類似の給付に対して通常支払われる対価に比べて著しく低い下請代金を不当に定めること。 買いたたきに該当するか否かは，以下の4つの要素を勘案して総合的に判断されると解されています。 ● 下請事業者と十分協議をしたか等対価の決定方法 ● 差別的であるか等対価の決定内容 ● 「通常支払われる対価」との乖離状況 ● 当該給付に必要な原材料等の価格動向
⑥ 購入・利用 強制 （1項6号）	正当な理由がないのに，親事業者が指定する物・役務を強制的に購入・利用させること。 「強制的に」とは，取引の条件とする場合，購入・利用しないと不利益を与える場合のほか，下請取引関係を利用して，事実上購入・利用を余儀なくさせている場合も含まれると解されています。
⑦ 報復措置 （1項7号）	下請事業者が親事業者の不公正な行為を公取委または中小企業庁に知らせたことを理由として，その下請事業者に対して，取引数量の削減・取引停止等の不利益な取扱いをすること。
⑧ 有償支給原 材料等の対価 の早期決済 （2項1号）	有償で支給した原材料等の対価を，当該原材料等を用いた給付に係る下請代金の支払期日より早い時期に，相殺したり支払わせたりすること。

⑨　割引困難な 手形の交付 （2項2号）	下請代金を手形で支払う場合に，一般の金融機関で割引を受けることが困難な手形を交付すること。 現在の運用では，手形期間は，繊維業の取引で90日以内，その他の業種の取引で120日以内でなければならないという取扱いがされています。
⑩　不当な経済 上の利益の提 供要請 （2項3号）	下請事業者から金銭，労務の提供その他の経済上の利益を提供させること。 親事業者が下請事業者に金型を貸与し，発注を長期間行わなくなった後も無償で保管させる行為や，金型の製造委託をした場合に，3条書面上の給付の内容に金型の図面が含まれていないにもかかわらず，金型の納入にあわせて図面を納入するように要請する行為も，これに該当するおそれがあるとされています。
⑪　不当な給付 内容の変更お よび不当なや り直し （2項4号）	下請事業者の責に帰すべき理由がないのに，費用を負担せずに当初の発注と異なる作業を行わせ，または受領後に給付のやり直しをさせること。

(2)　違反があった場合

公取委および中小企業庁は，親事業者およびその取引のある下請事業者に対して書面調査を実施し，違反行為の発見に努めています。そして，必要に応じて，立入検査を行います。

違反行為が認められた場合，公取委は，親事業者に対し，違反行為を取りやめ，下請事業者が被った不利益の原状回復措置を講じるよう指導し，重大な違反行為については，勧告を出します（下請法7条）。下請代金の減額については，速やかにその減じた額を支払うよう指導，勧告されます。

また，必要があれば，親事業者に対し，経営責任者を中心とする遵法管理体制を確立し，遵法マニュアルを作成し，これを購買・外注担当者をはじめ社内に周知徹底するよう指導する等の再発防止措置を講じさせる等の指導，勧告がなされます。

平成16年度以降，勧告案件についてはすべて公表されています（最近の勧告案件について，公取委のウェブサイト（https://www.jftc.go.jp/shitauke/shitaukekankoku/index.html）を参照）。

2. 新単価の遡及適用による減額

(1) 下請代金の減額

　下請法4条1項3号で禁止される「下請代金の減額」とは，下請事業者の責に帰すべき理由がないのに，「事後的に」下請代金の額を減額することです。下請事業者の立場は弱く，いったん決定された代金であっても事後に減ずるよう要請されやすいこと，下請事業者はこのような要求を拒否することが困難であり，代金額が減じられると下請事業者は大きな不利益を被ることになることから，かかる事態を防止する趣旨です。

　「下請事業者の責に帰すべき理由」があるとして下請代金の減額が認められるのは，以下の3つの場合に限定されると解されています。

---

①　下請事業者の責に帰すべき理由（瑕疵の存在，納期遅れ等）があるとして，受領拒否または返品することが違反とならない場合に，受領拒否または返品をして，その給付に係る下請代金の額を減じるとき
②　上記①の場合に，受領拒否または返品をせずに，親事業者自ら手直しをした場合に，手直しに要した費用など客観的に相当と認められる額を減ずるとき
③　瑕疵等の存在または納期遅れによる商品価値の低下が明らかな場合に，客観的に相当と認められる額を減ずるとき

---

(2) 新単価の遡及適用による減額

　公取委が公表している「下請代金支払遅延等防止法に関する運用基準」において，「新単価の遡及適用による減額」は，下請代金の減額の違反行為事例の一つとして挙げられています。

　新単価を適用できるのは，下請事業者との協議により単価改定が行われた時点以降に発注する分からになります。新単価決定に係る合意日よりも前に既に発注した分に新単価を適用（遡及適用）すると，下請事業者と合意したとしても，下請代金の減額にあたります。

(3) 勧告事例

　実際に親事業者の禁止行為の違反（実体規定違反）で勧告または指導がなされた事案を見ると，下請代金の減額は多い類型です。

　たとえば，平成30年度の勧告件数は7件ですが，その内6件は下請代金の減額の事案でした。勧告または指導がなされた6,819件の類型別内訳を見ると，下請代金の支払遅延が3,371件（49.4％），買いたたきが1,487件（21.8％），そして下請代金の減額が834件（12.2％）を占めています。そして，下請代金の減額等によって下請事業者が被った不利益について，延べ321名の親事業者が合計6億7,068万円の返還等を行い，延べ10,172名の下請事業者が返還等を受けています（以上について，公取委「平成30年度における下請法の運用状況及び企業間取引の公平化への取組等について」公正取引825号40～41頁）。

　最近の勧告事例では，平成31年4月23日に，森永製菓株式会社に対し，単価の引下げの合意日前に発注した食料品について，引下げ後の単価を遡って適用することにより，総額約958万円を下請代金の額から減額したとして，勧告が出されています。

3．実務上の対応

　下請の単価を改定する場合，下請事業者との間で合意が成立した日以降に発注する分から，新単価を適用します。下請事業者と単価改定の交渉をするにあたっては，新単価の適用予定日に十分な余裕をもって交渉を開始するよう注意が必要です。

Q28　独禁法上の留意点—調達先への商品購入要請

　下請法上の下請事業者に該当しない調達先に対して，来年度当社が発注する条件として，当社の重要顧客の商品を購入することを要求しても構わないでしょうか。

A

　下請法上の下請事業者に該当しない調達先に対する要求であっても，自社の取引上の地位が相手方に優越していることを利用して正常な商習慣に照らして不当に行う行為は，優越的地位の濫用として独禁法に違反しますので注意が必要です。

1. 下請法と独禁法

　下請法は，所定の取引内容と資本金基準の両要件を満たす取引にのみ適用されます。下請法の要件を満たさない取引であっても，購買側に一方的に有利な契約内容が常に許されるわけではなく，独禁法の規制を受けることがあります。

　なお，ある事業者と別の事業者の取引において，優越的地位の濫用（独禁法2条9項5号）と下請法の双方が適用可能な場合には，通常，下請法を適用することとなりますので，適用関係に注意してください（公取委「「優越的地位の濫用に関する独占禁止法上の考え方」（原案）に対する意見の概要とこれに対する考え方」（平成22年11月30日）[別紙2] 6頁）。また，下請法上の勧告に従った場合は独禁法が適用されることはありません（下請法8条）。

2. 独禁法の適用

(1)　取引上の地位の優越

　優越的地位の濫用（独禁法2条9号5号）は，自己の取引上の地位が相手方に優越していることを利用して，正常な商習慣に照らして不当に，同号イからハのいずれかに該当する行為をすることをいいます。

　事業者がどのような条件で取引するかは，基本的には当事者間の自主的な判断に委ねられるものです。そして，一般的に調達先との関係において購買力を

持つ購買側が交渉上優位にあります。しかし，購買側が，調達先に優位している地位を利用して正常な商慣習に照らして不当に不利益を与えることは，調達先の自由かつ自主的な意思決定を妨げるだけでなく，公正な競争を阻害するおそれがあることから，不公正な取引方法のうちの1類型である優越的地位の濫用として独禁法上規制を受けます。

「自己の取引上の地位が相手方に優越している」の判断要素についてはQ23記載のとおりです。また「正常な商習慣に照らして不当に」の要件については，現に存在する商習慣に合致しているからといって直ちにその行為が正当化されることにはならない点に注意が必要です。一方で，商習慣とはかけ離れた不利益を与えている場合には，「正常な商習慣に照らして不当に」に該当すると推定されるといえるでしょう。

優越的地位濫用ガイドラインには，具体例が多数掲載されていますので参照してください。

(2) 優越的地位の濫用の行為類型

独禁法2条9項5号イは，継続して取引する相手方（新たに継続して取引しようとする相手方を含みます）に対して，取引に係る商品または役務以外の商品または役務を購入させることを禁止しています。この「商品または役務」には，自己の供給する商品または役務だけでなく，自己の指定する事業者が供給する商品または役務も含まれます。また，「購入」には，購入を取引の条件とする場合や，購入しないことに対して不利益を与える場合だけではなく，事実上購入を余儀なくさせていると認められる場合も含まれます。

同号ロでは，継続して取引する相手方に対して，自己のために金銭，役務その他の経済上の利益を提供させることを禁じています。「経済上の利益」とは，協賛金や協力金，従業員派遣，労務の提供など名目のいかんを問いません。たとえば発注内容や対価に含まれていないにもかかわらず，取引に伴って相手方が作成した金型図面や発生した知的財産権を無償で提供させることも該当します。もしこれらを含めて発注したいということであれば，必ず発注書に明記し，十分協議した上で適正な対価を支払いましょう。

同号ハは，受領拒否や返品，支払遅延，減額その他相手方に不利益となる取引条件の設定などの行為を禁止します。相手方が作成した金型図面や知的財産

権を一方的に著しく低い対価で提供することを求め，相手方が今後の取引等に与える影響を懸念して当該要請を受け入れざるをえないような場合には，これに該当します。

3．顧客の製品購入要求

　電機大手や自動車メーカーなどの製品の紹介販売制度，あっせん販売制度は，これら大手の一次下請，二次下請などの系列を通して広く行われています。これらの制度は市価より安く購入できたり謝礼金が支払われるなど，購入者にとってメリットもあることから自発的に利用する購入者も多く，制度自体が違法なわけではありません。しかし，たとえば一次下請業者が自社への取引依存度が高い二次下請業者に対し，来年度発注する条件として自己の顧客であるメーカーの製品の購入者として二次下請業者の従業員等を紹介するよう要請し，紹介することができなかった二次下請業者に対して当該製品を購入させる，というようなケースは，独禁法2条9項5号イの購入・利用強制に該当するおそれがあります。あくまでも相手方の任意による自主的な紹介を要請するにとどめましょう。

4．優越的地位の濫用に違反しないために

　自社が優越的地位にある取引において，独禁法2条9項5号各号所定の行為類型を行わないことはもちろん，下請法上の下請事業者との取引ではなくとも取引条件の設定にあたっては注意が必要です。そのような条件を要請することに正当な理由があるといえるか確認するとともに，決して一方的に相手方に不利益な条件を要請したのではなく相手方と十分に協議したことの証として議事録を残すことも有用です。

　なお，不公正な取引方法の中で課徴金納付命令の対象となる類型のうち，共同の取引拒絶，差別対価，不当廉売，再販売価格の拘束（独禁法2条9項1号〜4号）は，10年以内に同種の行為を繰り返すことが要件とされています。これに対して優越的地位の濫用は，一度の違反行為で即課徴金納付命令の対象となりますので特に注意が必要です（同法20条の6）。算定率は1％と低いですが，違反行為の対象商品・役務の取引額ではなく，違反行為期間中の相手方との取

引額全体が課徴金算定の基礎となりますので，課徴金は高額になる可能性があります。課徴金減免制度の適用はありません。

　これまでには，玩具等小売業者が売上不振商品等について納入業者の責めに帰すべき事由がないにもかかわらず返品等していたとして約3.7億円の課徴金納付命令を受けた例（公取委「日本トイザらス株式会社に対する排除措置命令及び課徴金納付命令について」（平成23年12月13日）。ただしその後，排除措置命令の一部および課徴金納付命令の一部が取り消された例（平成24年（判）第6号および第7号審決））や，家電小売業者が予め合意することなくかつ費用を自社が負担することなく納入業者に従業員等を派遣させていた件で約40億円の課徴金納付命令を受けた例（公取委「株式会社エディオンに対する排除措置命令及び課徴金納付命令について」（平成24年2月16日））などがあります。

Q29　金型の製造委託

当社は，以前から取引のあるX社から新しい金型の試作図面および試作金型の作成，ならびに量産金型を使用しての部品納入を依頼されていました。先方のアイデアを踏まえるものの，今回の試作図面は当社の長年のノウハウの結晶です。したがって，今回の試作図面に関しては，ノウハウの保護のため納品を避けたいと思っています。他方で，量産金型を使用しての納入も受注できるので，X社に配慮することも必要かと思います。法的にはどのような点に配慮すべきですか。

A

　発注企業との間で金型取扱契約を締結し，金型および試作図面等の所有権や知的財産権がすべて自社に帰属するよう交渉します。難しい場合でも，少なくとも守秘義務条項を設けるべきです。また，本件に限りませんが，不正競争防止法上の保護が受けられるように，ノウハウが含まれた金型図面等を秘密として管理すべきです。

1．はじめに

　金型とは，鋳造，鍛造，金属プレス等に必要となる型です。自動車や電気製品等の完成品を構成する納入部品は，この金型を使用して大量生産されます。金型は設計図面や加工データ（以下「設計図面等」といいます）を基に鋳造されますが，この設計図面等を発注企業が作成・支給する場合と，金型メーカーや部品メーカー（以下「下請企業」といいます）が作成・提供する場合があります。また，発注企業が部品と当該部品を製造するための金型製作をともに発注することもよくあります。

2．金型の設計図面等の取扱いに関する問題点

　金型や金型図面等の製作には，材料の特性や工法を熟知した技術者のノウハウが必要です。しかし，日本の下請企業の多くは発注企業との関係では従属する傾向にあり，発注企業からの金型図面等の提出依頼を断れないのが実情です。

そして，同意のない状態で，より安価で対応する国内外の業者にノウハウが共有される事態が経済産業省の「金型図面や金型加工データの意図せざる流出の防止に関する指針」（平成14年7月12日）等で指摘されています。金型図面等の対価のない流出は，下請事業者ひいては日本製造業の競争力を損ないます。また，これに限らず，金型取引では発注企業が下請企業に対して，その力関係を利用して無理な依頼をする傾向にあり，独禁法上問題になりえます。以下，金型で問題になりやすい点についてご紹介します。

3．知的財産権による保護の可能性

(1)　特許権・実用新案権・意匠権・著作権での保護

　金型や金型図面等について特許権や実用新案権を取得し，または金型デザインについて意匠権を取得することが考えられますが，これらの権利を取得するには，出願し，審査の上登録を受ける必要があります。たとえば，特許権ですと，「発明」すなわち「自然法則を利用した技術的思想の創作のうち高度のもの」（特許法2条1項）でなければ特許権の対象とはなりません（同法29条1項本文）。また，当該発明に新規性があること（同項各号）や同業者等が容易に発明できたとはいえないという進歩性の要件（同条2項）も必要です。実用新案権や意匠権についても概ね同様です。また，金型自体は市場に流通しないため，流通製品から金型構造を推測できても，最終的に特許権等侵害を立証することは難しいです。他方，著作権の対象となる「著作物」は，出願・登録の必要はありませんが，著作性があるか否かは個別の設計図面次第ですし，金型やノウハウそのものは著作権の対象にはなりません。侵害立証が困難であることも同様です。これらのデメリットを踏まえると，知的財産権での保護はそれほど現実的ではありません。

(2)　不正競争防止法

　不正な手段により営業秘密を取得すること，もしくは正当な手段により入手した営業秘密を不正の利益を得る目的または金型図面等の保有者に損害を加える目的で第三者に開示することは，不正競争防止法上の「不正競争」に該当しますが，金型図面等について「営業秘密」の要件を充足する必要があります（Q15参照）。有用性の要件は満たすと思われますが，秘密管理性や非公知性が

認められるためには，金型図面等に「極秘」である旨を表示する，および発注企業との間できちんと秘密保持契約を締結する等の対応が必要になります。なお，不正競争であることが認められた場合には，不正競争防止法に基づく差止請求（同法3条）や損害賠償請求（同法4条。損害の推定規定（同法5条）がある）が認められます。

4．下請法・独禁法上の問題点─発注企業側の留意点

　金型取引も製造委託取引であり，下請法や独禁法が問題になりやすい取引類型です。親事業者たる発注企業が，①業としての販売・請負目的の物品等を製造または加工するため（類型1または2），または②自己使用目的の物品等を製造するため（類型4），金型の製造を下請事業者に委託する場合，下請法の適用があります（Q25の2⑵の製造委託の①～④参照）。中小企業庁でも金型取引における同法違反行為を問題視しており，以下のとおりいくつかの事例が紹介されています（なお，禁止行為についてはQ27参照）。

⑴　金型図面等の無償提供その他図面開示の依頼

　前記のとおり，金型納品時や納品後の部品取引の中で，発注企業が，下請企業が作成した金型図面等を無償で提供するよう求めることがあります。金型の製造委託を行う際に，下請法上の3条書面上の給付内容に金型図面等が含まれていないのに，金型納入に併せて当該図面等を納品するよう要請することは「不当な経済上の利益の提供要請」に該当するおそれがあります（同法4条2項3号）。金型と併せて当該図面等を納入させたい場合，別途適切な対価を払って買い取るか，または予め発注内容に金型図面等を含むことを明らかにする必要があります（同法3条）。

⑵　金型の長期保管の依頼

　製品量産後の補給品の支給等に備えて発注企業が下請企業に対して，金型の保管を要請することがあります。しかし，発注企業が下請企業に対して，長期間にわたり実際には使用がほとんどされない金型を無償または不相当な対価で保管させる，または当初想定していない金型保管に伴うメンテナンス等を発注企業の一方的な都合で行わせることは，「不当な経済上の利益の提供要請」に該当するおそれがあります。

5．金型取扱契約の締結その他実務上の手当―本設問の事例について

　金型取引を行う際には，発注企業と下請企業との間で金型製造委託契約（いわゆるTooling Agreement）を締結すべきです。同契約の中では，金型や金型図面等の所有権，知的財産権および危険負担の所在，金型の使用および保管方法，保管費用や保管期間，廃棄条件や廃棄費用の負担，ならびに守秘義務等の条件を定めます。特に，本設問の事例のように，取引先のアイデアも取り入れている場合ですと，金型や設計図面等の所有権等について争いが生じやすいので，特に交渉の上，明記すべきです。もちろん，所有権の帰属の点も含め，発注企業が下請企業に不相当に有利な条件で金型取扱契約書を締結することは，下請法や独禁法の優越的地位の濫用のルール等に抵触する可能性があることはご留意ください。

6．本設問の事例について

　X社との間で金型製造委託契約を締結する必要があります。試作金型および試作図面の所有権や知的財産権がすべて自社に帰属する旨記載することが望ましいですが，それが難しいようであれば，少なくとも秘密保持義務条項を設けるべきです。この秘密保持義務条項は，ノウハウ等の情報の非公知性要件確保のためにも必要となります。また，不正競争防止法上の秘密管理性を確保するためにも，設計図面等に関する情報管理規程を作成すべきです。また，金型製造委託契約が下請法上の要件に沿っているか否かを確認するべきです。ただし，本設問でX社が自社に依頼をしているのは，「試作」金型です。試作品の製造の委託が製造委託に該当するかですが，この点については，商品化することを前提にしており，最終商品と同等のレベルにあるような商品化の前段階にある試作品の製造を委託する場合は製造委託・類型1（前記4参照）に該当しえます。ただし，下請法が適用されないとしても，優越的地位の濫用を含む独禁法は適用されうるので，この点は問題があれば検討すべきです。

Q30　リコール・製造物責任に関する条項

　当社は精密機械メーカーで，部品を製作加工する納入業者から仕入れた部品を組み入れております。納品された部品に不具合があった場合，最終製品が精密機械であることから，取り返しのつかない甚大な損害が生じる可能性があります。万が一の場合，部品納入業者に対して責任追及できるようにするためには，どのような条項を入れればよいでしょうか。

A

　部品納入業者に対して，原因究明と再発防止策の策定等を指示する他，リコールへの協力義務に関する条項や損害賠償責任を負わせる旨の条項を入れるべきです。

1．リコールの概要

　リコールとは，製品による「事故の発生及び拡大可能性を最小限にすることを目的」とする対応をいい，①製造，流通および販売の停止／流通および販売段階からの回収，②消費者に対するリスクについての適切な情報提供，③類似の製品事故等未然防止のために必要な使用上の注意等の情報提供を含む消費者への注意喚起，ならびに④消費者の保有する製品の交換，改修等に至るまで幅広く含みます（経済産業省「消費生活用製品のリコールハンドブック2019」2頁）。メーカー等が製品事故等を把握した際，多くの場合に最初に直面する問題が，リコール実施の必要性や実施する場合の範囲を決定することといえます。リコールを実行することには膨大な時間とコストの負担やレピュテーションリスクはありますが，被害のさらなる拡大を防ぎ，上記製造物責任を含む各種法的リスクを最小化するため，リコールは積極的に検討すべきです。

2．製造物責任法の概要

　商慣行上，消費者は，メーカーから直接製造物を購入するよりも，メーカー→卸売業者→小売店を通して購入することが多いと思われます。製造物の欠陥によって損害を被った消費者がいた場合，直接の販売契約相手方である小売店

のみならず，メーカーやその下請業者（以下併せて「メーカー等」といいます）に対して民法709条に基づく不法行為責任の追及が可能です。しかし，専門的・技術的な知識のない消費者は，小売店やメーカー等の過失の立証で困難に直面します。

製造物責任法は，この過失立証に関する消費者救済のための特則であり，製造物の欠陥による事故について無過失責任を定めます（同法3条）。

製造物責任法上，損害賠償の被告になりうる「製造業者等」（同法2条3項）には，欠陥のある「製造物を業として製造，加工又は輸入した者」（同項1号）だけではなく，単に会社名やブランド名を製造物に表示している者も含まれうる（同項2号）ので，メーカー等でなくとも留意が必要です。

また，過失については無過失責任ですが，製造物に以下のいずれかの「欠陥」（当該製造物の特性，その通常予見される使用形態，その製造業者等が当該製造物を引き渡した時期その他の当該製造物に係る事情を考慮して，当該製造物が通常有すべき安全性を欠いていること）が存在し（同条2項），かつその欠陥によって損害が生じたこと（因果関係）が立証される必要があります。

- 設計上の欠陥：合理的な代替設計を採用していれば，製品がもたらす予見可能な危険を減少・回避することができ，かつその代替設計を採用しなかったことにより製品が合理的にみて安全なものでなくなった場合
- 製造上の欠陥：製品がその意図された設計から逸脱している場合
- 指示・警告上の欠陥：合理的な指示・警告を行っていれば，製品のもたらす予見可能な危険を減少・回避でき，かつその指示・警告がなかったために損害が生じたこと

さらに，消費者は，製品の購入先小売店，メーカー，部品納入業者等から全部または一部を選択して請求をすることができます。

3．リコール，製造物責任に関する契約書の基本的な規定

取引契約書にリコール，製造物責任に関する規定を置く場合には，どのような点に留意すべきでしょうか。時折見られるのが，製造物責任法の規定に準拠した以下のような条項です。

> **第X条（製造物責任）** 目的物の欠陥に起因して，第三者の生命，身体又は財産に損害が生じたときは，売主はこれにより買主が被った損害及びこれに要した費用（求償権の行使やリコール費用を含む。）を賠償する。ただし，当該目的物を売主が引き渡した時における科学又は技術に関する知見によっては，当該目的物にその欠陥があることを認識することができなかった場合，当該目的物か他の製造物の部品又は原材料として使用された場合において，その欠陥が専ら当該他の製造物の製造業者が行った設計に関する指示に従ったことにより生じ，かつ，その欠陥が生じたことにつき過失がない場合は，この限りではない。

　たとえば，売主の製造過程で生じた製品不具合による事故であることが明らかであるにもかかわらず，買主名で販売された商品であったため，買主が第三者（消費者）に対して製造物責任法上の損害賠償責任を履行した場合，この条項は有用です。買主は自身が第三者に対して履行した賠償金支払債務を売主に求償することができるので，買主の立場から望ましいです。また，製造物責任法上の規定にほぼ沿った形ですので，売主からの合意も得られやすいです。他方で，下請先は，自社の責任を可能な限り抑えるべく，基本契約書等に責任制限条項を設けることを要求してくると思われます（Q5参照）。

4．下請先の部品納入業者へ協力を求める事項

　製品事故が発覚した場合，それが下請企業の納入部品の不具合に起因する可能性が少しでもあれば，完成品メーカーは，部品納入業者に対し，事実確認や原因究明と再発防止策の策定および徹底を要求します。また，必要に応じて，リコールの必要性やその過程で消費者にどの程度の情報を提供するかについても，部品納入業者の協力等が不可欠です。そのため，契約書には，部品納入業者に対し，製品事故の原因調査・リコールを含む処理解決に協力することや損害拡大防止義務の規定をおくことも検討すべきです。

　また，前記2のとおり，被害を受けた消費者は，当然，部品納入業者ではなく完成品メーカーに対して損害賠償を求める場合があります。完成品が数多くの部品の集合体であることや不具合を生じさせた部品の特定が困難であることに鑑みると，むしろ，完成品メーカーは製造物責任等に基づく消費者からの損

害賠償請求先になるケースがほとんどでしょう。これについては，完成品メーカー・納入業者間の基本契約書等ではコントロールできないため，お互いのための応訴協力義務に関する規定（なお，Q6の2⑵「紛争解決のコントロール権」の項目は参考になります）や，最終的な責任のある側への求償に関する規定で対応することになります。

5．製造物責任・リコール費用に関する損害賠償

　消費者から製造物責任に基づく損害賠償請求が提起された場合の損害賠償の範囲については，製造物責任法は民法の不法行為責任の特則のため，民法の不法行為に関する通説・判例のとおり相当因果関係の範囲内でのみ損害賠償責任を負うことになります。すなわち，「通常生ずべき損害」の賠償を原則としつつ（民法416条1項類推適用），特別の事情による損害も加害者に予見可能性があれば，これも賠償の対象になります（同条2項類推適用）。損害の種類について，消費者が生命・身体上の損害を被った場合，積極損害（治療費，入通院交通費，葬儀費用，リコールにかかる費用等），消極損害（休業や死亡しなければ得たであろう逸失利益等），慰謝料のような精神的な損害があります。他方で，財産損害について，まず，欠陥のあった製造物自体に生じた損害については賠償の対象になりません（製造物責任法3条ただし書）。製造物自体の損害以外に発生した人的損害や物的損害（拡大損害）については，前記相当因果関係の範囲内で製造物責任を負います。

6．本設問の事例について

　まず，精密機械の製品事故の被害の質や重大性，事故の原因に関する情報収集を行い，リコールを行うべきか，その範囲・方法について，納入業者の協力も得ながら決定すべきです。リコールを行った際に発生した費用やその後消費者から受けた製造物責任法等に基づく賠償請求については，通常，精密機械の完成品メーカーである当社が対応すると思われますが，契約書の規定に従い，下請先に対して，可能な限り上記の損害をカバーしてもらいたいと考えます。

Q31 継続的契約の解消

取引基本契約書には，1カ月前までに相手方に書面で通知すれば，契約を任意に解約することができることになっています。当社からの受注が売上の大半を占めている会社もありますが，1カ月前までに解約を通知して取引を解消することで，問題はないでしょうか。

契約上の解約権の行使であっても，契約が長期間継続しており，取引解消により相手方に過大な損害が生じたりする場合には，信義則に反する等として契約解消が認められないこともあります。そのような事態を避けるため，相当な予告期間を設ける等，相手方に損害が生じないような形をとるのが望ましいでしょう。

1．継続的取引の解消

(1) 契約解消が制限される場合

企業間の継続的取引契約についても，契約自由の原則が妥当しますので，（契約違反等がなくとも）当事者の一方からこれを解約できると定めて，解約権を留保することはできます。その場合，契約書の規定どおりに，解約権の行使によって契約が終了するのが原則です。契約期間の満了に際して，契約書の規定どおりに，一定期間前に契約更新を拒絶することにより，契約を自動更新せずに終了させる場合も同様です。

もっとも，形式的に契約上の解消の要件を満たしても，それだけでは解消が認められず，「契約を終了させてもやむを得ないと認められる事由」「取引関係の継続を期待しがたい重大な事由」「正当な事由」等が必要であるとする裁判例が存在します。契約が長期間継続しており，取引解消により当事者に過大な損害が生じたりする場合に，契約条項どおりに解約や更新拒絶を認めるのは相当でないとして，やむをえない事由が必要であるとしたり，信義則や権利濫用といった一般条項により，解約や更新拒絶を制限したりしています。したがって，突然，契約条項に基づいて解約の通知をすると，相手方から，契約解消が

無効であるとして，契約上の地位の確認を請求されたり，損害賠償を請求されたりする可能性があります。

(2) 契約解消を制限する理由とされる事情

裁判例において，解約や更新拒絶を制限する理由とされる事情としては，以下のようなものがあります。

① 契約が長期間継続することが予定されていたこと

契約条項上は契約期間が短期間に限定されていたり，短期間で終了させることができる形になっていても，自動更新条項が存在する，自動更新が繰り返され現実に契約が長期に継続している，実際の取引サイクルが長期間にわたっている，長期間の継続的取引を前提に事業計画を立てているといった事情が考慮されることがあります。

② 被解消者への影響の度合い

被解消者が当該取引のために設備投資や販売体制の整備などにより多額の投資をしているか，設備投資が他の取引に転売可能か否か，契約解消後に製造・販売体制等を再構築する必要があり，そのために相当の期間を要するといえるか等，解消によって被解消者の事業にどのような影響を与えるかを，裁判所は重要なポイントとしています。被解消者の規模や，解消者との取引が被解消者の事業全体に占める比率や経済的依存度も，考慮されています。

③ 被解消者の取引への貢献

被解消者の取引への特別の貢献を考慮する例もあります。

④ 当事者の力関係

各当事者の市場における位置付け，取引に至る経緯，取引の目的，取引における役割等を踏まえ，当事者の力関係が考慮されることもあります。

⑤ 契約解消の必要性

契約違反行為や背信行為など信頼関係を破壊する事情，財政状況の悪化，組織体制の変更，その他の事情変更，問題解決のための折衝を行っても解決しなかったこと等，契約解消の必要性に関する事情が，考慮されています。

⑥ 解約告知期間

解約告知期間を置くことで，契約を解消される側が準備して損害を回避する措置を講じることができれば，契約解消を認めても構わないというように，契

約解消を正当化する事情として考慮されています。

(3) 本設問について

本設問についても，取引契約書上の解約権の行使ですので，1カ月前までに書面で通知をすれば契約を解消することができるのが，原則です。

しかし，自社からの受注が売上の大半を占めている会社もあるということですので，1カ月前の予告でその取引がなくなると，当該会社はそれに対応して備えることもできず，大きな影響を受けることが予想されます。会社の危機ともいうべき状況になり，解約は信義則に反するとか，権利濫用にあたると，裁判で争ってくる可能性もあります。

したがって，緊急に契約を解消する必要がなければ，十分な解約告知期間を置いて通知することが望ましいでしょう。

2. 参考となる裁判例

(1) 資生堂事件・東京高判平6・9・14判時1507号43頁

化粧品特約店である原告が，特約店契約上の対面販売を行う義務に違反して，カタログ販売をはじめ，再三の是正勧告にも従わなかったため，被告が中途解約条項に従い特約店契約を解除して，出荷を停止したところ，原告が商品引渡しを受ける地位の確認および商品の引渡しを請求した事案です。東京高裁は，「約定解除権の行使が全く自由であるとは解しがたく，右解除権の行使には，取引関係を継続しがたいような不信行為の存在等やむを得ない事由が必要であると解するのが相当である」と判示した上で，「販売方法の不履行は決して軽微なものとはいえず，継続的供給契約上の信頼関係を著しく破壊するものであり，本件では，右契約を解除するにつきやむを得ない事由があるというべきである」としています。

なお，最判平10・12・18判タ992号94頁は，原告側の独禁法違反の主張に対し，対面販売は独禁法に違反しないとして原審を支持しましたが，継続的契約の解消におけるやむをえない事由の要否および法的性質については判断していません。

(2) 東京地判平24・2・14裁判所ウェブサイト〔平22（ワ）28850号〕

生命保険代理店委託契約の更新拒絶の有効性が争われ，原告が，同契約の存

在確認および債務不履行に基づく損害賠償として代理店手数料相当額の支払いを求めた事案です。東京地裁は，原告と被告の間で，「本件代理店契約について，解約申入れの場合のみならず，更新拒絶をする場合であっても，「やむを得ない理由」を要する旨の黙示的合意が成立していたというべきである」と判示した上で，原告が被告に無断で保険募集のための募集文書にあたるホームページを作成し，信頼関係を破壊したことは「やむを得ない理由」に該当するとしています。

(3)　東京地判平19・11・27裁判所ウェブサイト〔平18（ワ）26150号〕

　保険代理店委託契約の解約条項に基づく解除が権利の濫用にあたるかが争われた事案について，東京地裁は，コンプライアンス軽視の経営姿勢が代理店として不適格であるとして解除に至ったものであり，代理店契約の解消により原告らがその経営に重大な影響を受けるとは考えにくいことから，解除が権利の濫用として許されないとまではいえないと判断しています。

3．実務上の留意点

(1)　契約締結時の留意点

　契約書の作成に際して，取引関係を終了させる選択肢を確実に留保することを望むのであれば，積極的な理由なく解約できることを明確にすることが重要です。また，どのような場合には取引を継続しないことがありうるのかが契約内容から読み取れるような条件，たとえば，目標となる売上額や販売量を定め，実績を確認する条項を入れるなどの工夫をすることも考えられます。

　契約交渉過程においても，契約解消がありうることを前提に合意したことが明確になるよう，メール・議事録等の資料を残すのが，望ましいでしょう。

(2)　契約管理における留意点

　裁判所は，契約の履行段階における経緯も考慮に入れることが多いため，相手方の契約違反や信頼関係を損なう行為があったときは，放置せずに是正要求をし，改善されない場合には契約を解消する可能性がある旨を伝えることが重要です。また，自動更新により当然に契約が継続しているわけではないことを明らかにするため，契約更新の際に取引上の課題や契約条件の協議，見直しをするのが望ましいでしょう。

Q32 継続的取引の紛争—製造委託先の生産拒否

当社と協力会社Ａ社とは取引基本契約を締結しており，長年にわたって，Ａ社から当社の仕様で製造した特注部品を購入して，当社の製品に用いてきました。ところが，Ａ社から突然，当該部品の30％の値上げを通告するとともに，値上げした価格でないと，来月から製造・販売しないとの申入れがありました。Ａ社の部品を用いた当社製品は数社に納入しており，当社は納入責任を果たす必要があります。どのように対応すればよいでしょうか。

契約上は一方的な解約が制限されていないとしても，継続的な取引であり，相当な予告期間を設けることなく取引を解消することは許されないとして，Ａ社と交渉することが考えられます。在庫の確認，当該部品を用いた製品の納入先との契約関係の確認，代替部品の調達の検討も並行して進めることが必要でしょう。

1．個別の注文に応じる義務はあるか

　取引基本契約書では，通常，個別契約の成立に関する条項が置かれ，買主が注文書によって注文し，売主が承諾することによって，個別の売買契約が成立すると定められています。売主が注文書を受領した後速やかに諾否を通知しない場合は，一定期間の経過によって注文書の内容どおりの個別契約が成立する旨の規定が設けられることもあります。このような契約条項であれば，来月に発注しても，Ａ社は拒絶の回答をすることが予想され，個別契約は成立しないこととなってしまいます。

　他方で，一定の期間，一定の数量の部品の供給を売主に義務付けている契約であれば，発注した上で，契約上の義務の履行を請求することが考えられます。一般には，買主の注文に応じる義務を売主に負わせている契約は多くないと思われますが，一定の供給をＡ社が約束したと解釈しうる条項はないか，まずは取引基本契約書の条項を確認することになります。

２．継続的契約の解消

(1)　解除・解約を制限する規定はあるか

　値上げした価格でないと製造・販売に応じないという申出は，価格について折り合うことができなかった場合，取引を解消する申入れであるともいえますので，取引基本契約の終了に関する条項を確認します。

　契約の条項を確認して，Ａ社の申出は，特定の条項に基づく解約の申入れや解除権の行使，もしくは契約満了によって更新しない旨の申入れにあたるのかを確認し，取引関係の解消に契約上何らかの制限が設けられていないかを確認します。条項上何らかの制限があれば，それを根拠として取引解消は許されないとして交渉することができないか，検討します。

(2)　継続的契約の解除・解約

　継続的契約の一方当事者が契約関係を解消しようとする場合，契約上は取引関係の解消について特に制限がないとしても，取引経緯等の当事者間の具体的な事情に基づき，「契約を終了させてもやむを得ないと認められる事由」「取引関係の継続を期待し難い重大な事由」「正当事由」が必要であるとする裁判例や，一定の予告期間を必要とする裁判例が存在します。

　たとえば，期間の定めのない継続的販売契約の供給者が相当の予告期間なしに一方的に解約の申入れをし，注文に対して供給を拒絶した事案について，名古屋高判昭46・3・29判時634号50頁は，「かかる特定商品の継続的な一手販売供給契約にして，供給を受ける者において相当の金銭的出捐等をしたときには，期間の定めのないものといえども，供給をなす者において相当の予告期間を設けるか，または相当の損失補償をしない限り，供給を受ける者に著しい不信行為，販売成績の不良等の取引関係の継続を期待しがたい重大な事由（換言すれば已むを得ない事由）が存するのでなければ，供給をなす者は一方的に解約をすることができないものと解すべきである。」と判示しています。

　また，食品業者が飲食店を経営する会社に肉まんを供給する継続的契約を締結していたところ，購入する会社が解約する旨を通知した事案について，大阪地判平17・9・16判タ1205号193頁は，「一般に，期間の定めのない契約は，一方当事者からの解約申入れによって終了するのが原則である。しかしながら，

契約の実現に一定の資本の投下が必要で，継続されることを前提に当該契約が締結された場合，当事者はその契約から投下した資本を回収することを期待しているから，このような場合には，一方当事者の解約申入れによって契約を終了させるのは妥当ではなく，契約を解約するために「正当な事由」が存在することが必要であるというべきである。そして，「正当な事由」が必要であるか否かは，契約の目的物の性質，当事者の性質等事案の特質を考慮して判断するのが相当である」と述べています。

　継続的契約の解消を制限する理由としてどのような事情が考慮されているかは，Q31を参照してください。

(3)　具体的な事情の検討

　本設問についても，正当な理由がないから，相当な予告期間がない限り解約できないと主張して，生産・販売を継続するようA社を説得することが考えらえます。もっとも，信義則や権利濫用という一般原則による主張ですから，継続的契約という一事をもって言えるものではなく，本件取引が相当の期間にわたって存続することが予定されていたこと，本件取引のために投資したこと，取引停止によって重大な損害が出る等，A社との取引経緯を確認し，具体的な事情を主張立証する必要があります。

　さらに，本設問では，裁判で解約の可否を争っている余裕はなく，後述のとおり自社の製造ラインを止める事態を回避するための対応が必要となります。

3．実務上の対応

(1)　予想される損害の確認

　A社部品を用いた当社製品の納入先との契約内容を確認し，取引先は当社製品を何に用いているか，当社の納入義務，納入できなかったときのペナルティ等を確認する必要があります。そして，取引先から損害賠償請求を受けると予想される金額，安定した供給を期待している取引先の信用を失って，他の取引にも影響が及びかねないなど，当社に生じうる損害を検討します。A社との交渉においては，将来的に当社に生じた損害を請求することを告げて，説得材料にします。

　また，取引先に事情を説明し，発注を控えてもらう可能性や，取引先に生じ

る損害を最小限にする方法を探るといった対応が考えられます。

(2)　在庫の確認

　A社部品の在庫を確認し，既にA社に発注済みで生産・納品されることが予定されている数量をあわせ，当社の製造ラインをいつ止めることになるか見通しを立てます。当社が納入義務を負っている当社製品の在庫も確認し，取引先への納入義務をいつから果たせなくなるか，確認します。

(3)　代替品の可能性の検討

　A社との交渉決裂の場合に備え，他の会社から代替品を購入する可能性も検討します。A社に当社の仕様に基づく部品を製造するための金型がある場合には，その金型の所有権の帰属を確認します。当社の所有であれば，金型を引き上げて自社生産もしくは別の会社で生産させる可能性も検討します。

　代替品を調達できるまでに何カ月かかるか，代替品に変更することについて取引先の承認が必要な場合には，取引先の承認をとりつけるのに必要な期間も踏まえて，必要な期間を把握する必要があります。

(4)　A社との交渉方針

　上記(1)〜(3)の事情を踏まえて交渉方針を立て，A社に対して，来月以降も生産・供給に応じるよう説得していくことになります。A社に当該部品の値上げ要求の根拠を確認し，値上げに合理性があるのかどうか，一定の値上げに応じる余地はあるのかなども検討しながら，A社との交渉を行うことになるでしょう。A社としても，取引解消を真に望んでいるわけではなく，あくまで値上げという目的を実現するための交渉手段として主張している可能性もあります。

　一定の値上げを受け入れるので供給を継続する，一定期間（たとえば6カ月）は供給を継続し，一定期間経過後に契約は合意解約とする等の妥協点を探ることも考えられます。

COLUMN 3

製品安全表示に関する法令
─電気用品安全法を中心に

　日本で販売される商品の中でも，消費者の安全性確保の観点から，製造業者や輸入業者に対して，製品の安全性を確保するための基準を提示し，これを遵守させ，これを担保させるために国が定めた表示を付けさせるケースが数多くあります。代表的なものは，電気用品安全法（以下「電安法」といいます）上の「PSEマーク」や消費生活用製品安全法上の「PSCマーク」が挙げられます（同法13条）。規制製品のメーカーは，必ず各法律で提示される安全性基準を遵守し，必要な表示が付されているかを確認すべきです。また，安全性基準の内容は技術的であるため，多くの会社では，品質管理部門等で対応していると思われます。しかし，このような法令を法務部員として認識することは，取引先との契約書交渉や危機管理の観点で重要です。

　電安法を例に説明します（詳細は，経済産業省製品安全課作成の「電気用品安全法　法令業務実施ガイド」を参照ください）。電気用品に該当する製品の製造または輸入を行う事業者は，事業の開始の日から30日以内に事業の届出を経済産業大臣に届け出なければなりません（同法3条）。事業を承継，事業内容を変更，事業を廃止するときも届出が必要です。また，日本国内で製造，輸入される電気製品が同法の対象となる場合，製造または輸入事業者の責任で，同法に基づく技術基準に適合していることを確認する必要があります。そして，届出事業者は，技術基準に適合し，検査等を実施した電気用品について，国が定めた表示（PSEマーク）を付さなくてはなりません。特に安全上規制が要求される特定電気用品116品目（本書執筆時現在）について，菱形PSEマークが要求されます。特定電気用品に該当する製品を製造・輸入する届出事業者は，国の登録検査機関によって適合性検査を行い，適合証明書の交付を受け保存する必要があります。特定電気用品とは，コンセント・電気マッサージ器等が典型です。特定電気用品以外の電気用品341品目（本書執筆時現在）については丸形PSEマークが要求されますが，これを製品を製造・輸入する事業者は，技術基準に適合するかを自分で確認すれば足ります。特定電気用品かそれ以外の電気用品であるかにかかわらず，製造段階にて，電安法施行規則に基づく検査を全数実施し，その結果を保存します。また，電気用品の製造，輸入または

販売の事業を行う者は，PSEマークが適切に付されているものでなければ，電気用品を販売し，または販売の目的で陳列してはならないとされています（同法27条）。

第 **4** 章 ▶▶

販売・債権回収

Q33　代理店契約

　当社は新興国Ａ（Ａ国）で商品販売の展開を検討中です。しかし，Ａ国市場の商慣習は日本と大きく異なる上に調査不足のため，当社の販売チームで販路開拓をするには不安があります。

A

　Ａ国で代理店または販売店を起用し，この人的関係や販売網を利用して販路開拓することが考えられます。代理店契約や販売店契約を締結する場合には，両者の法的相違，独占権の付与の必要性，販売目標や契約期間等をどうするかなどについて交渉します。また，Ａ国での商標登録の可否や公的規制（競争法や代理店・販売店の保護法）の有無・内容等をＡ国の専門家等を使って調査すべきです。

1．代理店契約・販売店契約の概要

　商社やメーカー（以下「メーカー等」といいます）が商品販売を海外で行う場合，販売先の国の企業等を代理店または販売店と指定する場合があります。これを代理店契約または販売店契約といいます。おおざっぱな定義ですが，代理店契約は，「代理店」がメーカー等に代わって一定の地域や客先に関して商品等の拡販活動を行うことを約する契約で，商品の売買契約はメーカー等と顧客との間で直接生じます。そのため，売買契約における売主としての権利義務，ならびにそこから生じる損益および危険（商品代金回収リスク等）はすべてメーカー等に帰属します。販売店契約は，一定の地域において，「販売店」にメーカー等から商品を自らの名義と計算で購入させ，これを顧客へ販売することを認める内容の契約です。売買契約における売主としての権利義務，ならびにそこから生じる損益および危険は販売店に帰属します。この2つの契約類型はよく混同されますし，契約名と契約内容が一致していないこともありますが，法律効果やリスクの帰属先が異なりますし，適用される法律やルールも異なりますので，意識して使い分け，契約書をドラフトする必要があります。

2．契約条件

　いずれの契約類型でも，契約内容は原則自由に合意できますが，通常，販売・仲介対象商品の内容，販売・仲介地域，営業方法，メーカー等による顧客等への直接販売の可否，顧客対応や商品上の瑕疵に関する責任の所在，販売店または代理店の競合商品の取扱いの可否等に関する契約を設けます。ここでは頻繁に論点になる条項について説明します。

(1)　独　占　権

　販売店契約において，対象商品を特定の地域で独占的に取り扱うことができるという独占権（Exclusivity）を付与する場合があります。これと反対に，同一地域で第二，第三の同様な販売店・代理店を置くことが可能となる，またはメーカー等も並行して直販可能とする非独占的（Non-Exclusivity）な契約を締結する場合もあります。販売店は，売上向上のために相応の人員配置・広告宣伝等の投資を行う場合があり，投資分を確実に回収すべく独占権の付与を求めるケースが多いです。可能な限り避けるべきですが，仮に独占権を付与する場合には，該当商品および独占権の対象地域を限定すべきです。その際，法律上の行政区画（たとえば，国名や州名等）を使用して明確にすべきです。ただし，販売店の当該販売地域外での販売活動を一切制限するような場合には，各国の競争法その他の規制に反する可能性があります。（日本においては，流通・取引慣行ガイドライン第1部第2の3および4記載の厳格な地域制限となり，不公正な取引制限と判断される可能性があります）。

(2)　最低購入・販売義務/販売目標規定

　メーカー等は，①対象商品の最低購入数量・金額（販売店契約）または最低販売数量または金額（代理店契約）を設定することもしくは②契約対象商品販売の努力義務を課すことがあります。契約対象商品の独占権を付与する見返りとされる場合が多いです。販売店・代理店は，①について目標が達成できない場合に損害補塡または契約解除がされるリスクを避けるために条項自体に反対するか，目標数値を極力下げるよう交渉します。②については，あくまでも「努力」義務なので，仮にこの数字に達しなかったとしても，法的な責任を負うことにはなりませんが，契約書上で明示することで，販売店・代理店に対す

るプレッシャー効果はあります。なお，このような規定は原則として独禁法上問題とはなりません（流通・取引慣行ガイドライン第1部第1の2）が，たとえば①の規定で達成不可能な目標を課すと，優越的地位の濫用を疑わせる事実として扱われるおそれもあります（Q28参照）。

(3)　競合品の取扱いの可否

　メーカー等が代理店・販売店に対し，対象商品と競争関係にある商品（競合品）の取扱いを制限する条件を付けることを要求する場合もあります。これが市場閉鎖効果を生じさせる場合には不公正な取引方法とされるリスクがあります。

(4)　商　　標

　メーカー等は自社のブランド力を高めるために，販売商品に自社の商標を付けようとします。代理店・販売店は契約履行にあたって必然と当該商標を利用するため，契約上当該商標のライセンス許諾規定を設けることになります。許諾内容につき以下に留意ください。

- 商標登録は国ごとに行う必要があります。日本での商標登録によって海外でも自動で登録・保護されるということはありません。

- 許諾商品，許諾地域，使用範囲は，前記販売店・代理店契約の内容と対応している必要があります。たとえば，使用範囲は，「本商品の販売及び販売促進のために本商品の包装，パンフレット，商品説明書その他の販売促進物に付して使用すること」等と限定すべきです。また，許諾された商標以外の商標使用禁止，類似商標登録申請の禁止，第三者による商標侵害があった場合の報告義務等の禁止行為も明確にすべきです。

(5)　解　　除

　販売店・代理店を通じた売上が想定以下である場合もあるため，可能な限りスムーズに契約解除ができるような建付けにすべきですが，各国の販売店・代理店保護法や判例法理で解除制限が課されていないか注意が必要です（後記3参照）。日本では，販売店契約・代理店契約は「継続的契約」とされるため，判例により確立された「継続的契約の解除の法理」により，当該解除が無効とされる可能性があります（Q31参照）。一般的傾向としては，契約条項に従って，メーカー等が販売店・代理店に対し解除通知を行った場合であっても，合理的

理由がない限り解除が認められないとするものがあります。

(6) 準拠法・管轄裁判所

　海外の業者を販売店・代理店に指定する場合，契約当事者がそれぞれ異なる国に属するため，契約の準拠法や裁判管轄を明記すべきです。特に紛争解決手段については，仲裁に付するのか，いずれかの国の裁判所の判断に委ねるのかが規定されるのが通常です。

3. 代理店契約・販売店契約に対する公的規制

　代理店契約・販売店契約の内容は，対象商品の販売先の国・地域における規制に服するため，各地域の法令を調査の上，代理店契約・販売店契約の交渉に臨むべきです。日本では，代理店保護法のような販売代理店に関する特別な法令・規制は存在しませんが，前記のとおり，独禁法および流通・取引慣行ガイドライン等で言及されています。また，EU諸国では，1986年12月18日付の欧州委員会指令（86/653/EEC）において，事前の解約告知期間の確保や，契約終了後の補償等につき規定していますし，アラブ中東諸国や中南米諸国でも，販売店・代理店を保護するための特別法が用意されています。

Q34 代理店契約における独禁法上の留意点

代理店契約では，独禁法上の問題が生じる場合があると聞きました。具体的にはどのような条項が問題になりますか。

競合品の取扱いの制限，販売価格の固定，市場分割などが問題となる場合があります。国籍の異なる当事者間で契約を締結する場合や，業務が日本国外で行われる場合，海外の独禁法も遵守する必要があります。

代理店契約と独禁法の関係を検討するにあたっては，独禁法との関係で公取委が定めている流通・取引慣行ガイドラインや相談事例集を参照することとなります。

1. 競合品の取扱い

メーカーや輸出者（以下「メーカー等」といいます）は，代理店・販売店（Q33記載のとおり両者は区別されますが，本設問では以下便宜上「代理店」と総称します）に対して製品に関する独占的販売権を付与（Q33参照）する代わりに，代理店が当該製品と競合する製品の取扱いを制限する場合があります。しかし，このような制限をかけることは不公正な取引方法であるとして独禁法に違反する可能性があります。

独禁法は，19条で「不公正な取引方法」を禁止しており，たとえば自己の商品だけを取り扱い，他の競争者との取引を禁止することにより，競争業者の販路（取引の機会）を奪ったり，新規参入を妨げたりするおそれがある場合には，不公正な取引方法（排他条件付取引）に該当します。たとえば，市場における有力な事業者（当該市場におけるシェアが20％を超えることが一応の目安とされており（流通・取引慣行ガイドライン第1部3(4)参照），以下「市場における有力な事業者」といいます）が，代理店に対して競争品の取扱いを制限する際，これによって市場閉鎖効果が生じる場合には，違法となります。

したがって，代理店契約の中に「対象商品と競合する商品の販売を行っては

ならない。」のような文言がある場合，当該事業者が取り扱う製品の市場における
けるシェアや，製品のブランド力，競合他社の供給余力，制限期間等によって
は独禁法に抵触する可能性がありますので，留意が必要です。

2．販売価格の固定

　ユーザーへの販売価格は，通常，ユーザーへの販売を行う代理店が決定する
ものです（本項では，顧客に販売する際の価格決定権を持つ代理店を想定していま
す（Q33参照））。とはいっても，メーカーの立場からすると，代理店による安
売りを回避し対象商品の値崩れを防ぐため，代理店によるユーザーへの販売価
格を一定の金額以上と指定したい，即ち，再販売価格を拘束したい，との希望
を持つのも自然です。

　一方で，代理店等の流通業者が自己の販売価格を自主的に決定することは事
業者の事業活動において最も基本的な事項であり，かつ，これによって事業者
間の競争と消費者の選択が確保されるものです。これを拘束する「再販売価格
維持行為」は，流通業者間の価格競争を減少・消滅させることになるため，独
禁法上原則違法とされます。同法の禁止する不公正な取引方法の一つとして，
同法2条9項4号の再販売価格の拘束が挙げられています。

　たとえば，指定された価格以上の金額で販売しない場合に代理店契約を解除
する，または商品を出荷しないなどの方法により，代理店に実質的なペナル
ティを与える場合は上記に抵触する可能性があります。また，逆にリベートや
報奨金等の形で利益を与えるなどインセンティブを付与する場合も，過度な場
合は独禁法に抵触する懸念があります。

　そのため，代理店に対し販売価格を参考として提示するに際しても，拘束力
のある価格ではないことや，代理店が自己の裁量で販売価格を決定できること
を明示することが望ましいと考えられます。

　これに加えて，安売りを行うことを理由に小売業者へ販売しないようにさせ
る「安売り業者への販売禁止」（流通・取引慣行ガイドライン第1部第2の4(4)）
や，店頭，チラシ等で表示する価格について制限し，または価格を明示した広
告を行うことを禁止する「価格に関する広告・表示の制限」（同ガイドライン第
1部第2の6(3)）も，事業者の事業活動の最も基本的な事項である「自己の販

売価格を自主的に決定すること」に関与する行為であることから，再販売価格維持行為に準じて，原則として違法とされています。

3. 市場分割

　市場を恣意的に分割して競争を阻害する場合や販売者間で販売地域のすみ分けをする行為は独禁法上問題になりえます。たとえば，市場における有力な事業者が，代理店に一定の地域を割り当て，地域外での販売や地域外顧客から要請を受けた場合にも販売を制限することは，これにより価格維持効果が生じる場合，独禁法に抵触します。

　市場分割を検討するに際して，1つの市場をどの範囲と考えるかは，事業の実際の状況をもとに判断されるため，事業者が考えている市場の範囲よりも狭く解される可能性があることを念頭におく必要があります。

　さらに，流通・取引慣行ガイドラインにおいて，販売地域に関する制限について一定の指針が規定されているため，この指針を確認する必要があります。

　具体的には，事業者が流通業者の取扱商品，販売地域，取引先等を制限する行為（非価格制限行為）を行う場合であっても，いかなる事業者も違反とされるわけではなく，市場における有力な事業者が流通業者の競争品の取扱いを制限し，それによって市場閉鎖効果が生じる場合や，営業地域について厳格な制限を課し，それによって価格維持効果が生じる場合などには，不公正な取引方法に該当し，違法となるとしています（流通・取引慣行ガイドライン第1部3(4)，第2の3(3)参照）。

　ここに，「市場閉鎖効果が生じる場合」とは，非価格制限行為により，新規参入者や既存の競争者にとって，代替的な取引先を容易に確保することができなくなり，事業活動に要する費用が引き上げられる，新規参入や新商品開発等の意欲が損なわれるといった，新規参入者や既存の競争者が排除されるまたはこれらの取引機会が減少するような状態をもたらすおそれが生じる場合をいいます。また，「価格維持効果が生じる場合」とは，非価格制限行為により，当該行為の相手方とその競争者間の競争が妨げられ，当該行為の相手方がその意思で価格をある程度自由に左右し，当該商品の価格を維持しまたは引き上げることができるような状態をもたらすおそれが生じる場合をいいます（流通・取

引慣行ガイドライン第1部3⑵アおよびイ参照)。

　したがって，代理店契約において販売地域の割当に関する事項を規定する際には，取引の実情を踏まえた上で市場の範囲が狭く解釈される可能性を検討するとともに，不公正な取引方法に該当しないかの確認が必要となります。

4．海外の独禁法

　代理店契約が国籍の異なる当事者間で締結される場合および代理店契約に基づく業務が日本国外で行われる場合は，準拠法地，当事者の所在地および業務の行われる地の独禁法の規定を遵守する必要がある点にも留意を要します。

　海外の代理店・販売店に独占権を与える際には，現地の独禁法に抵触しないよう確認する必要が生じます。契約の形式上は独占とは言えないようなものでも，たとえば取引先によって仕入価格に差があるなどの条件が付与されているため，実質的にみると特定の代理店・販売店に独占権を付与していると考えられるような場合も，現地の独禁法に抵触する可能性があります。

　国によって適用される独禁法は異なりますが，代理店を対象商品の唯一の取扱店とするような規定を置く場合は，適用ある独禁法に違反するおそれがある場合も見られますので，留意を要します。

　これに加え，国によってはメーカーからの一方的な代理店契約の終了を制限し，契約終了に際して代理店に補償金を支払う義務を課すなど，代理店に手厚い保護を与える国もありますので，現地法の調査が必須となります。

Q35　リベートの支払い

　当社の営業担当者から「取引先にリベートを付与したいのだが，何か問題があるか。」と相談を受けましたが，そもそもリベートとは，どのような場面で利用されるものなのでしょうか。また，リベートの授受について，法的な規制はあるのでしょうか。

A

　リベートには，販売促進費用，報奨金，仕切り価格の修正等，さまざまな性格を有するものがあるので，実態について詳細を検討する必要があります。また，リベートの授受は，流通業者の事業活動の制限の手段として用いられる場合や，自社が市場における有力な事業者である場合に占有率リベートを供与する場合等に，一定の条件の下に独禁法上問題になるおそれがあります。

1．リベートとその問題点

　ビジネスの現場では，自社の営業担当部署から「リベートを取引先に付与したい」と言われたり，取引先担当者から「リベートが欲しい」と要求されたりすることがあります。リベート（「割戻金」とも呼ばれます）には，①販売促進を目的とするもの（店頭や商品棚等に備え付ける販売促進物を製作する費用等），②謝礼金または報奨金を目的とするもの（製品の価格とは別に支払う報酬），③仕切り価格の修正を目的とするもの（実質的に製品の値下げとなるもの）など，さまざまな種類のものが存在しますが，明確な定義はありません。なお，取引先が取引開始時に保証金を差し入れるだけの資力がない場合，会社が取引ごとに取引先に与えるリベートをそのまま預かり保証金として積み立てさせ，担保として取得する（信用不安時に相殺する）という活用の仕方をする場合もあります。法務部へ相談があった場合には，リベート等の名称などにとらわれず，その実態について確認が必要です。

　リベートはさまざまな目的のために支払われますし，価格の一要素として市場の実態に即した価格形成を促進するという側面も有することから，原則として独禁法上の問題が生じることはありません（流通・取引慣行ガイドライン第 1

部第3の1(1))。しかし，流通業者の事業活動を制限するような方法を用いたリベートの供与等は，独禁法上問題になる可能性があります（同(2)）。さらに，リベートの授受行為が刑事罰の対象になる場合もあります。

2．独禁法上の問題

　独禁法上問題になりうるリベートの類型としては，①取引先事業者の事業活動に対する制限の手段としてのリベート，②占有率リベート，③著しく累進的なリベート，④商品の価格が維持されるおそれがある帳合取引の義務付けとなるようなリベートなどです（流通・取引慣行ガイドライン第1部第3の2）。①～④は不公正な取引方法に該当しえます。また，私的独占（独禁法2条5項）に該当するケースもあります。

(1)　流通業者の事業活動に対する制限手段としてのリベート

　流通業者に対し，メーカーの示した価格で販売しないことを理由としてリベートを削減したり，リベートを手段として，流通業者の販売価格，競争品の取扱い，販売地域，取引先についての制限が行われるような場合に不公正な取引方法（独禁法2条9項各号）に該当しえます。また，流通業者がいくらで販売するか，競争品を取り扱っているかどうか等によってリベートを差別的に供与する行為も問題になりえます（たとえば，公取委勧告審決昭55・2・7）。

(2)　占有率リベート・著しく累進的なリベート

　取引先事業者の一定期間における取引額全体に占める自社商品の取引額の割合や取引先事業者の店舗に展示されている商品全体に占める自社商品の展示の割合（占有率）に応じてリベートを支払う場合があります。また，事業者は，たとえば，数量リベートを供与するにあたって一定期間の取引先事業者の仕入高についてランクを設け，ランク別に累進的な供与率を設定する場合があります。

　これらのリベートは自社製品を他社製品よりも優先的に取り扱わせる機能を持ちます。しかし，市場の有力メーカーがこのような占有率リベートや著しく累進的なリベートを供与し，これによって取引先事業者の競争品の取扱いを制限し，市場閉鎖効果が生じる場合，不公正な取引方法に該当しえます（一般指定4項・11項または12項。たとえば，公取委勧告審決平9・8・6審決集44巻248頁）。

⑶　帳合取引の義務付けとなるようなリベート

　メーカーが卸売業者に対して，その販売先である小売業者を特定させ，小売業者が特定の卸売業者としか取引できないようにする制度を「帳合取引」といいます。たとえば，メーカーが，間接の取引先である小売業者に対しても，小売業者の当該メーカー商品の仕入高に応じて，直接に，または卸売業者を通じてリベートを供与する場合があります。このようなリベート供与の額を計算する際，当該メーカーの商品の仕入高のうち，特定の卸売業者からの仕入高のみを計算の基礎とする場合には，帳合取引の義務付けとしての機能を持つこととなりやすいとされています。このように，帳合取引の義務付けとしての機能を持つリベートが供与されることにより，当該商品の価格が維持されるおそれがある場合には，不公正な取引方法に該当し，違法となりえます（一般指定12項）。

⑷　排他的私的独占

　市場における有力な事業者がより拘束力の強いリベートを供与するケースでは，排他的私的独占に該当するケースがあります（排除型私的独占ガイドライン第2の3⑶）。PC用CPUメーカーX社が国内PCメーカー5社に対して以下の条件でいわゆる累進的リベートを提供した事案で，公取委は，かかる行為を排他的私的独占として違法としました（公取委勧告審決平7・4・13審決集52巻341頁）。

---

① 　MSS（X社のCPUを搭載する率）を100％とし，X社製以外のCPUを採用しないこと
② 　MSSを90％とし，X社以外の事業者製CPUの割合を10％に抑えること
③ 　生産数量の比較的多い複数の商品群に属するすべてのPCに搭載するCPUについてX社以外のCPUを採用しないこと

3．リベートの授受が刑事罰に該当するような場合

　たとえば，X社の担当者Aが，商品取引先Y社の担当者Bから商品の取引に際し，Y社ではなくB本人に「バックリベート」を支払うよう要求されるケースを想定してください。名称はリベートであっても，その実態は賄賂です。Bは，このようなリベートを受けることで自己または第三者の利益を図る目的や会社に損害を与える目的を持ち，かつ実際に損害が発生していれば背任罪（刑

法247条）またはＢが役員である場合，特別背任罪（会社法960条）になりえますし，仮にＢが公務員であればＢに収賄罪（刑法197条），賄賂を供与したＡも贈賄罪（刑法198条）に問われる可能性があります。

4. 実務上の留意点

　法務部としては，営業部署などに注意喚起し，上記のようなリベートの付与が無秩序に行われないようにします。リベートの実施判断にあたっては，原則として，①リベートの趣旨・目的を明らかにし，かつ②リベート供与の基準が明確かどうかを確認してください。特に基準の不透明なリベートを裁量的に供与する場合には，流通業者をメーカー等の流通政策に従わせやすくする効果が生じ，流通業者の事業活動の制限につながりやすいと公取委は考える傾向にあるといえるので注意してください。また，自社が市場において有力な事業者である場合には，特に占有率リベートや著しく累進的なリベートを供与しないように留意してください。たとえば，問題となる市場におけるシェアが20％以上であることは一応の目安になりえます（流通・取引慣行ガイドライン第1部3⑷）。

　また，前記3記載のような不正なリベート授受を認識した場合，事実調査の上，該当従業員や取引先担当者について刑事告訴や民事上の損害賠償も検討すべきです。さらに，就業規則にて従業員による不正なリベートその他の金銭授受を懲戒事項とし，懲戒処分にすることも検討すべきです（Q45参照）。

Q36　競争事業者との情報交換

　営業担当部署に所属していますが，毎年1回開催される業界勉強会に参加せよと上司から指示されました。この勉強会には当社営業担当者だけでなく競合関係にある他社営業担当従業員も例年出席します。社内研修で，業界団体の会合への参加はカルテルの危険性があると聞いた記憶があり，参加前に法務部に念のため，何か懸念がないか確認したいです。

A

　競争事業者の営業担当者が出席する勉強会に参加することはリスクが高く，会合の目的や内容に照らして問題ないと認められる場合でなければ，参加は見送るべきです。仮に参加が許容される場合でも，社内ルールに則った事前および事後の手続が必要です。漫然とあなたに参加を指示した上司や同僚，その他類似の場面に遭遇する可能性のある関係者も含めて，独禁法に関する社内の研修等を改めて受け，リスクを再認識する必要があります。なお，この勉強会には以前から参加していたということで，既にカルテルが行われている可能性もあるため，法務部の指導に従って社内調査を実施する等の対応も行ってください。

1．はじめに

　企業の事業活動上，競争事業者との間で情報交換を行う場面があります。たとえば，共同研究開発を行うために研究開発や技術に関する情報を共有する，企業結合を検討する際に交渉過程やデューデリジェンス等を通じてビジネス上必要な情報を交換する，各種業界団体の集まりの中で商品・サービスや市場動向その他業界に関する情報を入手する等の場面です。

　競争事業者間におけるこれらの情報交換は，直ちに独禁法（競争法を含んだ意で用います。以下同様）に照らして違法となるわけではありません。しかし，その内容や態様によっては，いわゆるカルテルそのもの（特に海外の場合），またはその証拠（特に日本の場合）となり，結果として関与した事業者や個人が大きな制裁を受けるリスクがあることもまた事実です。

2．日本におけるカルテル規制とそのインパクト

　日本の独禁法の下では，価格や供給量，シェア等に関するカルテル（いわゆるハードコア・カルテル）は，不当な取引制限（同法3条）として違法になる可能性が高い類型です。このような行為がいわゆる事業者団体によって行われる場合も同様です（同法8条1号）。

　公取委は，不当な取引制限行為に及んだ事業者に対し，当該行為を排除するために必要な措置（同法7条1項・3条）および課徴金の納付（同法7条の2第1項・3条）を命じることができます（前者を排除措置命令，後者を課徴金納付命令と呼びます）。排除措置命令だけでもレピュテーションリスクは避けられませんが，課徴金は企業の財務状況に直接的にダメージを与えます。欧米ほどではないとはいえ，日本でも1社に対して130億円を超える課徴金が課された事例も存在し，その影響の大きさは計り知れません。課徴金制度を見直す法改正も成立したばかりであり，さらなる高額化が予想されます。

　それにとどまらず，刑事罰として，行為者本人には5年以下の懲役または500万円以下の罰金が科され（同法89条1項1号），その雇用主である当該事業者には5億円以下の罰金が科されます（同法95条1項1号）。さらに，当該事業者に対しては，損害を受けた者から民事上の損害賠償請求がなされるおそれもあります（民法709条）。加えて，行政から指名停止措置を受け，上場企業であれば株主代表訴訟が提起されるリスクもあります。

3．不当な取引制限の要件と情報交換の位置付け

　不当な取引制限の要件は，「事業者が，契約，協定その他何らの名義をもってするかを問わず，他の事業者と共同して……相互にその事業活動を拘束し，又は遂行することにより，公共の利益に反して，一定の取引分野における競争を実質的に制限すること（下線は筆者）」です（独禁法2条6項）。下線の要件は「意思の連絡」と呼ばれ，明示の合意がなくとも，「相互に他の事業者の対価の引上げ等を認識して，暗黙のうちに認容する」という黙示の合意で足りるとされています（東芝ケミカル審決取消請求事件〔差戻審〕・東京高判平7・9・25審決集42巻393頁）。

　カルテルは対外的にはわかりにくい形で行われることが多いため，公取委は意思の連絡があったことを立証するために，「事前の情報交換」や「事後の行動の一致」，「事後の情報交換」等の間接事実を状況証拠に基づいて認定し，これらの間接事実から意思の連絡を推認するというアプローチを採ります。それゆえ，競争事業者間の情報交換は，カルテルを裏付ける格好の材料となります。

　本設問のような競争事業者間の勉強会は，出席者も多く，その内容を記録にとどめている者も少なからず存在するでしょうから，公取委によってそういった証拠が収集された場合，言い逃れは難しいでしょう。特に，営業部門は入手した情報をそのまま営業活動に用いることができる立場にありますので，公取委の見る目もかなり厳しくなると予想されます。

4．情報交換の内容によるリスクの高低

　事業者間の会合では真に有益かつ独禁法上も問題のない情報が得られる場合もあります。コンプライアンスの観点からは競争事業者とは一切接触しないほうが安全ですが，ビジネス上はこれを貫徹できない場合も想定されます。そのため，どのような情報交換が問題なのかという切り分けが必要になります。

　この点，公取委は事業者間の情報交換を対象とするガイドラインを作成していませんが，「事業者団体の活動に関する独占禁止法上の指針」が参考になります。これによれば，概ね【図表4－1】のように整理されます（同指針第2の9⑵および同9-1，第2の9⑶および同9-2～9-8）。もちろん，最終的には公取委さらには裁判所の個別判断によるものの，情報内容が個別的か概括的か，将来のものか過去のものか等，当該指針からも一定の示唆は得られるように思います。

5．海外におけるカルテル規制

　上記のとおり，日本においては情報交換はカルテルを裏付ける1つの事実と位置付けられるのに対し，海外においては情報交換自体がカルテルとみなされるリスクがあります。そして，欧米では罰金や制裁金の金額も日本におけるそれより高額になる傾向があり，また米国においては行為に及んだ個人が収監される例も目立ちます。最近では新興国においてもカルテルの摘発が活発化して

【図表4－1】情報交換の内容と独禁法違反のリスクの高低

リスクが相対的に高い	リスクが相対的に低い
価格の具体的な計画や見通し	価格に係る過去の事実に関する概括的な情報
数量の具体的な計画や見通し	概括的な需要見通し
顧客との取引や引合いの具体的内容	過去の生産，販売，設備投資等に係る数量や金額等構成事業者の事業活動に関する概括的な情報
予定する設備投資の限度	消費者への商品知識（利用方法等）
	技術動向，経営知識等の一般情報
	価格比較の困難な商品等に関する価格関連資料や技術指標等
	顧客の信用状態に関する情報

きており，グローバル企業は情報交換に神経質になる必要があります。

6．リスク低減のための方策

　情報交換によるカルテルのリスクを低減させるためには，マニュアルや規程等社内ルールの整備や運用の適正化，研修等の社内教育，監査や内部通報の充実といった自浄作用が働く仕組みづくり等が必要になりますが，その詳細についてはQ37をご確認ください。

7．おわりに

　本設問の事例では，社内研修や法務部への相談ルートが機能したといえますが，他方ではX氏に参加を漫然と指示した上司や過去の参加者も存在するため，社内啓発が引き続き必要だといえます。また，過去の参加時に問題がなかったかを社内調査したほうがいい事案であり，万が一カルテルの事実が発覚すれば，速やかに課徴金減免制度（独禁法7条の2第10項～18項）の利用を検討すべきでしょう。

Q37　独禁法遵守のための体制構築

当社では，独禁法違反を未然に防止することを目的として，1年に一度，法務部員が講師として独禁法研修会を実施してきましたが，出席率もそれほど高くなく，正直あまり理解してもらえていないようです。効果的な独禁法遵守体制を構築するためにはどうすればよいでしょうか。

A

対面の研修会は役職員の理解を深めるためにとても有用ではありますが，グループディスカッションやケースステディを用いるなど理解を進めるための工夫が必要です。また，独禁法遵守体制構築の方策としては，研修等による未然防止だけではなく，監査等による確認と早期発見，違反を発見したときの危機管理も不可欠です。

1．独禁法遵守体制構築の必要性

　ここ数年，国の内外を問わず日本のメーカーが次々と独禁法，競争法（以下あわせて「独禁法」といいます）違反で摘発されています。特に米国やEU当局から科される罰金，制裁金は巨額にのぼりますし，また米国では役職員個人への罰金，収監という事態にもなりかねません。さらに民事訴訟が提起される，企業として社会的信頼を失うなど，独禁法違反は企業の存続，役職員個人に対する重大なリスクとなっていることは間違いありません。

　このような状況を踏まえ，独禁法遵守体制として，①研修等による未然防止（Kenshu），②監査等による確認と早期発見（Kansa），③危機管理（Kikikanri）の【3つのK】が不可欠です（公取委「企業における独占禁止法コンプライアンスに関する取組状況について」（平成24年11月）。以下「公取委報告書」といいます）。①については，研修の実施や独禁法コンプライアンス・マニュアルの策定，懲戒ルールの整備や同業他社との接触ルールの作成が挙げられます。②についてはモニタリングや内部通報窓口を通じていち早く違反情報を法務部門などで吸い上げる仕組み，社内リニエンシーなどが考えられます。また③については有事マニュアルを整備し，事前に周知しておくことが有用と考えられます（Q44

参照）。なお，本設問では，独禁法違反行為の中でも最もリスクが高いと思われるカルテルを念頭に記載します。

2．独禁法遵守体制の具体的内容

(1)　研修等による未然防止

　特に日本企業においては，「会社のため」という心情で役職員がカルテル行為にかかわることがあります。会社は違反行為で得る利益はいらないというトップの強いメッセージを役職員に伝え，独禁法遵守に対するコミットメントを奨励する組織文化を醸成することが，未然防止のためにまず重要です。

　研修会はその第一歩です。たとえば営業部門や購買の担当者，事業者団体の会合への出席者など，カルテルに関して高リスクにさらされている役職員と，それ以外の役職員について，漫然と同程度同内容の研修会を実施するのではなく，リスクの所在・程度を見極めた上で特定したリスクの程度を軽減するために適切な内容とすると効果的です。講師が一方的に話すだけではなくグループディスカッションや受講者が積極的に発言・質問する機会を設けた双方向形式，法律やガイドラインの説明ではなく身近な実務で起こりうる事態を題材にして何をしてはいけないのか何をすべきなのか受講者自身に具体的に考えてもらうケーススタディ，アンケートや理解度確認テスト，などの手法が受講者の理解を深めるのに役立ちます。研修会は継続的，定期的に行い，受講履歴を残します。人事異動や新規採用を経て新たに高リスク業務に従事することになった役職員が適切なタイミングで受講できるように留意します。各国に所在するグループ会社役職員を対象として研修会を実施する際には，現地語で実施することが望ましいでしょう。研修会の開催が難しい場合や，併用してさらなる効果を期待する，または受講しやすさの点からすれば，Eラーニングを使うことも有用です。

　また，研修会の開催に加えて，独禁法コンプライアンス・マニュアルの策定や，違反行為に携わった役職員に対する懲戒ルールの整備，同業他社との接触ルールの作成（Q36参照），役職員に年1回独禁法遵守の誓約をさせることなどの手続きを通じて，組織文化を醸成することが期待できます。マニュアルは，研修会と同様，法律やガイドラインをなぞるだけではなく，自社の事業環境を

踏まえて想定される事例をもとに，具体的な行動の指針となるような記載にすべきです。

(2)　監査等による確認と早期発見

　業務監査などを通じて独禁法違反行為やその可能性を早期に発見することが期待できます。たとえば，価格決定の過程を証跡をもとに検証したり，競合製品との不自然な価格の連動がないか，役職員のメールに疑わしい内容や表現がないか，などという視点からモニタリングするなどが考えられます。

　さらに早期発見のためには，匿名による内部通報窓口や社内リニエンシー制度を設けることも有用です。社内リニエンシー制度は，一般的には「社員が独占禁止法違反行為に関与した場合において，当該社員が自主的に当該事実について所要の報告等を行った場合，最終的な懲戒内容の軽減について考慮する取扱い」とされています（公取委報告書34頁）。早期発見に資することが期待できる一方で，従業員が違反行為をしても社内リニエンシーをすればよいなどと誤った理解をしないため，また違反行為をした従業員に対して会社は厳格な態度で臨むという姿勢を示すためにも，要件をどうするか，懲戒処分の軽減にとどまらず免除までするかどうか，等の検討が必要です。

(3)　危機管理

　独禁法違反行為やその可能性を発見したときの対応を取りまとめて関係者間で共有しておくこと，Q44記載のとおり立入検査を受けた場合を想定したマニュアルを整備し周知しておくこと，課徴金減免申請の活用を前提とした危機管理をしておくことが重要です。トップの迅速な対応と的確な意思決定が求められる場面でもありますので，法務部門として十分な支援を行います。

3．独禁法遵守体制構築の意義

　独禁法遵守体制を構築することの意義は，違反を未然に防止し，早期に発見し，危機管理を行うという点だけではありません。

　カルテルは明示の合意が存在する場合だけではなく，同業他社との情報交換や一方的情報開示などの接触と，これに基づく不自然な行動の一致があれば推認されることがあるため，当局の認定について争わなくてはならないこともあります。同業他社との接触ルールに従って面談内容を記録しておけば，そのよ

うな疑わしい情報交換などを行っていないことを立証する反論証拠になりうるかもしれません。さらに，実効的なコンプライアンス体制を構築，運用していることは，各国において罰金等の減免要素として評価されることもあります。

　加えて，役職員に「会社のため」といいながら後ろめたい行為をさせることもなくなり，高いモチベーションで業務に従事してもらうことを期待できます。真に競争力のある製品やサービスの開発が推進されることもあるでしょう。

　なお，独禁法遵守体制は一度構築したら終わり，というものではありません。たとえば市場シェアが上がったとき，事業譲渡を受けたとき，同業他社と合弁会社を設立したときなど，独禁法違反リスクが大きく変動する可能性がありますので，適宜リスクの所在・程度の変化に応じて見直していく必要があります。

Q38　製品に関するユーザー情報の取得

消費者向けヘルスケア家電について，当該製品をユーザが利用する際，ネット経由でユーザの健康情報等を集約し，個人に特化した情報サービスの提供を企画しています。法的に留意すべき点はありますか。

取得情報が個人情報や匿名加工情報に該当する場合，その取扱いに個人情報保護法による規制がありますので，求められる対応を履行する義務を負います。海外の個人情報保護法制が適用される可能性もあります。

1．序　論

物のインターネット（IoT）の普及により，消費者が使う製品がネットにつながれ，個人の製品使用に関する情報を製造者が取得する場面が日常的になりました。無論，情報処理技術の革新的な向上により，大量の情報を短時間で処理可能となったことが背景にあります。ユーザ情報が製造者にフィードバックされ，ユーザは個人に特化した高品質のサービスを享受でき，製造者もそれによる製品の魅力向上，サービスのマネタイズ，ユーザのニーズ把握，収集した情報の分析によるマーケティングなど種々の利益を得られます。

他方，企業が個人情報を積極的に利用することに対し，個人の権利や自由が侵されるのではないかという懸念や不安も同時に広がりました。大規模な個人情報流出事件を契機に，企業の杜撰な情報管理体制が批判され，各国で規制強化が実施される等，現代において個人情報保護は一大論点となっています。

2．規制の概要

日本では，個人情報保護法（条文番号は特に断りのない限り同法のものを指します）が平成15年に制定され，平成27年には大規模な改正が実施されました（以下「本改正」といいます）。同じ頃，内閣府の外局として個人情報保護委員会が設置され，従来，産業分野別だった個人情報の取扱いに関するガイドライン（https://www.ppc.go.jp/personalinfo/legal/）の整理も行われました。

　本設問においては，日本の個人情報保護法の概要についてのみ言及します（なお，日本の個人情報保護法は75条により，「国内にある者に対する物品又は役務の提供に関連して」その者の個人情報を取得し，外国において取り扱う等の場合には一定の規定が海外の事業者にも域外適用されます。日本所在の事業者のみに規制の適用が限定されているわけではありませんので，ご注意ください）。

　加えて，設問事例では，海外の個人情報保護法制についても適用の有無を確認の上，対応検討の必要がありますが，本設問では説明を割愛します（EUのGDPRについてはQ53をご参照ください）。

3．個人情報保護法

(1)　個人情報の取扱いに対する規制

　個人情報保護法の義務は，基本的に「個人情報取扱事業者」に適用されます。2条5号により，個人情報取扱事業者とは，「個人情報データベース等」（後述）を事業の用に供している者であるとされています（ただし，行政機関は個別法が適用されるため除外されています）が，通常の事業活動をしている限り，ほぼすべての事業者がこれに該当すると考えてよいと思います。

　個人情報保護法において，個人情報は「生存する個人に関する情報であって」,「特定の個人を識別することができるもの（他の情報と容易に照合することができ，それにより特定の個人を識別することができることとなるものを含む。)」（2条1項）と定義されています。文字情報だけでなく音声や画像・映像も個人情報となりえます。ただし，法人の情報や，死者の情報は個人情報に該当しません。

　個人情報取扱事業者が個人情報を取り扱う場合，主にその「利用」と「取得」に対して規制がかかります。

　まず，「利用」に関しては，取扱いに際して当該個人情報の利用目的を特定する義務があり（15条1項），目的外利用が原則禁止となります（16条1項。ただし16条3項各号に法定の除外事由があります）。特定された目的は，合理的に関連性が認められる範囲を超えて変更できません（15条2項）。利用目的は，当該個人情報がどのような事業の用に供され，どのような目的で利用されるのか,

本人にとって一般的かつ合理的に想定できる程度に特定することが望ましく，個人情報の類型別に特定しても，事業が多角化した大企業では網羅的になってしまうことがあります。過不足がないように，法務担当者が事業部門に定期的にヒアリングの上，更新する等の対応が必要になるでしょう。

　次に，「取得」に関しては，不正の手段による個人情報の取得が禁止される（17条1項）ほか，個人情報を取得した場合は，その利用目的を本人に通知または公表しなければなりません（18条1項）。実務的には，インターネットで閲覧できる法人のホームページにおいて，同法が公表を求めるその他の事項と合わせて「個人情報保護方針」「プライバシーポリシー」などの呼称で公表する運用などが見られます。また，本人から直接，書面または電磁的記録により取得する際は，個別に利用目的を明示しなければなりません（18条2項）。実務的には，この18条2項で求められる「明示」が具体的な作業として都度，必要となるため，対応に手間がかかると思います（ただし，18条4項各号の除外事由に該当する場合，18条1項～3項は適用されません）。この他，「取得」に関しては，第三者から個人データ（後述）を取得する際の確認・記録義務（26条）と，要配慮個人情報（2条3項）について本人の事前同意なしに取得することの原則禁止（17条2項）が，本改正で新設されました。本設問の事例については，事業者がヘルスケア家電を通して健康診断結果，病歴，心身の機能の障害等の情報を取得する場合，要配慮個人情報に該当するかどうかを検討することになります。いわゆる個人情報保護ガイドライン（通則編）（https://www.ppc.go.jp/files/pdf/guidelines01.pdf）の「2-3　要配慮個人情報（法第2条第3項関係）」の部分で，要配慮個人情報の該否判定について詳細に説明されており，その説明に基づき判断することが求められます。

(2)　個人データの取扱いに対する規制

　「個人データ」とは，個人情報の一部であり，特に取扱いの規制が強化されている類型です。「個人情報を含む情報の集合物」であって，「特定の個人情報」を「検索することができるよう」「体系的に構成したもの」が「個人情報データベース等」（2条4項）となり，個人情報データベース等を構成する個別の個人情報が「個人データ」と定義されます（2条6項）。個人データは，(1)の規制に加え，「管理」と「第三者への提供」に対しても規制がかかります。

　「管理」に関しては，個人データを正確かつ最新の内容に保ち，利用の必要がなくなった際，遅滞なく消去する努力義務があります（19条）。また，同法20条の安全管理措置の実施義務については，その内容がガイドラインにおいて詳細に記載されています。特に個人情報の漏えいという事態は，損害の発生や信用の失墜という点で企業にとって強く警戒すべき事態であり，安全管理措置は実務的に非常に重要な対応となります。実際のところ，個人情報保護法対応において，個人情報取扱事業者として行う作業の多くは，この安全管理措置の確立・整備であることが多いと思います。とはいえ，一般的に企業において情報セキュリティは個人データのみに対して実施されるわけではなく，通常は営業情報や技術情報などと共に大きな情報管理の枠組みに含まれ，その担当部署も情報管理部門や総務部門等であることが多いと思います。個人情報保護の担当者としては，その中で個人データ管理に必要な要素が含まれているか確認する，という対応になるでしょう。より具体的には，ガイドライン（通則編）の，別添8「講ずべき安全管理措置の内容」に，「基本方針の策定」「個人データの取扱いに係る規律の整備」の他，いわゆるセキュリティ対策としての「組織的安全管理措置」「人的安全管理措置」「物理的安全管理措置」および「技術的安全管理措置」の内容が詳細に説明されています。なお，万が一，大規模な個人データの漏えいが発生した場合，ガイドライン「個人データの漏えい等の事案が発生した場合等の対応について」（https://www.ppc.go.jp/files/pdf/iinkaikokuzi01.pdf）においては，原因究明や影響範囲の特定，再発防止策の実施や影響を受ける可能性のある本人への連絡，対外公表などが「望ましい」とされ，個人情報保護委員会への報告が努力義務とされています。これらは必須の義務ではないものの，社会（特に消費者）からの信頼確保を考えれば，消極的な対応に終始した場合に批判が先鋭化する事態に十分な注意を要します。

　個人データの「第三者への提供」については，個人情報保護法は本人の同意なしには原則禁止としつつ（23条1項。ただし，同項各号に法定の除外事由があります），個人データ取扱いの委託（23条5項1号）や特定の者との共同利用（同項3号）という実務的に大きな例外を認めています。そして，委託や共同利用のスキームを利用する際もそれぞれ遵守すべき手続があり（委託の場合は委託先の監督として22条，共同利用の場合は23条6項もそれぞれ参照），実務的に

は当該手続の履践が重要となります。また，個人情報保護委員会への届出等を実施すれば，「本人の求めに応じて当該本人が識別される個人データの第三者への提供を停止すること」を前提に個人データの第三者への提供をすること（オプトアウトによる第三者提供）が可能になります（23条2項。事業者がオプトアウトにより個人データの第三者提供を行っている事実は，個人情報保護委員会から公表されます）。なお，個人データの第三者提供時の記録作成義務（25条）や，外国にある第三者への提供を規制する新規制（24条）が本改正で新しく加えられました。

(3)　保有個人データの取扱いに対する規制

「保有個人データ」とは，個人データの一部であり，「個人情報取扱事業者が，開示，内容の訂正，追加又は削除，利用の停止，消去及び第三者への提供の停止を行うことのできる権限を有する個人データ」を指します（ただし，開示等によって公益やその他の利益が害されるもの，および6カ月以内に消去することとなるものは対象から除かれます。いずれも，2条7項）。

保有個人データについては，一定事項を本人の知りうる状態に置かなければならず（27条1項），さらに本人からの種々の請求（28条の「開示」，29条の「訂正，追加，又は削除」，30条の「利用の停止又は消去」「第三者への提供の停止」など）に応じる義務が課されます。他方，個人情報取扱事業者側は，32条に従い「請求を受け付ける方法」を定めることができ（32条1項），「利用目的の通知」および「開示」の場合には手数料を徴収することもできます（33条1項）。実務的には上述の，「個人情報保護方針」等の中で27条1項各号の項目や，32条1項の請求を受け付ける方法を一緒に公表する運用がよく見られます。

(4)　匿名加工情報の取扱いに対する規制

匿名加工情報とは，個人情報の一部の記述等を削除することで特定の個人を識別することができないように加工され，元の個人情報を復元不能にした個人に関する情報（2条9項）です。個人を識別できないため個人情報ではなく，個人情報への規制は適用されないものの，本改正で新規制が導入されました。改正の主眼は，匿名加工情報の利活用促進のため本人の同意なく第三者に提供できることを明示的に認めた（37条）ことです。代わりに，本人の識別行為の禁止（36条5項・38条）や作成・提供時の一定事項の公表義務（36条3項・37条），

安全管理措置の実施義務（36条2項・6項・39条）などの規制が加わりました。これは，本改正前は規制されていなかった領域への新規制になるので，注意が必要です。

　匿名加工情報の定義によると，元来匿名の情報や，個人情報の集合を分析して獲得した集団の傾向や性質を数量的に示す情報（統計情報）は，これに該当しません。また，36条以下の規制は「匿名加工情報データベース等」（2条10項）を構成する匿名加工情報のみに適用されます。加えて，匿名加工情報の作成（36条）についても，個人情報から統計情報を作成する過程で匿名加工情報ができる場合は「作成したとき」に該当せず，安全管理措置の一環として個人情報を匿名化した場合も「作成したとき」に該当しない等，規制は複雑です。ガイドライン（匿名加工情報編）（https://www.ppc.go.jp/files/pdf/guidelines04.pdf）を十分確認してください。

(5)　事業者の対応

　個人情報取扱事業者が，個人情報・匿名加工情報を利活用することにどの程度価値を見出すかは業態により異なります。こういった情報を積極的に利活用し，対応体制に十分な経営資源を投下する企業がある一方，そういった意図を持たない企業としては，これらの情報を意図的に持たない，取り扱わないことで規制の負担を軽減することが重要です。本設例では「個人に特化した情報サービスの提供」を企画しているとありますが，それは利用者の特性に依拠したものであればよいため，個人を識別できるレベルまで情報を意図的に収集しないといった方針も選択肢となります。

≪参考文献≫
• TMI総合法律事務所編『個人情報管理ハンドブック〔第4版〕』（商事法務，2018）
• 第二東京弁護士会情報公開・個人情報保護委員会編『完全対応 新個人情報保護法―Q&Aと書式例』（新日本法規出版，2017）

Q39 取引先の信用が悪化したときの対応

当社が取引基本契約を締結し，当社製品を納入している取引先の経営状態が悪いという噂を聞きました。今後の代金回収が不安ですが，どのような対応が可能でしょうか。

A

取引を継続する場合には，支払条件を変更して，出荷前に代金の全部または一部を前金として受領したり，追加で担保を取得するよう交渉することが考えられます。

1．取引継続の判断

取引先の経営状態が悪いという噂を聞いた場合，取引を継続するか打ち切るかの判断が必要になります。その際の考慮要素としては，取引先の経営状態の悪化の程度，与信の状況，代金回収の可能性，取引打切りによって取引先に与える影響，取引先との関係等があります。

(1) 経営状態の確認

取引先の経営状態の悪化について，その実情を確認することが必要です。取引先に対し，具体的に支払いの目途が立っているのかを確認し，決算書類等経営状況を示す書類の提出を求めます。取引先の営業活動に何か変化はないか，その後も注意して見ていきます。

(2) 与信の状況の確認

当該取引先に対する売掛金の金額およびその支払期限を確認します。当該取引先に対する債務が存在する場合は，売掛金と相殺（民法505条）して回収することも可能ですので，債務の有無，内容も確認します。なお，取引先が支払いを停止する等危機的な状況になった以降に当該取引先に対する債務を負担した場合は，当該取引先がその後破産に至った折に，相殺が禁止されることになります（破産法71条）ので，留意が必要です。

(3) 出荷の状況

注文を受けた製品はすべて納品済みか，出荷前の製品もあるのか，製造中の

仕掛りや当該取引先向けの製品用の部品等があるかも確認します。出荷前の製品がある場合は，取引基本契約上，相手方の信用不安のときに，出荷を停止できる条項があるか，もしくは個別契約を解除することができる条項があるかを確認し，出荷停止も検討します。

(4)　納品した製品の状態

取引先へ製品を納入した後でも，取引基本契約上，代金支払いを受けるまでは所有権を自社が留保する形になっていれば，代金が不払いになった場合に，債務不履行で個別売買契約を解除して製品を引き上げることも考えられます。また，当該製品がそのまま第三者に転売されている場合は，その売買代金に対して動産先取特権に基づく物上代位として差押えをする（民法311条5号・321条）という選択肢も出てきます。

したがって，納品後の製品の状態の確認も有益です。

(5)　出荷停止による影響

取引を打ち切った場合，取引先のラインを止めることになるのか，取引先の倒産のトリガーになりかねないのか等，取引先に与える影響を検討します。安易に取引を停止すると自社のレピュテーションにも影響するので現時点で取引を打ち切ることのメリット，デメリットを検討します。

2．出荷継続の条件

信用状態が悪化した取引先と取引を継続する場合，以下のような対応が考えられます。

(1)　代金支払いの確保

代金回収の確保取引先と交渉し，取引先が取引（出荷）の継続を希望するのであれば，売掛金全額の支払見通しを示すよう求め，その全部または一部を直ちに支払うよう要請することも考えられます。

(2)　取引条件の変更

また，取引条件の変更代金が回収できなくなるリスクを想定し，取引条件の変更を交渉します。たとえば，製品出荷前の代金全額払いを条件とすること等です。これが難しい場合でも，代金一部を前金としつつ，残額の支払サイトを短くして，与信の金額を減少させることも考えられます。

(3)　担保の取得

　取引継続の条件として，新規または追加の担保の提供を求めることも考えられます。取引基本契約書に，信用状況が悪化したときは追加の担保の提供を求めることができる（できなければ契約を解除する）という条項のある場合は，当該条項を根拠とすることができます。

　担保としては，取引先または代表者個人が保有する不動産に（根）抵当権または不動産譲渡担保を設定する，株券その他の高価物に質権を設定して預かる，高価な機械に譲渡担保権を設定する等も考えられます。もっとも，信用が悪化している取引先の場合，不動産には既に金融機関またはその他の取引先のために（根）抵当権が設定されている可能性が高いでしょう。その場合でも，日々変動する売掛金債権に集合債権譲渡担保権を設定する，在庫や部品等の動産に集合物譲渡担保権を設定することや，代表者個人の保証を取得することも考えられます。信用悪化の噂が流れる場合，他の取引先も同様の動きをする場合がありますので，迅速に対応することが重要です。

　なお，取引先が破産した場合，担保は「別除権」として優先的に回収することができますが，担保取得時の信用不安の状況によっては，将来的に破産管財人から担保権を否認されるおそれはあります（破産法162条）。もっとも，今後も取引を継続し，取引先に信用を供与するので，既存の債務について取得した担保ではない等と否認の要件を争って，管財人と交渉することも十分考えられます。

3.　有効な担保手法

(1)　集合債権譲渡担保権設定契約

　取引先の第三者に対する複数の売掛金債権を，将来発生する債権を含めて，まとめて譲渡担保の目的とします。これを「集合債権譲渡担保」といいます。これは代金債務の担保の趣旨で債権を譲渡するものですので，譲渡担保権を実行するまでは，設定者である取引先が個々の売掛金債権を取り立てて，利用することができます。

　第三者対抗要件としては，内容証明郵便などの確定日付ある証書により第三債務者に対して通知をする，第三債務者の承諾を取得する（民法467条2項）ほ

か，債権譲渡登記をすることにより第三者対抗要件を具備することもできます（動産及び債権の譲渡の対抗要件に関する民法の特例等に関する法律（以下「動産・債権譲渡特例法」といいます）4条）。

　第三債務者に対しては，登記事項証明書の交付を伴う通知をする必要もあります（同法4条2項）が，優先関係は登記の時を基準に判断されますので，譲渡担保権を実行する段階で通知すれば足ります。

　なお，譲渡を受ける債権に譲渡禁止特約がついていると，当社に悪意または重過失がある場合，譲渡が無効になります（民法466条2項）。改正後の民法では，譲渡禁止特約があっても譲渡は有効ですが，当社に重過失があれば，第三債務者は当社に対する支払いを拒否して元の債権者である取引先に支払うことができ，弁済等の抗弁を対抗されます（改正民法466条）。そのため，たとえば取引基本契約書の提出を受ける等して，売掛金債権に譲渡禁止特約がついていないことを確認します。

(2)　集合動産譲渡担保契約

　たとえば「第1倉庫及び同敷地内に存在する○○等一切の商品」というように，特定の場所，目的物の種類などによって目的物を特定することで，営業活動により商品の仕入と販売が反復継続して行われ，それに伴い個別の動産が絶えず変動する動産の集合体を，譲渡担保にとることが可能です。これを「集合動産譲渡担保」といいます。これにより，債務者は日々の在庫を搬入・販売しつつ，これを担保とすることが可能です。

　第三者対抗要件としては，集合物の引渡しが必要です（民法178条）が，占有改定で足ります。また，動産・債権譲渡特例法により，動産譲渡登記をすれば引渡しがあったものとみなされます（同法3条）。

(3)　代表者の個人保証

　取引先の代表者が資産家である場合や他に担保として取得すべき財産が見あたらない場合には，取引先が自社に対して現在負担し将来負担する代金債務その他の一切の債務について，代表者の個人保証をとることも考えられます。改正民法により，個人の根保証の場合，極度額の定めがないと，保証が無効となることになりました（改正民法465条の2）。したがって，代表者の保証を取る際には，必ず極度額を定めるよう注意してください。

Q40 債権回収

　当社は，取引先に対し，機械部品を納入していますが，ここ数カ月，支払期日に代金が支払われることが少なくなりました。当社は，どのように代金の回収をしていけばよいでしょうか。また，取引先が倒産した場合にどのように対応すればよいでしょうか。

A

　代金回収の前提として，取引先が利用している銀行や資産を把握してください。訴訟のほか，争いがない場合には，支払督促の手続を活用することが考えられます。破産等の法的整理手続に入ると，相殺の意思表示をする相手が会社ではなく管財人になる場合があること，手続外での債権回収が制限されることに留意が必要です。

1．平常時の備え

　取引先が資金繰りに窮する前に，取引先に対し，①利用している銀行（債権執行を見据えて支店名を含む），②どのような資産を有しているのか，③どのような取引先があるのか，④取引先からの債権回収日程等を把握しておくことが重要です。取引先が資金繰りに窮した後は，仮差押え等を恐れてこれらの情報を隠すようになりますし，仮に勝訴判決を得たとしても，財産の在りかが不明の場合，回収できない場合があるからです。上記の情報は，正面から聞いても，良い印象を与えることができないので，雑談の中で，うまく聞き出すようにしておきます。

　その上で，取引先の売掛金の回収日の直前に，任意の支払いをしてもらえるよう，取引先に足を運びましょう。

2．取引先が任意に支払わない場合の債権回収

(1)　任意交渉と商品の引き上げ

　内容証明郵便により支払いを催告し，支払いに応じなければ，期限の利益を喪失させ，早期に債権回収を図りましょう。個別契約の解除をして，納入した

商品の引き上げをすることも検討します。

(2)　支払督促（民事訴訟法382条）

　取引先が任意に支払わない場合，訴訟提起をすることも考えられますが，事実関係に争いがない場合には，訴訟提起に比べて，手続が簡易で，費用も低額で，解決までの時間も比較的短い支払督促の申立てをすることをお勧めします。支払督促の申立ては，取引先の所在地および取引先の事務所または取引先の営業所（民事訴訟法383条1項・2項）の所在地を管轄する裁判所書記官に対して行います。

　取引先から連絡がないまま，支払督促受領後2週間以内に異議が出なかった場合，さらに仮執行宣言申立書を取引先の住所地の裁判所書記官に申し立てます（同法391条1項）。仮執行宣言付支払督促を受領してから2週間以内に取引先から何らの連絡がない場合，直ちに強制執行をすることができます（同法393条・396条）。

　取引先から異議が出た場合には（同法390条），支払督促を発した簡易裁判所または地方裁判所に訴えの提起があったものとみなされます。

　なお，一定の類型については，オンライン上で督促手続ができますので（同法397条），利用を検討してください。

(3)　仮差押え（民事保全法20条1項）

　訴訟をすると時間がかかるため，財産保全のため，仮差押えの申立てを行うことも検討します。仮差押えをすると，取引先が慌てて支払いをしてくる可能性もあります。

(4)　訴訟提起

　訴訟提起をすると，約1カ月後に，第1回口頭弁論期日が開かれ，その後，1カ月に一度程度の割合で期日が開かれます。通常は，弁論準備手続に付され，主張立証を繰り返し，本人尋問や証人尋問を行い，判決となります。主張整理がされた段階もしくは証拠調べ（尋問）が終わった段階で和解が試みられることが一般です。

(5)　強制執行

　勝訴判決を得たとしても，取引先が支払いをしない場合があります。その時は，強制執行手続（不動産執行，債権執行，動産執行）をとることになり，事

前にどのような財産があるか把握していないと回収することができません。

　不動産執行は，当該不動産自体に価値がなかったり，抵当権が付されていて配当を受けられない場合があり，また，予納金が多額になることが多いです。

　動産執行は，多額の現金を金庫に保管している等の情報を得ていなければ，執行不能となることが多く，あまり利用されないのが実情です。

　債権執行（預金債権の差押え等）は，銀行の支店（ゆうちょ銀行の場合は貯金事務センター）の特定ができていれば，容易に行うことができます。

　近年は，一定の金融機関と協定している弁護士会によって若干の差があるものの，弁護士会照会をすれば，全店照会に応じてくれる金融機関もあります。支店の特定ができなかったとしても，弁護士に債権回収を依頼することによって，弁護士会照会を利用することが可能です。なお，弁護士会照会のみの依頼を弁護士にすることはできないので，債権回収とセットで依頼をする必要があります。

⑹　詐害行為取消権（改正民法424条1項）の行使

　取引先が，債権者を害することを知りながら自己の財産を第三者に移転してしまった場合は，詐害行為取消権を移転先に対して行使することが考えられます。詐害行為取消権は，訴訟でしか行使することができないため，第三者に財産移転がされた場合には速やかに弁護士に相談しましょう。

3．倒産時の債権回収

⑴　法的整理手続開始後の債権や強制執行の扱い

　取引先が，裁判所に対し，破産手続開始の申立て，再生手続開始および更生手続開始の申立て（法的整理）等をし，手続開始決定がされると，会社が有していた債権は，破産債権，再生債権，更生債権（場合によっては更生担保権）となり，原則として，取引先から手続外で弁済を受けることができなくなります（破産法100条1項，民事再生法（以下「民再法」といいます）85条1項，会社更生法（以下「会更法」といいます）47条1項）。原則として，債権届出をし，配当によって回収を図ることになります。取引先の財産に対し，新たに強制執行の申立てをすることもできません。また，法的整理手続開始決定前に，強制執行の申立てをしていたとしても，原則として，効力がなくなります（破産法42条

1項・2項，民再法39条1項，会更法50条1項）。

　なお，法的整理手続開始決定前の危機時期における債権回収は，後の手続において否認される可能性がありますが（破産法160条〜176条，民再法127条〜141条），否認されても管財人と交渉して和解により一部の回収を図ることができる場合もあるため，最後まであきらめずに債権回収の途を探りましょう。

(2)　相殺の意思表示（破産法67条1項，民再法92条1項，会更法48条1項）

　破産手続開始決定，更生手続開始決定がなされると，財産の管理処分権限が，会社から管財人に移ります（破産法78条1項，会更法72条1項）。したがって，会社ではなく管財人に対し，相殺の意思表示をしてください。なお，破産手続開始や会社更生手続開始の申立てがされた後，開始決定が出る前までは，会社に相殺の意思表示をすることになります。

　民事再生手続開始決定があった場合には，会社に対し，債権届出期間内に相殺の意思表示をします。

(3)　取戻権の行使（破産法62条，民再法52条1項，会更法64条1項）

　取引先に製品を納入済みであるものの所有権留保により当該製品の所有権が自社にある場合には，取戻権を行使することにより，それを取り戻すことが可能です。実務上の留意点については，個別具体的な事案によりますので，弁護士からのアドバイスを受けながら取戻しをしてください。

(4)　別除権の行使（破産法65条1項，民再法53条1項）

　取引先に対して，担保物権（抵当権等）を有している場合には，法的整理手続が開始されたとしても，別除権として手続外行使が認められる場合がありますので，別除権の行使を検討してください。なお，会社更生手続においては，担保権も手続の中で処理され，担保権の実行は認められません。

(5)　債権届出（破産法111条1項，民再法94条1項，会更法138条1項）

　裁判所から債権届出書が送付されますので，債権届出期間内に，別除権の行使や相殺の意思表示によって回収できない債権につき，債権届出をしてください。当該手続の中で，配当を受けることになります。

COLUMN 4
安全保障輸出管理

　日本から貨物を輸出あるいは技術を海外等へ提供する（以下，まとめて「輸出」といいます）際には，その貨物や技術が，懸念国やテロリスト等の手に渡り軍事目的に使用されることのないよう，十分な管理を行うことが求められています。これは，国際社会の平和と安全を維持するための「安全保障輸出管理」といわれ，日本も批准・加盟している条約や国際輸出管理レジーム等に基づき，外為法によって規定されています。近年，国際的な平和と安全を脅かすさまざまな事象が発生しており，輸出管理の重要性が一層高まっています。

　輸出を行おうとする貨物や技術が外為法上の規制リスト（輸出貿易管理令（以下「輸出令」）別表第1の1〜15項で指定された貨物，外国為替令別表の1〜15項で指定された技術）に該当する場合，または，非該当であっても仕向国が輸出令別表第3に掲げる地域（国際輸出管理レジームに参加し，輸出管理を厳格に実施している国として定められた26カ国）以外であり用途，需要者に懸念のある場合等には，事前に経済産業大臣の許可を受ける必要があります。必要な許可を得ずに輸出した場合には，個人には10年以下の懲役もしくは3,000万円（目的物の価格の5倍が3,000万円超の場合はその価額）以下の罰金，法人には10億円（目的物の価格の5倍が10億円超の場合はその価額）以下の罰金が科されるほか，3年以内の期間における一切の輸出禁止の行政処分が課されます（外為法69条の6・72条1項等）。こうした処罰に加え，外為法違反は公表されると会社のレピュテーションを著しく損なうおそれがあることからも，しっかりとした管理が必要です。

　また，外為法から離れますが，①米国原産品の再輸出等については，米国の輸出管理規則（Export Administration Regulations）により商務省の許可が必要になる場合があること，②米国の各種制裁法令の中には，非米国人にも適用される二次制裁と呼ばれる規制があるため，一定の国向けの輸出等については，契約相手やエンドユーザーなど取引関係者がブラックリスト掲載者ではないことの確認等を行う必要もあることにも留意しましょう。

≪参考≫　（一財）安全保障貿易情報センター（CISTEC）が，ウェブサイト（http://www.cistec.or.jp/）にて，安全保障貿易に関し非常に有益かつ豊富な情報を提供しているので，活用するとよいでしょう。

第 **5** 章 ▶▶

コンプライアンス・
ガバナンス

Q41 派遣労働者の受入れ

　当社では個人消費者向け新製品の販売開始にあたり，お客様相談室を開設，オペレーターを配置することとし，派遣労働者10名を受け入れることとしました。労働者派遣について気を付けるべき点を教えてください。

A

　派遣労働者を用いる場合には，派遣元企業が労働者派遣法上の許可を受けた事業者であることの確認，および事業所単位と個人単位の派遣期間制限の管理をしっかり行いましょう。

1．労働者派遣とは

　労働者派遣とは，派遣元企業（以下「派遣元」といいます）と派遣先企業（以下「派遣先」といいます）との間の労働者派遣契約に基づき，派遣元が自己の雇用する労働者（以下「派遣労働者」といいます）を当該雇用関係の下に，かつ派遣先の指揮命令の下，当該派遣先のために労働に従事させるものです。つまり，三者間の関係は，①派遣元と派遣労働者との間に雇用関係があり，②派遣元と派遣先との間に締結される労働者派遣契約に基づき，派遣元が派遣先に派遣労働者を派遣し，③派遣先は派遣元から委託された指揮命令の権限に基づき，派遣労働者を指揮命令する，という形となります。

　以下では，労働者派遣事業の適正な運営の確保及び派遣労働者の保護等に関する法律（以下「労働者派遣法」といいます）の近年の改正経緯を追いながら，留意点について説明します。

2．労働者派遣法の制定・改正の経緯（～平成24年改正）

　昭和60年に制定された労働者派遣法は，当初，派遣が許される業務を限定し（ポジティブ・リスト化），派遣可能期間も3年間としていましたが，平成8年に適用対象業務を16から26に拡大，平成11年には，原則自由化し，派遣禁止業務を限定列挙する形（ネガティブ・リスト化，物の製造を含む）へ改正されました。

　さらに，平成15年の改正では，専門26業務の派遣可能期間が無制限となるとともに，それまで禁止されていた製造業務の派遣が可能となり，製造業における労働者派遣の活用が一気に拡大しました。

　平成24年の改正時には，派遣先の都合により派遣契約を解除する場合には，①派遣労働者の新たな就業機会の確保，②休業手当などの支払いに要する費用の負担，等の措置をとることが，派遣先の義務となりました。また，法の目的に派遣労働者の保護のための法律であることが明記されるとともに，法律の名称も変更されました（なお，以下の記述において，単に「○条」と表記しているのはすべて労働者派遣法の条文番号です）。

3．平成27年改正法と留意点

　平成27年には，労働者派遣事業の許可制への一本化，事業所単位および個人単位の期間制限への変更，派遣労働者のキャリアアップ・雇用安定（正社員化など）・派遣先労働者との均衡待遇の確保等を目指した措置の派遣先への義務付け，といった内容の法改正が行われました。本改正に関する実務上の留意点は以下のとおりです。

(1)　派遣元の許可取得の確認（5条）

　経過措置として，平成30年9月29日までは，改正前から届出による特定労働者派遣事業（（旧）特定労働者派遣事業）を行っていた事業主が派遣事業を引き続き行うことができましたが，同年9月30日以降は（旧）特定労働者派遣事業を行う事業主は，許可を受けなければ労働者派遣を行うことはできないこととなりました。無許可の事業主から派遣労働者を継続して受け入れることは法違反となりますので，派遣元の許可取得の有無を確認する必要があります。

(2)　期間制限の遵守

①　事業所単位の期間制限（40条の3）

　派遣労働者の同一事業所での受入れは3年が上限とされています。ここで，「事業所」とは，雇用保険の適用事業所に関する考え方と基本的に同じとされ，以下の点が判断基準となります。

- 工場，事務所，店舗等場所的に独立していること
- 経営単位として人事・経理・指導監督・働き方などがある程度独立していること
- 施設として一定期間継続するものであること

　ただし，派遣先の事業所の過半数労働組合等から，延長しようとする派遣可能期間が終了する日（いわゆる「抵触日」）の1カ月前までに意見を聴取すれば，3年を限度として派遣可能期間を延長することができます。再延長をする場合には，改めて意見聴取手続が必要となります。なお，意見聴取の際は，派遣可能期間を延長しようとする事業所および延長しようとする期間を書面により通知しなければならず，あわせて，事業所の派遣労働者の受入れの開始時以来の派遣労働者数や派遣先の無期雇用労働者数の推移等の参考となる資料を提供する必要があります。過半数労働組合等から異議が述べられた場合，派遣先は，延長前の派遣可能期間が経過する前に，期間延長の理由と延長の期間，当該異議への対応方針を説明しなければなりません。

② 個人単位の期間制限（40条の2）

　事業所単位の派遣可能期間を延長した場合であっても，その事業所において同一の「組織」単位で，同一派遣労働者を3年超受け入れることはできません。ただし，派遣元で無期雇用されている派遣労働者や60歳以上の派遣労働者等は，期間制限の対象外となります。ここで「組織」とは，いわゆる「課」や「グループ」などを指し，業務としての類似性，関連性があるもの，組織の長が業務配分，労務管理上の指揮監督権限を有するもの，を指します。

(3) 労働契約申込みみなし制度（40条の6）

　違法な労働者派遣（(i)労働者派遣の禁止業務に従事させた場合，(ii)無許可の事業主から労働者派遣を受け入れた場合，(iii)期間制限に違反して労働者派遣を受け入れた場合，(iv)労働者派遣法等の規定の適用を免れる目的で行われるいわゆる偽装請負（Q42を参照）の場合）を受け入れたときは，その時点で，派遣先がその派遣労働者に対して，派遣元における労働条件と同一の労働条件を内容とする労働契約の申込みをしたとみなされます（派遣先が善意無過失の場合を除く）。

⑷　派遣労働者のキャリアアップ支援（40条・40条の4・40条の5）

　派遣先は，派遣元から求めがあったときは，派遣元によるキャリアアップ支援に資するよう，派遣労働者の職務遂行状況や，職務遂行能力の向上度合などの情報を提供する努力義務があります。また，派遣労働者を受け入れていた組織単位に，派遣終了後，同じ業務に従事させるため新たに労働者を雇い入れようとする際，一定の場合には，その派遣労働者を雇い入れるよう努めなければなりません。派遣先の事業所で正社員の募集を行う際，一定の場合には，受け入れている派遣労働者に対しても，その募集情報を周知しなければなりません。さらに，正社員に限らず，派遣先の事業所で労働者の募集を行う際，一定の場合には，受け入れている派遣労働者に対しても，その募集情報を周知しなければなりません。

⑸　均等待遇の確保（40条）

　派遣先は，派遣労働者と派遣先で同種の業務に従事する労働者の待遇の均衡を図るため，以下の点で配慮義務が課されます。

- 派遣元に対し，派遣先の労働者に関する賃金水準の情報提供等を行う
- 派遣先の労働者に業務に密接に関連した教育訓練を実施する場合に，派遣労働者にも実施する
- 派遣労働者に対し，派遣先の労働者が利用する一定の福利厚生施設の利用の機会を与える

4．平成30年改正（令和2年4月1日施行）

　平成30年には，派遣労働者の同一労働同一賃金の実現に向け，①不合理な待遇差をなくすための規定の整備，②派遣労働者の待遇に関する説明義務の強化，③裁判外紛争解決手続（行政ADR）の規定の整備，を内容とする改正法が成立しました。施行後は，派遣先は，正社員の中から比較対象労働者を選定し，労働者派遣契約を締結する前に，予め派遣元に対し比較対象労働者の待遇情報を提供しなければなりません。詳細については，厚生労働省による「同一労働同一賃金ガイドライン」（短時間・有期雇用労働者及び派遣労働者に対する不合理な待遇の禁止等に関する指針）等を参照しましょう。

≪参考資料≫

- 厚生労働省「派遣先の皆様へ」
  https://www.mhlw.go.jp/file/06-Seisakujouhou-11650000-Shokugyouanteikyokuha
  kenyukiroudoutaisakubu/0000196406.pdf
- 厚生労働省職業安定局「労働者派遣事業関係業務取扱要領」（2019年9月）
  https://www.mhlw.go.jp/general/seido/anteikyoku/jukyu/haken/youryou_
  h24/2019/dl/all.pdf

Q42 偽装請負

当社では，国内工場での生産ラインの増強に伴い，製造工程の一部を外部委託することとしました。特に自社の施設内における製造作業を外部に委託する場合には，偽装請負とみなされないよう気を付けるべきといわれますが，具体的にどのような点に留意すべきか教えてください。

A

労働法上の雇用主としての義務を免れるための「偽装請負」とみなされることのないよう，請負会社の労働者に直接業務に関する指示をしない，労働者の労働時間の管理や査定・評価を行わない等の十分な注意が必要です。

1．偽装請負とは

請負は，発注元と業務を受託する事業者（請負会社）との間の請負契約に基づき，受託業務を，請負会社が自己の使用する労働者を使いながら遂行するものです。労働者派遣とは，契約形態，適用法令が異なるため，発注元や派遣先としての義務・責任，業務内容や期間等に関する規制にも差異があります。労働者派遣の場合には，労働者派遣法やその関連法令（以下「派遣法令」）により派遣先企業としての諸々の義務も課されることから，実態は労働者派遣でありながら，派遣法令上の諸規制を免れるために，契約上，請負の形式を取る「偽装請負」が平成18年頃から現れ，社会問題化しました。偽装請負は，労働者の雇用や安全衛生面での権利が十分に保護されないため，派遣先である企業への行政指導等が強化されました。

2．偽装請負の防止

外部委託（請負契約）の場合は，発注会社と請負会社の従業員の間に雇用関係はないことから，以下の(1)(2)のうちの１つでもあてはまれば，一種の違法派遣である偽装請負となります（「労働者派遣事業と請負により行われる事業との区分に関する基準」（昭和61年労働省告示第37号，最終改正：平成24年厚生労働省告示第518号）参照）。

　偽装請負と認められた場合には，派遣法令違反として，請負会社のみならず発注元（派遣先）も行政指導，勧告，（勧告に従わなかった場合）公表の対象となりえます。また，職業安定法にて禁止されている「労働者供給事業を行う者から供給される労働者を自らの指揮命令の下に労働させ」る行為を行ったとして，1年以下の懲役または100万円以下の罰金が科されることもあります。

---

(1)　発注元が請負会社の従業員を直接利用する場合（発注元が請負会社の従業員に対して以下の(i)〜(iii)までのいずれか一つでも行う場合）

　(i)　業務の遂行に関する指示その他の管理

　　　発注元が，①労働者に対する業務の遂行方法に関する指示その他の管理を自ら行う，または，②労働者の業務の遂行に関する評価等に係る指示その他の管理を自ら行う場合。

　(ii)　労働時間等の指示その他の管理

　　　発注元が，①始業および終業の時刻，休憩時間，休日，休暇等に関する指示，またその単なる把握ではない管理を行う，または，②労働時間を延長する場合または休日に労働させる場合における指示，その他の管理（労働時間等の単なる把握を除く）を自ら行う場合。

　(iii)　企業における秩序の維持，確保等のための指示その他の管理

　　　発注元が，①労働者の服務上の規律に関する事項についての指示その他の管理を自ら行う，または，②労働者の配置等の決定および変更を自ら行う場合。

(2)　請負会社が，請け負った業務を自己の業務として発注元から独立して処理していると言えない場合（以下の(i)〜(iii)のすべてを満たすことができない場合）

　(i)　請負会社が，業務の処理に必要な資金を請負会社が自己の責任の下に調達し，かつ支払いしている

　(ii)　請負会社が，業務の処理について，民法，商法等に規定された事業主としてのすべての責任を負っている

　(iii)　次のいずれかに該当し，単に肉体的な労働力を提供するものでない

　　　①　機械，設備，器材（業務上必要な簡易な工具を除く），材料，資材を自己の責任と負担で準備し，業務処理に用いる

　　　②　自ら行う企画または自己の有する専門的な技術もしくは経験に基づいて，業務を処理する

3．実務上の留意点

(1)　「請負会社の従業員の直接利用」とみなされないために留意すべき点
　　（上記 2(1)）

- (i)　業務の遂行に関する指示その他の管理

　①　発注元が委託後も請負会社に対して技術指導等をする必要がない程度に，請負会社自身が受注業務を独力で遂行しうる技術力やノウハウなどを有していることを発注前に確認しておく必要があります。ただし，安全を脅かす緊急事態が発生しているような場合は，発注元が請負会社の従業員に直接指示することも許されます。

　　また，発注元の労働者と請負会社の労働者が同じ場所に混在すると，発注元による指示と請負会社による指示の区別が困難となりえます。したがって，双方の労働者が業務を行うエリアを物理的に分けることが望ましいですが，分けない場合であっても，双方が同様の指示をすることのないように，それぞれが従事する業務内容を分けましょう。

　②　請負会社の従業員の力量や能力を発注元が査定・評価することは，労働者の業務の遂行に関する評価と捉えられるため，避けなければなりません。

- (iii)　秩序の維持，確保等のための指示その他管理

　業務時に着用する制服，ヘルメット等は，発注者が無償支給するのでなく，請負会社にて準備してもらう必要があります。

(2)　「請負会社が発注元から独立して処理していると言えない」とみなされないように留意すべき点（上記 2(2)）

- (ii)　請負会社が事業主としてのすべての責任を負っていること

　民法・商法で定められる損害賠償責任，瑕疵担保責任等のほか，労働法令に基づく労働者に対する雇用主としての責任は請負会社が負わなければなりません。

- (iii)　単に肉体的な労働力を提供するものでないこと

　発注業務を遂行するにあたり必要な機械・設備等については，発注元が所有している機械等を請負会社に使用させることもできますが，その際には賃貸借契約を締結し，修繕費の負担など管理に関する責任分担も予め定めておく必要があります。

Q43　外国人労働者の在留資格の確認

　国内工場での増員にあたり臨時採用の募集をかけましたが，労働市場がひっ迫しており，外国人を採用することを考えています。外国人労働者の雇用にあたり，どのような点に留意する必要があるでしょうか。

A

　外国人労働者を雇う場合には，出入国管理及び難民認定法に基づく在留資格の有無と種類，また，就業内容や期間がその資格ごとに定められた制限の範囲内であることを確認する必要があります。なお，平成30年12月の法改正により，新たな在留資格が設けられました。

1. 在留資格の種類と活動内容

(1)　はじめに

　日本において外国人を労働者として就業させるためには，担当させようとする業務内容が，当該外国人に認められた在留資格の許容する活動の範囲内である必要があります。出入国管理及び難民認定法（以下「入管法」といいます）で定められた在留資格には，30弱のカテゴリーがありますが，資格の性質により就労が認められる在留外国人を大別すると，①就労目的で在留が認められる者（いわゆる「専門的・技術的分野」），②身分に基づき在留する者（「永住者」「日本人の配偶者等」），③特定活動のために在留する者（技能実習等），④資格外活動を行う者（留学生のアルバイト等），に分けられます。このうち，製造業の会社が外国人を労働者として雇用する場合には，主に上記の①，②または③にあたる外国人を対象とすることとなると思われるため，以下，これら①②③の場合について説明します。

(2)　就労目的で在留が認められる者

　就労目的による在留資格は，産業および国民生活等に与える影響を総合的に勘案して個々の職種ごとに決定されており，①「高度な専門的職業」，②「大卒ホワイトカラー・技術者」，③「外国人特有又は特殊な能力等を活かした職業」に分けられます。①の「高度な専門的職業」には，「教授」（大学教授等），

「投資・経営」(外資系企業の経営者・管理者等),「法律・会計業務」(弁護士,会計士等),「医療」(医師,看護師,薬剤師等),「研究」(政府関係機関,企業等の研究者),「教育」(高等学校の語学教師等)が含まれます。また,②「大卒ホワイトカラー・技術者」には,「技術」(機械工学の技術者,システムエンジニア等),「人文知識」(企画,営業,経理などの事務職),「企業内転勤」(外国の事業所からの転勤者で「人文知識・国際業務」「技術」に相当する活動を行う者)があります。さらに,③「外国人特有又は特殊な能力等を活かした職業」には,「国際業務」(英会話学校などの語学教師,通訳・翻訳等),「技能」(外国建築家,パイロット等)があります。

　上記の場合,当該在留資格の基礎となる専門的知識・技能と結び付いた職種における就労しか認められません。製造業として外国人を雇用する場合には,「研究」,「技術」,「人文知識・国際業務」の在留資格を持つ者を採用することが多いでしょう。

(3)　身分に基づき在留する者

　身分に基づき在留する者には,「定住者」(主に日系人),「永住者」,「日本人の配偶者等」(日本人の配偶者若しくは特別養子または日本人の子として出生した者)などがあります。これらの在留資格は,在留中の活動に制限がないため,さまざまな業務に従事させることが可能です。

(4)　特定活動のために在留する者

　ここでいう「特定活動」には,技能実習,EPA(経済連携協定)に基づく外国人看護師・介護福祉士候補者,外交官等に雇用される家事使用人,ワーキングホリデー等があり,個々の許可の内容によって報酬を受けて行う活動の可否が決定されます。このうち,技能実習生は,入国時は,雇用関係のない「研修」の在留資格で入国し,1年経過後に雇用関係のある技能実習(在留資格「特定活動」)に移行します。

　技能実習生については,人手不足の解消,あるいは賃金コストの削減という,本来の制度主旨とは異なる目的のもとに,外国人技能実習生を劣悪な条件のもとに就業させる等のケースが相次いだことから,「外国人の技能実習の適正な実施及び技能実習生の保護に関する法律」が平成29年11月1日より施行されました。同法により,技能実習計画の認定,監理団体の許可の制度が設けられ,

これらに関する事務を行う「外国人技能実習機構」という新たな認可法人が設置されました。技能実習には，企業単独型と団体監理型の2種類があり，単独型の場合，受入企業は，実習実施者としての届出を行い，また，技能実習生ごとに技能実習計画を策定し，外国人技能実習機構による認定を受ける必要があります。そして，同機構は，実習実施企業等に対し報告を求め，実地検査を行う権限を有しており，主務大臣は，実習実施者が認定計画に従った実習を行っていない，または同法違反があると認める場合は，改善命令，あるいは実施認定の取消しができるとされています。また，同法には，技能実習生に対する人権侵害行為等についての禁止規定および違反があった場合の罰則規定も設けられています。

他方，優良な実習実施者等（技能等の習得等に係る実績，技能実習を行わせる体制，技能実習生の待遇，法令違反・問題の発生状況，相談・支援体制，地域社会との共生，の各要件において一定の基準を満たす場合）には，第3号技能実習生の受入れ，すなわち，4～5年目の技能実習の実施も認められ，また，受入人数枠も2倍程度まで増加，対象職種も拡大が認められるなど，制度の拡充もなされています。

同法の施行により，技能実習生の保護が図られるとともに，企業側にとっても適正な実習生の活用が促進され，多様な人材の確保の手段の一つとして同制度の一層の活用が進むことも考えられます。

2．在留期間等の管理

(1) 期　　　間

在留資格にはその種類ごとに在留期間が定められており，無期限である「永住者」の場合を除いては，本人の申請および当局の判断によって，6カ月，1年，3年，5年等の期間が定められます。期限を迎え，引き続き在留と就労を希望する場合には，在留許可の更新手続が必要となります。この申請は基本的に本人が行いますが，雇い主である企業の側においても，期限管理を行い，期限到来前に本人の意思を確認し，更新を希望する場合には更新申請を出すよう促すなど，期限切れとなり違法就労の状態になることのないよう期間管理を行うことが必要です。

(2)　業務内容の変更

　人事異動や担当職務の変更等によって，許可された活動内容と異なる業務につかせることとなる場合には，事前に在留資格の変更手続を行い法務大臣の許可を得なければなりません。この場合も申請者は労働者本人ですが，申請漏れなどのないよう企業側で管理・支援をすることが求められます。

(3)　違反した場合

　雇い主の側で，外国人労働者をその在留資格により許可された期間を超えて滞在させる，あるいは許可された活動範囲を超えた業務内容に従事させるなど，不法就労活動を助長したと認められる場合には，3年以下の懲役もしくは300万円以下の罰金，またはこれらの併科がなされます（入管法73条の2）。また，外国人労働者自身も，不法残留，専従資格外活動等を行った場合に，3年以下の懲役もしくは禁錮もしくは300万円以下の罰金，またはこれらの併科がなされ（同法70条），また行政罰として強制送還をされることもあります。

(4)　そ　の　他

　外国人労働者を自社で直接雇用する場合のみならず，業務委託や請負の相手方である会社が雇用する場合，あるいは派遣労働者として外国人労働者を受け入れる場合にも，請負会社や派遣会社が，当該外国人労働者の在留資格を適正に把握，管理しているかについて，委託側，派遣先として確認し，入管法等の違反のないよう注意を促しておくことが肝要です。

　なお，在留資格を変更する場合は，住居地を所管する地方入国管理官署に対して申請を行います。外国人在留総合インフォメーションセンターでは，日本語のほか外国語でも問い合わせに対応しているため，活用するとよいでしょう（http://www.immi-moj.go.jp/info/index.html）。

3．平成30年12月改正入管法

　深刻な人手不足に対応するため，平成30年12月8日に改正出入国管理法が成立し，新たな在留資格として「特定技能1号」「特定技能2号」が設けられました（施行日は一部の規定を除き，平成31年4月1日）。1号は，「相当程度の知識又は経験を必要とする技能」を持つ外国人に，最長5年の技能実習を修了するか，技能と日本語能力の試験に合格すると付与され，在留期間は通算5年と

されています。2号は，より高度な試験に合格し，熟練した技能を持つ外国人に付与され，1〜3年ごとに在留期間を更新でき，更新回数に制限はないため，事実上の永住が可能となります。特定技能で就労することが認められる14業種には，素形材産業，産業機械製造，電気・電子情報関連産業も含まれており，製造業においても活用が期待されます。

4. その他

(1) 外国人雇用状況の届出義務

外国人を雇用する際，また外国人が離職する際には，事業主は，その氏名，在留資格などをハローワークへ届け出る必要があります。これは，外国人の雇用環境の改善，離職した外国人の再就職支援，不法就労の防止等を目的として，労働施策の総合的な推進並びに労働者の雇用の安定及び職業生活の充実等に関する法律において定められています。

(2) 外国人労働者の雇用管理改善義務（努力義務）

「外国人労働者の雇用管理の改善等に関して事業主が適切に対処するための指針」において，事業主に対し以下の努力義務が記されています[*]。

---

① 募集および採用時に公平な採用選考を行うこと
② 労働関係法令や社会保険関係法令が外国人にも適用されることから，これらを遵守し，制度の周知や必要な手続きを行うこと
③ (i)労働契約の締結に際し，賃金，労働時間等主要な労働時間条件について，母国語等，当該外国人が理解できる方法で書面等で明示するよう努めること，(ii)賃金の支払い，労働時間管理，安全衛生の確保等については，労働基準法，最低賃金法，労働安全衛生法等に従って適切に対応すべきこと，(iii)人事管理に当たっては，職場で求められる資質，能力等の社員像の明確化，評価・賃金決定，配置等の運用の透明性・公正性を確保し，環境の整備に努めること
④ 安易な解雇等を行わないようにするほか，やむを得ず解雇等を行う場合には，再就職希望者に対して在留資格に応じた再就職が可能となるよう必要な援助を行うよう努めること

＊http://www.mhlw.go.jp/bunya/koyou/gaikokujin-koyou/01.html （全文）

Q44　公取委の立入検査

始業後間もなくして突然，事前予告なしに，審査官を名乗る公取委の職員複数名による当社本社・支社受付の同時訪問を受けました。どのように対応すればよいのでしょうか。

独禁法の疑いをかけられ，強制調査を受けたと考えられます。直ちに顧問弁護士に連絡をとるとともに，被疑事実等の告知書を受け取って調査内容を確認し，審査官の調査に適切に応じます。調査開始日以降であっても課徴金減免制度を利用できる場合には，早期に公取委へ報告書を提出しましょう。

1．初動対応の重要性

公取委は，独禁法被疑事件の調査をするため，事件関係人の営業所その他必要な場所に立ち入り，業務および財産の状況，帳簿書類その他の物件を検査することができます（独禁法47条1項4号）。公取委がこの立入検査で入手した書類や，役職員の事情聴取で得た供述調書は，排除措置命令，課徴金納付命令等における重要な証拠になりますので，立入検査当日に現場でどのように対応するかが非常に重要です。被疑事実がカルテルや入札談合など不当な取引制限（同法3条）である場合には，立入検査後最大3社までしか認められない課徴金減免申請（以下「リニエンシー」といいます）の枠を得るために，文字どおり一分一秒を争う対応が必要になることもあります。

2．強制調査の種類

公取委による強制調査の種類には，行政調査である立入検査（独禁法47条1項4号）の他に犯則調査がありますが（同法102条1項。臨検），件数としては前者のほうが圧倒的に多いため，本設問では特に断りのない限り行政調査である立入検査を前提とします。

なお，立入検査を拒むことができるかについては，平成27年12月25日「独占禁止法審査手続に関する指針」第2の1⑴（https://www.jftc.go.jp/dk/guideline

/unyoukijun/shinsashishin.html）（以下「指針」といいます）によれば，「正当な理由なくこれを拒否した違反被疑事業者等には罰則が適用されることがある。」とされています。もっとも，審査官の身分証不携帯の手続上の瑕疵や天災・重篤な疾患など極めて例外的なもののみが正当な理由とされているため（平成27年12月25日「「独占禁止法審査手続に関する指針」（案）に対する意見の概要及びそれに対する考え方」[別紙2] No.17），行政調査における立入検査といえども実際には拒むことができるケースはほとんどありません。

3．行政調査における立入検査の一般的な流れ

　公取委の立入検査は，審査官訪問→検査開始→提出命令等→検査終了という流れで，数時間から終日，または数日間にわたって行われます。審査官の調査を妨害しないこと，また調査の内容を把握し，適切な防御策をとることが必要です。

(1)　審査官訪問

　審査官は通常，午前9時過ぎに来訪することが多いようです。審査官の訪問を受けたら，受付の担当者から即時法務部門へ連絡をもらいます。法務部門は，顧問弁護士または独禁法に強い社外弁護士に直ちに連絡して，至急来社し調査に同席してもらえるよう依頼します。

　次に，人の出入りが少なくて調査に適した会議室等を確保して審査官を案内します。審査官の身分証を確認し，「被疑事実等の告知書」の手交を受けます。なお，犯則調査の場合であれば，「捜索差押令状」が提示されますので複写を要求し，認められなければ事件名，被疑事実の要旨，関係法条，その他記載事項を口頭で確認し，記録しましょう。

　確認した上記内容は，即時に役員や，被疑事実の要旨に記載された行為に関係する事業部門の責任者，法務・コンプライアンス責任者，IR広報責任者など社内関係者へ共有します。IR広報責任者へ共有が必要なのは，公取委の立入検査を受けた事実は通常即日報道されるため外部からの問い合わせ対応が必要なこと，任意のプレスリリースをすることが多いためです。

　また，被疑事実に関連する書類や電子メール（パソコン，スマートフォンなどすべて）を破棄したり改ざんしたりしないように，社内の関係部署に証拠保

全を依頼します。

(2)　調査開始・提出命令・供述聴取等

　公取委の調査は，弁護士の立会いを原則として認めるとしつつもその到着を待たずに開始されます（指針第2の1(5)）。公取委は，事件調査に必要であると考えられる書類原本その他の証拠物等を提出命令により立入検査当日に持ち帰って留置してしまい，原則として事件が終結するまで還付されません。しかしこれらは日々の事業活動に必要なことも多々あります。また，リニエンシーの要否や，他の違反行為の有無，事件の筋を判断するために，社内で精査が必要なものでもあります。提出命令による留置物件については閲覧謄写の機会が与えられてはいるのですが（公正取引委員会の審査に関する規則18条），期間を要するなど実務上使い勝手が良くないため，当日の謄写を求めるべきです。

　また，通常公取委は，事件に関係する役職員を対象として任意の供述聴取を要求します。当日ちょうど会社にいたり，すぐに出社できる状況の役職員については，社内の会議室等で供述聴取が行われます。当日の聴取が時間的場所的に困難な役職員については，日程調整して後日公取委で供述聴取が行われます。供述聴取の要請を受けた役職員は，この非常事態に極度に緊張し混乱していると考えられます。法務部員から，聴取を受ける役職員に対して，聴取の法的な位置付け（強制ではなく拒むこともできること，原則として深夜に及ぶことはないこと（指針第2の2(4)ア），休憩を申し出ることができること，など）と注意事項（実際に体験したことのみを話し記憶があいまいなことを推測で話さないこと，知らないことは知らないということ，自分の話した内容と違う供述調書が作成されたときは訂正を申し入れること，など）を聴取の事前に伝えておくとよいでしょう。また聴取の休憩時間や終了後には，審査官にどのような内容を聞かれたのか，どのように答えたのか，について法務部員や弁護士が聴取を受けた役職員から聞き取って聴取内容メモを作成します。さらに公取委の聴取に前後して，社内でも法務部員や弁護士が聞き手となって事情聴取を実施します。

(3)　課徴金減免申請

　被疑事実が不当な取引制限である場合，立入検査開始以後であっても申請順で最大3社まで（立入検査開始前と合わせて5社まで）30％の課徴金減額を受

けることができます（独禁法7条の2第12項1号）。立入検査は同業他社にも同時に行われるのが通例ですので，リニエンシー枠の争奪戦が繰り広げられることになります。

　書類の精査や関係役職員に対して実施する社内の事情聴取で自社が違法行為を行っていたことについてある程度の確認が得られれば，他の事業者が同一の違反行為について既に報告等をしているかどうかを公取委が確認できる程度に違反行為の内容，対象商品または役務について明らかにして，申請枠がまだ空いているかどうか電話で事前相談し（審査局管理企画課課徴金減免管理官03-3581-2100），枠があれば所定の申請様式に必要事項を記入してFAX（03-3581-5599）送信します。

　また，社内調査の結果，隣接分野など関連製品の取引について違反行為が疑われることがあります。これも他社に先んじてのリニエンシーの要否，内容の検討が必要です。

　なお，適切なリニエンシーを行わなかったことにより会社が受けた課徴金納付命令について，役員が善管注意義務違反を問われる株主代表訴訟も提起されています（なお，本件について公取委が調査の過程で収集した資料について，インカメラ手続を経て，証拠調べの必要性及び民事訴訟法220条4号ロの該当性が判断された決定として，住友電工株主代表訴訟事件・大阪地決平24・6・15判タ1389号352頁）。

4．初動対応を誤らないために

　昨今，公取委や各国当局による立入検査が活発に行われています。当日の社内の混乱を防ぎ，役職員にとるべき対応を理解してもらうためには，強制調査を受けた場合を想定したマニュアルを整備し，事前に社内に周知しておくことが有用と考えられます。

Q45 データ改ざん等の不祥事対応

上場会社である当社の品質保証部で長年勤務してきた同部長Aが，取引先から要求されている水準を下回っているにもかかわらずテストデータを不正に改ざんして合格品として納入している疑いがあるとの密告がありました。確証はつかめていないのですが，当社としては何をすべきですか。

迅速かつ適切な初動対応が要求されます。事実調査からマスコミ・取引先対応，リコール，再発防止策構築までさまざまな作業が要求されますが，場当たり的に対処せずに，初動の段階からすべて戦略的に準備すべきです。

1．はじめに

企業の製品データやサービスの内容を偽る等の行為は，メーカー企業においては近年頻繁に起こっている不祥事の一類型ですが，企業にて不祥事が起こると，レピュテーションリスクのみならず，不祥事の内容や規模次第では，上場廃止，事業停止，倒産，大規模株主代表訴訟に巻き込まれる等，企業の存亡の危機につながりかねません。企業は，不祥事を未然に防止する措置を講じることが肝要ですが（Q46参照），不祥事を発見した際には，企業へのダメージを最低限に食い止めるべく迅速かつ適切な初動対応をとることが必要です。以下，初動対応の際に注意・配慮すべき事項を簡単に紹介します。

2．不祥事対応①―事実調査

(1) 止血措置と証拠保全

まず，これ以上不祥事による影響が悪化することがないよう，止血措置を迅速に講じることが必要です。他方で，その過程で不正行為者に察知されると，不正に関する証拠を破棄・隠匿される可能性があります。そのため，密かに当該人物等の占有下にある証拠物件の確保，サーバー上のデータの確保等の証拠保全を速やかに実行する必要があります。

(2) 事実調査担当者の選定と事実調査の開始

事実調査を実施する者を選定の上，保全した証拠等を中心に事実調査を開始します。その際に，調査実施者（不正が行われているかもしれないと認識する者）の人数を必要最小限にすることで，社内の無用な混乱を防止し，適切な証拠保全を実現することも必要です

(3) 不正関与従業員・役員へのヒアリングおよび同人に対する処分

(2)の事実調査での分析を基に，不正行為者にヒアリングする等社内調査に協力してもらう必要があります。そのため，仮に(2)の段階で不正に関する確かな証拠が発見されたとしても，拙速な解任・解雇によって指揮命令関係等から離脱させることは避けるべきです。可能な限り不正行為者の役員・従業員としての地位を維持させた上で，委任契約，または雇用契約上の業務命令の一環として社内調査に従わせるべきです。なお，証拠保全後でもあっても，隠ぺい行為等調査を妨害するリスクがあれば，自宅待機を命じることも検討されます。

最終的に企業は，判明した事実に基づき，責任を明確にし，ひいては企業の秩序維持・回復を図るために，当該不正行為者を処分する必要があります。人事面においては，就業規則上懲戒処分の根拠規定，要件該当性，処分内容の相当性を検討します。刑事面においては告訴・告発を，民事面においては損害賠償請求を検討することになります。また，この過程を通じて，不祥事の再発防止策も構築する必要があります。

(4) 第三者委員会

たとえば，不祥事の存在またはその疑いがあることが既に報道等で厳しく批判されている場合には，社内調査という手法では株主や消費者，取引先，地域住民等のステークホルダーからの信頼感，納得感が乏しく，経営者の保身のために調査結果が歪曲されているとの疑念を払しょくしきれない場合があります。このようなケースでは，第三者委員会の設置と公表が検討されます。日本弁護士連合会が平成22年7月15日に公表した「企業等不祥事における第三者委員会ガイドライン」（同年12月17日改訂）が，第三者委員会の意味や設置手続について詳細に記載していますが，第三者委員会は法令上設置が義務付けられるようなものではなく，このガイドラインも，あくまでも一つのモデルを提示しているにすぎません。

３．不祥事対応②―開示・公表・マスコミ対応

　不祥事が発覚した場合でも，直ちにそれをもって開示・公表を行う義務は生じないのが原則です。しかし，上場会社の場合，役員・従業員による不正行為が適示開示事由に該当する場合もあります。さらに，開示した場合や情報流出等が発生した場合には，マスコミ対応が必要になる場合があります。マスコミ対応を誤ると，当該不正行為の発覚以上に企業にレピュテーションリスクを増大させることがあります。そのため，個別取材や記者会見などの場面では，周到な準備と臨機応変な対応が求められます。

４．不祥事対応③―取締当局や監督当局への対応

　当局対応については，そもそも企業自身の犯罪や取締法規違反が成立するか，または行政指導や行政命令を受ける可能性があるか，ならびに斟酌される事情がどの程度あるかを総合考量した上で，（当局の当該行為に対する認識にかかわらず）自主的に当局に報告すべきか，いかなる報告内容とし，いかなる証拠を提出すべきか等を検討します。当局とのやりとりで最も大事なことは，基本的に，主張すべきことは堂々と主張しつつも，全面的にこれに協力すべきであり，証拠隠滅その他の調査・捜査妨害を疑われる行為を行ってはならないという点です。

５．不祥事対応④―その他の諸対応

　役員・従業員の不正行為が発覚した場合，特に上場会社においては，株主や監査法人への対応に相当の注意を払うことになる場合が多いです。株主との関係では，株主総会での質疑応答や個別問い合わせのほか，株主代表訴訟等の裁判に発展する可能性があります。また，発覚した不祥事の内容・性格いかんでは，上場廃止のリスクに直面しかねないため，有価証券報告書等の訂正等の処理が可能か否かについて監査法人との連絡を密にする必要があります。さらに，取引先企業から，役員・従業員の不正行為に絡んで損害賠償を請求されたりする可能性もあります。このような外部ステークホルダーからの対応も，事実調査の段階から想定の上，準備すべきです。

６．まとめと本設問における対処法に関する一案

　以上で説明した対応は，相互に密接に関連しうるため，その前提で行動する必要があります。たとえば，監督当局から行政処分・行政指導を受けるリスクを最小限にすることを目的として監督当局宛てに提出すべく作成する報告書が，将来的に取引先や株主との訴訟において文書提出命令等を通じて証拠になる可能性を意識しながら対応する必要があります。

　本設問についても，個別具体的な事案次第ですが，考え方をご紹介します。

　まず，データ改ざんされた危険のある商材がこれ以上流通しないようにすべきです。ただ表向きは一切そのような危険があることを察知されないような理由（工場内の点検による出荷ラインの一時停止等でしょうか）をAや取引先に提示すべきです（Aと取引先が共謀している可能性もあるので，Aと取引先とで別々の理由を提示するのは避けるべきでしょう）。

　事実調査メンバーの範囲ですが，基本的には法務部または人事部の一部のメンバーに加えて，データや図面などに精通した人物も選定されるべきです。しかし，長年品質保証部にいるAの影響力や，同部署の職員も多かれ少なかれ関与している可能性も考慮すると，可能な限り，同部にいた従業員以外から選定されるべきです。Aや関連する人物のパソコン上のデータ等の証拠保全も忘れてはなりません。そのデータ等の証拠を分析し，それを基にAに対してヒアリングを実施し，真実データ改ざんが行われたか，ならびにAに対する処分内容などを決定すべきです。また，Aのデータ改ざんがどうして許されてきたのかを検討の上，再発防止策構築が検討されるべきです。当社は上場企業ですから，データの改ざんがあったことは適示開示事由になりえます。そのため，マスコミや株主への対応が必要になりますが，データ改ざんの期間や規模次第では，（社内調査が成功したか否かにかかわらず）前記の第三者委員会の設置を検討すべきです。また，取引先からの損害賠償請求等も受けると思われますが，真摯に対応しつつ，信頼回復に努めるべきです。

Q46 データ改ざん等の不祥事予防

　近年メーカーでも次々と不祥事が発覚しており，特に品質検査データの改ざんについては当社でも対策が必要ではないかという意見が出ています。不祥事予防のため，どのような取組みが必要でしょうか。

A

　不正の芽を発見して，対処し，それを他部門，グループ会社にも横展開していく取組みが必要です。また，不正を可能・容易にする事情など，不祥事の要因を見つけて改善します。不祥事予防の取組みに際しては，日本取引所自主規制法人が公表した「上場会社における不祥事予防のプリンシプル」が参考になります。

1．不祥事予防のプリンシプル

　近年，上場会社における多くの不祥事が表面化しています。製造業においても，三菱自動車工業の燃費不正，東洋ゴムの免震装置の性能偽装，神戸製鋼所の品質検査データ改ざん，日産自動車の排出ガス・燃費測定試験の検査データ改ざん，油圧機器メーカーKYBによる免振・制振装置の検査データ改ざん，三菱マテリアル子会社の検査記録データの改ざん等，次々に不祥事が報道されています。

　データ改ざん等の重大な不祥事が起こると，原因調査や顧客への説明・謝罪・補償などの対応に追われます。顧客への補償，社内調査や第三者委員会の調査を実施する費用の支出，売上減少等による損失も発生します。また，企業のブランドイメージや社会的評価が低下し，株価の下落もあいまって，その企業価値が毀損されます。さらには，経営トップの辞任につながり，経営体制の根幹を揺るがす事態ともなりえます。

　そのため，不祥事の発生を予防する取組みが必要になります。

　日本取引所自主規制法人は，不祥事予防に関する基本的な原則を取りまとめ，2018年3月30日に「上場会社における不祥事予防のプリンシプル」（以下「プリンシプル」という）を公表しています（https://www.jpx.co.jp/regulation/

listing/preventive-principles/index.html)。不祥事予防の取組みにあたっては，同プリンシプルが行動原則を以下の6つに整理して解説しており，参考になります。

原則1：実を伴った実態把握

原則2：使命感に裏付けられた職責の全う

原則3：双方向のコミュニケーション

原則4：不正の芽の察知と機敏な対処

原則5：グループ全体を貫く経営管理

原則6：サプライチェーンを展望した責任感

2．不正の芽の発見と対応

　どのような会社においても，不正の芽は常に存在します。上記プリンシプルも，その前提に立った上で，重大な不祥事に発展する前に，不正の芽を察知して摘み取り，同様の事態を拡大させないよう迅速に対処することが重要としています。

　そして，そのためには，正確な情報を的確に把握する仕組みが必要となります。部下から上司へのレポートが行われる過程で，問題の所在が歪曲化，曲解され，真に重要な問題が経営陣に伝わらない場合や，上位者が不正行為に関与している場合もありますので，通常のレポーティング・ラインとは別に，内部通報制度の仕組みが機能していることが重要です。

　また，不正の芽を発見したときは，同様のコンプライアンス違反や類似の構図が他部署・他部門・グループ会社にも存在していないかをチェックし，業務改善を横展開することが必要です。

3．意識形成

　企業不祥事を防止するための取組みを進めるにあたっては，経営トップのコミットメントを得ることが重要です。

　経営層が「コンプライアンスが重要」だと口にしても，従業員は経営層の本気度を見ています。経営トップが「売上目標の達成が必須」「何よりも納期厳守を優先」という本音を日ごろの振る舞いで見せれば，部下は，経営トップの

真意を見抜き，それを忖度した行動をとるおそれがあります。

　コンプライアンスを重視する企業風土を浸透させるためには，経営陣のコミットメントを継続的に社内で発信する，役職員によるコンプライアンスを重視した行動をプラスに評価する，コンプライアンス違反発覚時には責任の所在を明確化し的確に対処する，コンプライアンス違反事例（ヒヤリハット事例）を見つけて報告・共有するという意識を定着させる等，具体的な手法を工夫する必要があります。

4．不正の要因をなくす

(1)　不正のトライアングル

　不正行為には，①不正の機会，②不正を働く動機，③不正を正当化する事情，の3つの要因があるといわれています（米国の犯罪学者D.R.クレッシーが体系化したもの）。

　これらの3つの要因がそろうと不正が起こるとされており，不祥事の事案を検討すると，各要因にあたる事情が存在します。したがって，自社に下記のような不正行為の要因に該当する事情が存在しないかに注意し，それを改善する取組みをすることが考えられます。

(2)　不正の機会

　1つ目の要因は，不正の機会，すなわち，不正を可能，容易にする客観的な環境があることです。具体的には，以下のような事情が不祥事の原因として挙げられることがあります。

- 権限が集中し，業務が少人数で完結している
- 製造工程や技術を周りが理解していない
- 他人の業務内容や他部署の業務内容に無関心で，社員間や部署間のコミュニケーションが不足している
- 長期間大きな人事異動がない
- 牽制する者がいない
- 内部通報制度が機能していない　等

　部署間の牽制や適宜の監査がなされるような体制とし，適宜の人事異動を実

施する等，従業員が不正の誘惑に襲われたときに，不正の機会を与えないことが重要です。

(3)　不正の動機

　2つ目の要因は，不正の動機，すなわち不正行為をするしかないと考えるに至った事情です。たとえば，以下のような事情が挙げられます。

- 他の部署，上司，取引先からのプレッシャー
- 納期に間に合わないと会社が損失を被る
- 上司の命令に逆らえない
- 売上目標，利益目標を達成したい
- 検査の人員や担当者の技術が不足している
- 指定された原材料が不足する
- 保身，名誉欲，第三者の期待に応えたい　等

　売上目標・利益目標の達成や納期の遵守等について従業員に過度のプレッシャーをかけると，これら不正な動機につながることがあります。

(4)　正　当　化

　3つ目の要因は，不正行為を正当化し，自ら納得させる事情があることです。たとえば，以下のような事情が不正行為の正当化に使われます。

- データを偽装しても製品の品質には問題がない
- データを改ざんしても事故には直結しない
- 公になる可能性は低い
- 人員が不足しているのに無理な仕様や納期を決めた会社が悪い
- 無理な仕様，納期を押し付ける取引先が悪い
- 上司の命令だから仕方ない
- 長年このやり方でやってきた
- 一時的なことだから
- そのほうが会社のためになる　等

　データ改ざん等の不祥事は会社の価値を毀損し，取り返しのつかない結果を招くという認識や，上司の命令であってもコンプライアンスに反する場合は

従ってはならないという認識を，社内に定着させることが重要です。

5．実務上の留意点

　日本取引所自主規制法人は，上記の不祥事予防のプリンシプルだけでなく，不祥事発生後の事後対応に重点を置いた「上場会社における不祥事対応のプリンシプル」も，平成28年2月に公表しています（https://www.jpx.co.jp/regulation/listing/principle/index.html）。同プリンシプルの内容も踏まえて，事前予防・事後対応の双方にわたっての取組みを進めるのがよいでしょう。不祥事を知りながら放置した場合や隠ぺいした場合は，その行為が第2次不祥事となり，さらに企業価値を毀損しかねませんので，速やかに信用回復措置をとれるような体制が必要です。

　なお，これらの取組みは，東京証券取引所のコーポレートガバナンス・コードへの対応の一環としても，位置付けることができるでしょう。

Q47　海外子会社の管理

海外子会社の管理において，国内子会社との比較で特に留意すべき点は何でしょうか。

A

海外子会社の場合，言語・文化・法令・背景が違う，時差，上司の顔が見えないなど，さまざまな障害があります。現地の事情や特有のリスクを理解した上で，海外子会社に適用されるコンプライアンス規定を整備し，トレーニングを実施する他，レポートラインでの伝達だけでなくさまざまな経路で地道にコミュニケーションをとることが大切です。

1．海外子会社の特性と管理の難しさ

　会社法上，子会社の管理に関する事項として，大会社においては企業集団の内部統制を親会社の取締役会で整備する義務が規定されています（会社法362条4項6号・5項，同法施行規則100条1項5号）。そのため，子会社管理は内部統制システムの一環として考えられ，グループ全体としてどのような管理をしているかの説明責任が生じます。また，令和元年6月に経済産業省から「グループ・ガバナンス・システムに関する実務指針（グループガイドライン）」が出され，子会社を保有しグループ経営を行う企業においてグループ全体の企業価値向上を図るためのガバナンスのあり方が示されているので，ご参照ください。

　海外子会社の場合，言語・文化・法令・背景が違う，時差の存在，常に顔を合わせて仕事をしているわけではない点など，さまざまな障害があり，マネジメントの難しさを感じるところです。日本本社とのコミュニケーション不足から，重大な情報が上がってこなかったり，必要な指示が行き届かなかったりすることがあります。

　海外子会社の場合，地域によってリスクが異なる点への対応を特に留意する必要があります。たとえば，アジアでは贈収賄等，欧米では競争法やGDPR（Q53参照）対応が重要となります。

　海外子会社の管理の失敗例およびリスクとしては，現地に任せきりでコンプ

ライアンスが機能せず，突然大きな不祥事が発覚するなどの例，逆に本社でコントロールをし過ぎ，現地の人材が成長しないなどが挙げられます。

2．実務上の対応

(1)　総　　論

　グローバル企業では，グループ全体に適用される共通のコンプライアンス規程を策定することが多くなってきています。コンプライアンスやCSR（企業の社会的責任）という概念は世界的な潮流であり，これを遵守する共通の土台は，法制定レベルで相当程度でき上がりつつあるというのが実態でしょう。

　しかし，国の事情もさまざまであり，現場レベルで真にこの概念を浸透させるのは，既に長い間取り組んでいる企業を別としては，相当時間がかかると考えたほうがよいでしょう。社内規程を作っただけでは足りません。形式的に規程が作られたとしても，なぜそのような規程が必要で，どのような趣旨で作られるのか，真に腹落ちした上で理解してもらう必要があります。稟議方法やレポートラインを整備し，密なコミュニケーションをとることが求められます。

(2)　具体例—贈収賄禁止

　米国の連邦海外腐敗行為防止法（Foreign Corrupt Practices Act）や英国の賄賂防止法（UK Bribery Act 2010）をはじめ，贈収賄禁止は世界的な潮流であり，域外適用の可能性も広がっています（贈収賄についての詳細はQ51）。

　一般には，社内規程で贈答や接待に金額の上限を設けたり，相応レベルの親会社による承認を義務付けたりする対応が多いと思われます。しかしながら，精巧な社内規程を作れば機械的に運用できるかというと，必ずしもそうは言えません。

　贈答品や接待を受けるケースも，判断が難しい場面の一つです。たとえばお中元やお歳暮の授受や，これに類する季節の行事や慣習が残る国があります。また，サプライヤーや顧客から，訪問や面会時に手土産を受け取る機会も少なからず残っています。海外子会社レベルでは，社内規程で贈答品の受取りを禁止されていても，これを断ることで関係が悪化しないかという懸念が払拭できない場合があります。

　取引先と飲食を共にする場合，費用折半と予定していても，思いもかけずに

先方がすべて費用を支払ってしまったという場面に遭遇することもあります。

　また，現金授受の禁止を定めたとしても，全く抵抗なく受け入れられる国もあれば，贈答品に現金を入れた上で渡す慣習がある国も存在します。日本の場合，お香典やご祝儀の慣習があります。国の慣習を尊重し，一部の国については現金授受の禁止の例外として認めるべきか否か，企業によっても判断が分かれるところでしょう。

　日本国内ですらこのような状況ですから，贈答慣習がある海外子会社の取扱いは猶更，難しい舵取りを迫られると言わざるをえません。例外を認める場合もそうでない場合も，現地の法令，過去の事例や業界慣習，個別事情等を考慮し，必要性と許容性の観点から判断していくこととなるでしょう。

(3) 対　　応

　日本国内であっても，法務担当者と実務担当者の意識の差が存在します。さらに「わかっていても現場レベルでは対応が難しい」という現状もあります。文化や言葉が違う海外では，さらにハードルは高くなります。

　海外子会社のマネジメントに，王道はありませんが，改めて重要なことをまとめておきたいと思います。

　第一に，本社マネジメントからの明確な，かつ言葉で表されない行動も含めたメッセージです。たとえ利益が犠牲になることがあってもコンプライアンスを守らなければいけないという理念が真のものであること。スピーチの中に必ずコンプライアンスに関する事項を入れることを履践するなども有効です。海外子会社の場合，海外子会社のトップも全く同じ考えを持っているという点が従業員にうまく伝わるよう，海外子会社のトップの態度も合わせて重要となります。

　第二に，話をよく聞くコミュニケーションです。親会社から子会社へ伝えれば，指揮命令系統上，子会社の人たちは言われたことを遵守することにはなっています。しかし，「言われたからやる」コンプライアンスはぎりぎりの判断を迫られるジレンマに陥った際に機能しません。海外子会社のマネジメント層をあえて外し，現地採用の従業員のみを対象とした少人数でのミーティングを行うと，これまで気付かなかった率直な意見や悩みが出てくることがあります。常日頃から困った際に話を聞いてくれる，何かあったら助けてもらえる，とい

う信頼関係を築くべきです。そうでないと，有事の際に本社へ話が上がってきません。法務担当者であれば，法務に関する知識，見識を持っているのですから，これが大いなる武器となり，よき相談相手として現地従業員との信頼関係を築きやすいものと思われます。海外子会社の場合，直接会って相手方の反応を確認しながら話す機会が国内より少ないことから，メールによるコミュニケーションが中心となります。メールによる照会に対しても，的確かつ迅速に対応するといった態度で一つひとつ信頼関係を積み重ねていく努力が必要です。

　第三に，トレーニングの有用性です。「詳しく覚えてはいないけれども，これが正しいのだろうか，もしかすると問題になるかも知れないと気になる」というレベルに引っかかる程度に，従業員の意識付けを行う必要があります。

　時には現地従業員との意識差に驚くことがあります。たとえば，国によってはプライバシーや知的財産保護への意識が弱く，個人情報や営業秘密を価値あるものとして保護しなければならないという点の説明から始めなければならないこともあります。トレーニングの時間だけではなく常時コンプライアンスを意識してもらえるよう，コンプライアンスに関する基本的事項を平易な現地語でまとめて標語とする，チェックリストやポスターを掲示する，携帯可能で常に確認できるカードを作成して持ち歩いてもらうような工夫も一案と思われます。

　第四に，指揮命令系統を超えたコミュニケーション経路の構築です。もちろん，内部通報制度はこの一つとなりますので，言葉の壁を取り払い現地母国語での報告を可能とするツールを整備すべきです。そして，作っただけでは足りません。通報した場合に通報者が不利益を被ることがないことを周知するとともに，通報した場合には適切な改善策がとられることで，この制度に対する信頼度を高めることも必要です。

　他方で，内部通報制度のようなツールを使うのは告げ口のようでいたたまれないという国柄，土地柄の地があることも否めません。誰が話を聞いてくれ，どのような対応をしてくれるのかわからないメールや電話による通報よりも，現地で話を聞いてくれそうな人に報告したい，というケースも往々にして見られます。そういう役職員をうまく海外子会社に配置し本社とのつなぎ役を務めてもらうという，人員配置上の工夫も有用と思われます。

Q48 役員の損害賠償責任と株主代表訴訟

社長が主導で始めた新製品開発事業が，売上予想とは程遠く大赤字となった上に，出荷に必要な許認可を取得できておらず，当局から製品回収指示を受け大きな損失を出しました。これに対し，ある株主が全取締役の法的責任を追及する旨示唆しています。どうすべきでしょうか。

取締役の会社に対する損害賠償責任は過失責任であり，また経営判断原則により取締役には大幅な裁量が認められるため，損失を出したという結果のみをもって責任が認められるわけではありませんが，法令違反行為には同原則が適用されません。株主から取締役の責任追及の訴えを提起するよう請求がなされると，短期間での対応を迫られますので，実務担当者としては初動対応が重要になります。

本設問では，会社法423条1項の取締役の会社に対する損害賠償責任の制度趣旨，責任の成立要件，および株主代表訴訟について概説します。なお，本設問では役員の中でも取締役の責任に限って言及し，同法429条1項の第三者に対する損害賠償責任に関する議論は割愛します。

1. 概　　要

(1)　制度趣旨

取締役は会社から経営を委任された専門家であり，高度な知見と判断能力に依拠して会社を経営します。しかし時には，無謀で過度に投機的な事業への資金投入，会社の私物化，違法行為など，投資家を含むステークホルダーに悪影響を与える行為をすることもあります。これらを放置すると，会社が社会に害を与える存在となり，結果的には会社への投資が行われず国家の経済が衰えるため，会社法は本制度でこれらの行為を牽制しています。

(2)　経営判断原則の根拠

他方，取締役の経営判断は効率性の観点からは機動的に行われる必要があり，また専門的な判断で事前にその是非を判別することは難しいことが多いため，

事後の責任追及の制度が用意されました。加えて，経営判断は流動的かつ不確実な状況の中，短時間で果敢な判断を行うことが求められ，そのような挑戦的，野心的な試みが爆発的な経済成長の原動力となるため，単に失敗したという結果のみをもって責任を認めるような制度は，取締役を萎縮させ，ひいては有能な取締役を減少させる悪い制度になります。したがい，取締役が損害賠償責任を追及されるのはそれでも個人的な負担を強いられてもやむをえない限定的な場合のみとなります。これが，経営判断原則の考え方です。

2．責任の成立要件

(1)　過失責任

　会社法423条1項は，取締役に任務懈怠があった場合，これにより生じた損害の賠償義務を定めます。これは過失責任です。したがい，本設問のように事業に失敗して赤字を出したという結果だけで，責任を追及されるわけではありません。あくまでその判断過程，どのような判断材料の下でそのような判断が行われ，その過程に注意義務違反がないか，という観点で任務懈怠の有無を判断します。

(2)　法令違反行為

　任務懈怠の内容について類型ごとに整理すると，取締役の職務には，①自分自身の職務（これには取締役としてではなく，業務担当や使用人として受任した職務も含まれ，実際にも任務懈怠が認定されるのは後者の類型の職務であることが多いです）と，②他人の業務執行を監視する職務，の2つに分類されます。①は，①-a法令違反行為に該当する場合と，①-bそれ以外の場合に分類できます。

　このうち，①-aは，当該法令違反行為それ自体が任務懈怠と認定される可能性が高いといえます。会社法355条で，法令遵守は取締役の義務とされており，裁判所が「法律を守らなくてよい」というのを期待するのは無理というものです。また，実務的にはいわゆるD&O保険（役員損害賠償責任保険）も，悪意で法令違反を行った場合は通常保険会社が免責されますので，取締役が法令違反行為を故意に行うことは非常に危険であると認識する必要があります。したがい，設問の事例で，新製品の出荷には法令に基づき許認可取得が必要だった

のに，取得していないことを事前に取締役が認識していた場合，本責任が認められる可能性が高いといえます。ただし，法令の解釈が不明確であり，結果的には法令違反であっても行為時に過失がないと判断されることもあり（最判昭51・3・23金判503号14頁，最判平12・7・7民集54巻6号1767頁など），実務的には行為時の過失否定の根拠とするため，「本行為は違法ではない」と判断する社外弁護士の意見書を取るということも行われますが，過失の否定を過信するのは危険と認識すべきです。

(3) 法令違反行為以外（経営判断原則の適用）

他方，①-bの場合は，経営判断原則が適用され，その忠実義務の範囲内で，経営判断の前提となった事実の認識に重要かつ不注意な誤りがなく，意思決定の過程・内容が企業経営者として特に不合理・不適切なものといえない限り，任務懈怠が否定されます。経営判断原則の根拠は，上述のとおり，経営判断の迅速性，予見可能性の低さ，経営の萎縮を避け優秀な経営者を確保することのほか，結果論による後知恵のバイアスを避けるという理由も主張されています。下級審が積み重ねてきた判例理論でしたが，最判平22・7・15金判1353号26頁で明確に最高裁も採用しました（ただし，その前の，刑事事件である最判平21・11・9刑集63巻9号1117頁でも言及はしていました）。

(4) 他人の業務を監視する職務の懈怠

②については，②-a監視義務違反と，②-b内部統制システム構築義務違反に分類されます。

②-a監視義務は，他の役職員が違法行為をした場合にそれを差し止めなかったことが任務懈怠となる場合ですが，あくまで過失責任であり，予見可能性と結果回避可能性が要件となります。しかし，大企業では膨大な数の従業員が日々業務を行っており，取締役がそれら個別の役職員が隠密に行っている行為を通常の職務において知るということは非現実的です。

そこで，代わりに，②-b内部統制システム構築義務（取締役は違法行為が行われないような組織を構築する義務）があり，その違反の有無を問う議論が生まれました。内部統制は，監査論や財務諸表の信頼性確保という文脈で語られることが多い言葉ですが，取締役の責任に関しては，法令遵守体制という意味で頻繁に用いられます。会社法は362条4項6号で同体制（具体的には同法

施行規則100条1項各号，および監査役非設置会社は同条2項，監査役設置会社は同条3項各号）の整備を取締役会の専決事項としており，同法362条5項で大会社においては，取締役会における決議義務を定めます。また，具体的にどのような内部統制システムを構築するかについては正にリスク管理の問題であるので，経営判断原則の適用もあると考えられています（東京高判平20・5・21判タ1281号274頁）。

(5)　信頼の原則

　特に②の類型においては，「信頼の原則」（取締役は特段の事情がない限り，他の関係者が適法・誠実に職務執行していると信頼してよく，これらが嘘をついているかもしれないと疑う義務はない）が重要な意味を持ちます。信頼の原則がないと，取締役はすべての事実関係を自分の目で直接確認しなければ任務懈怠を認定されるリスクを免れないことになるためです（東京地判平14・4・25判時1793号140頁など。また，前掲の東京高判は，監視義務にも信頼の原則が適用される旨を判示しています）。

3.　株主代表訴訟

(1)　制度概説

　会社法847条は株主代表訴訟について定めます。取締役が会社に責任を負う場合も，会社は同僚意識から取締役に責任追及をしないことがあり，その場合に株主が会社（株主の利益）のために権利行使をすることを認めた制度です。株主（ただし，公開会社では6カ月または定款で定めたこれより短い期間以上，少なくとも1株を保有している株主に限られます（同条1項，および2項））は，まず「提訴請求」により，会社が取締役に責任追及の訴えを提起するよう求め，回復できない損害が生じるおそれがある場合（同条5項）を除き，提訴請求後60日以内に会社が訴えを提起しないとき，株主自ら訴えを提起できます（同条3項）。会社が訴えをおこさない場合，株主等から請求があれば，不提訴の理由を通知しなければなりません（同条4項）。不提訴理由書の記載内容は，①行った調査の内容，②当該取締役の責任または義務の有無についての判断およびその理由，③責任または義務があると判断した場合において，責任追及等の訴えを提起しないときは，その理由，となります（同法施行規則218条）。なお，

監査役等が取締役に責任があるとはいえないと判断し，また株主が訴えを提起した場合は，会社に訴訟告知をすることになります。会社が当該代表訴訟に補助参加する（同法849条1項）場合は，監査役の全員の同意を要します（同条3項1号）。株主代表訴訟の判決の効果は，補助参加の有無にかかわらず会社に及びます。また，和解に関しては同法850条に規定があります。

(2)　提訴請求への対応

　実務担当者としては，提訴請求から代表訴訟提起，補助参加という流れになった場合，特に代表訴訟で外部の弁護士が代理人につくまでの初動対応は短期間で相当な作業量が生じます。60日以内の不提訴理由書作成は案件の規模次第ではかなりのマンパワーを要します。監査役設置会社では提訴請求の受領や提訴の判断は監査役が行いますが，事案によっては調査のために外部の弁護士を起用し短時間で大量の書面調査，関係者のヒアリング，監査役会の招集と決議などを実施します（どんなに大規模で複雑な事案であっても，60日間が延びることはありません）。また，この場合，取締役以下の通常の執行側の指揮系統ではなく，監査役の指揮命令で取締役を調査し，ともすれば追及するという立場となり，社内的にも理解されにくい微妙な立場に置かれます（特に，取締役を庇う空気が社内で強い場合，社内の関連部署が十分な情報提供に協力してくれないこともあります）。

　実務担当者としては提訴請求が来る時期を知りたいところですが，上場会社においては，少数株主権行使の対抗要件として，株主は証券保管振替機構を通じて個別株主通知を行う（株式等の振替に関する法律154条）ため，これにより提訴請求や株主代表訴訟提起の時期をある程度推測できる場合があります。

(3)　D&O保険

　D&O保険を利用する場合は保険会社との交渉が生じます（保険会社は保険金を支払うためにサーベイを実施するため，多くの情報を保険会社に提供しなければなりません）。保険商品の内容次第ですが，一般的なD&O保険は，取締役の損害賠償責任や代理人費用のほか，会社の提訴請求対応調査費用や，補助参加人の代理人費用も補填してくれますが，もし保険枠を使いすぎると取締役と会社の間で利益相反が生じることがありますので，注意しなければなりません。

(4)　マスコミ対応が必要な場合

　事案次第ではマスコミ対応にも手をとられます。広報対応は時間的に待って
くれない業務の一つであり，失敗すると大きなレピュテーションリスクを引き
起こします（特に，会社として当該取締役を庇うのか，追及するのかの方針す
ら明確に決められていない場合，社内が混乱に陥る可能性があります）。こう
いった有事を想定して，予め対応方針を関連部署と協議し，マニュアル化して
おくべきでしょう。

(5)　外部弁護士

　また，提訴請求に対応する調査を委託する弁護士や，代表訴訟における被告
取締役の代理人は，利益相反があるため普段利用している会社の顧問弁護士は
避けることになり，良い弁護士を探すには時間がかかりますので事前に候補リ
ストを準備しておくべきです。事案にもよりますが，代表訴訟で被告取締役に
補助参加した場合，その被告代理人弁護士は案件の情報を十分に持たないこと
が多く，会社との協働も十分ありうるところでしょう。その場合，被告代理人
弁護士は，被告補助参加人代理人弁護士（会社が普段使っている顧問弁護士で
あることも多いと思います）との相性の良さも重視するとよいでしょう。

≪参考文献≫
- 澤口実＝奥山健志編著『新しい役員責任の実務〔第3版〕』（商事法務，2017）
- 落合誠一監修『業界別・場面別　役員が知っておきたい法的責任—役員責任追及訴訟に学ぶ現場対応策』（経済法令研究会，2014）
- 中村直人『役員のための法律知識〔第2版〕』（商事法務，2019）

Q49　ESG経営とコンプライアンス上の課題

　近時，ESG投資/経営が重視されていますが，これはどのような概念でしょうか。また，ESG経営の中で，メーカーにとってのコンプライアンス課題にはどのようなものがあるのでしょうか。

A

　ESGとは，「Environmental（環境）」，「Social（社会）」，「Governance（企業統治）」の３つの頭文字をとったものです。ESG経営が求められる背景には，国際社会で極めて大きな存在を占める企業が環境問題等を意識し「持続可能な成長」を行わなければ社会全体の持続的な発展・成長（人類の未来）はないという強い問題意識があり，これは国連が掲げる目標であるSDGsにも共通するものです。

　具体的なコンプライアンス課題としては，紛争鉱物規制や，奴隷労働（人身売買）の禁止への対応等があります。

1．古典的な企業像からの転換と ESG 投資／経営

　近代国家における古典的な企業概念は国家の法律に基づき私人と同様の法人格を与えられた存在であり，企業の典型である株式会社の本質は多数人の出資者が出資リスクの限度内で事業（ビジネス）を遂行する仕組みです。

　このような古典的な企業像には企業の社会に対する責任は含まれておらず，民主国家の世界憲法ともいうべき世界人権宣言（1948年）や日本国憲法（1946年）においても企業の存在については全く触れられていません。

　しかし，今日の企業は，雇用，企業からの税収に基づく社会福祉の実現，社会全体の進歩と発展（イノベーション）等のために，社会で必要不可欠の存在です。また，1980年代からのグローバル経済の拡大に伴い，企業の社会に対する影響力はさらに大きくなっており，環境汚染や地球温暖化のリスクを考慮すると，メーカーを含む大企業を中心とする企業活動が持続的かつ適正に行わなければ，人類全体の未来が危ぶまれる状況になっています。

　ESG経営/投資とは，環境（Environment），社会（Social），ガバナンス

（Governance）の３つの視点が企業の持続的成長（Sustainable　Growth）に必要であるという概念であり，その発端は2006年に国際連合（国連）がESGを機関投資家の投資判断において反映させるべきとする原則（責任投資原則PRI：Principles for Responsible Investment）を発表したものです。

　現在，PRIには世界で1,500以上の機関投資家等が署名しており，他方，日本のコーポレートガバナンス・コード（後述4(3)）においてもESGに触れられており，企業は売上や利益といった財務面のみならず，ESGへの取組み等の非財務面においても企業価値を向上させることが求められています。

2．企業の行動原則（国連グローバル・コンパクトとMDGs）

　国連は，企業の行動原則として国連グローバル・コンパクト（United Nations Global Compact，1999年制定2004年改定）を制定し，企業は，世界人権宣言等に基づき次の10個の行動原則を実施しなければならないとされました（①人権擁護，②人権侵害に加担しない，③労働基本権の尊重，④強制労働の禁止，⑤児童労働の禁止，⑥雇用差別の撤廃，⑦環境問題の予防，⑧環境に対する責任，⑨環境技術の開発，⑩贈収賄等の腐敗防止）。

　また，2000年に後記のSDGsの前身として国連により「ミレニアム開発目標（Millennium Development Goals: MDGs）」が定められ，MDGsは，2000年から15年間に達成すべき国際社会共通の問題（貧困や安全な水の確保等）として，具体的な数値目標を含めて８つの目標を掲げました。

　MDGsが見過ごした大きな課題として格差の問題があり，途上国の課題解決について先進国および先進国の企業が取り組むべきことはMDGsでは限定的でした。

3．SDGsと企業に及ぼす影響

　SDGs（Sustainable Development Goals/持続可能な開発目標）とは，2015年の国連サミットで採択された「持続可能な開発のための2030アジェンダ」に記載された，2016年から2030年までの企業セクターを含む国際社会（全人類）の行動目標です。

　具体的には，①貧困，②飢餓，③保健，④教育，⑤ジェンダー，⑥水・衛生，

⑦エネルギー，⑧経済成長と雇用，⑨インフラ，産業化，イノベーション，⑩不平等，⑪持続可能な都市課題，⑫持続可能な生産と消費，⑬気候変動，⑭海洋資源，⑮陸上資源，⑯平和と公正，⑰実施手段（パートナーシップ）の17個が国際社会全体（人類全体）で2030年までに実現されるべき目標として定められ，さらに各目標別に合計179個の詳細目標（ターゲット）が定められています。

　企業の法務・コンプライアンス部門の担当者がSDGsの本質を理解するにあたっては，SDGsが国家を超えた全人類の人権尊重に向けた初めての具体的な行動目標であり，人類を誰一人として貧困や不正といった状況下に置き去りにしない（Nobody left behind）という国際社会全体の強い決意の下で，近未来（2030年）からのバックキャスティングの手法（現在の状況から飛躍・超越して未来の理想的な到達目標を設定し遡って現時点からの実現手段を策定する手法）で，企業セクターを含む地球上すべての人や国・諸団体の行動目標，詳細目標が定められたという点が極めて重要です。

　また，SDGsには，以上のような人類の持続的成長・国際的人権尊重という意義のほかに，SDGsで示された各目標には未解決・未確認の社会課題およびビジネス・ニーズ（アンメット・ニーズ）が豊富にあるという認識の下，先進的な企業の中には，SDGsを自社の収益機会の拡大の好機と捉え，SDGsやESG経営を自社の経営戦略の中核に位置付ける会社も増加しています。たとえばメーカーの中には，SDGsの各項目に対応していることを自社製品の付加価値としてアピールする等して，競合製品と差別化をする戦略を取るケースがあります。また，ESGやSDGsの課題に対応できていないと判断された場合，海外の大企業から取引が制限されてしまい，機関投資家からネガティブな評価を受け，株価も下落するといったリスクもあります。

4．メーカーにとっての個別のコンプライアンス課題

　以上を巨視的でマクロな動きとして，以下ではメーカーにおいてどのようなESG課題（コンプライアンス課題）があり，法務・コンプライアンス部門としてどのように対応するべきかを検討します。

(1) 紛争鉱物規制

米国のドッド・フランク法（2010年）およびEU法に基づき，一定の鉱物（紛争鉱物）がコンゴ民主共和国等の紛争地域で採掘されたかについて企業は特定し，米国証券取引委員会（SEC）やEU当局等に報告し，かつホームページで開示する必要があります。背景として紛争鉱物が児童の劣悪な環境において採掘され，鉱物の売却代金が武装組織の資金源になっているという実情があります。これは，上記SDGsの目標のうち，主に⑯平和と公正に関連します。

通常，メーカーの行う取引は資源の最上流から，市販製品の最下流まで複雑な商流となってしまうため，サプライチェーンの上流まで遡り鉱物の原産国を調査することは困難であり，メーカー間の取引では取引基本契約や覚書等において取引対象製品に紛争鉱物が使用されていない旨の確認（表明保証）が行われています。しかし，海外の大手メーカー等では，自社製品に紛争鉱物が使用されていないかを，上流の原材料メーカーまで遡り立入調査を行う例もあります。

(2) 奴隷労働，人身売買等の禁止

現在でも途上国では児童労働がみられ，過去には欧米の大企業（メーカー）が児童労働によって生産された原材料を使用しているとして批判されたことがありました。このような観点からカリフォルニア州サプライチェーン透明法（2010年）は，同州のすべての企業に，人身売買を防止するための取組みについて公開することを義務付けています。また，英国現代奴隷法（2015年）は，英国内で事業を行う一定規模以上の企業に対して，自社の事業のみならず自社事業のサプライチェーン上で奴隷労働および人身売買の発生を防止するためにとった措置について，毎会計年度に報告書を作成・公表することを求めています。

これらはSDGsでは主に⑧経済成長と雇用に関連します。また，紛争鉱物と同様にサプライチェーン上での奴隷労働（児童労働）等の有無の直接の確認は困難なため，メーカー間の取引では，取引対象製品が奴隷労働等によって製造されたものではないことを表明保証することが行われています。

紛争鉱物と同様に，下流のメーカーが，上流の工程で奴隷労働（児童労働等）が行われていないかを実際に確認するのは困難な点もありますが，海外の

大手メーカー等では，自社のみならず上流の工程でも奴隷労働が存在しないかを確認し，毎年の統合報告書などで発表するケースも増えています。

(3) そ の 他

競争法対応や贈収賄規制対応も重要なコンプライアンス課題ですが，別に論じます（Q50，51参照）。

また，環境対応（E）や以上のような社会課題対応（S）のみならず，ESG経営とSDGs実現のためには企業のガバナンス（G）を強化することも必要です。

日本でもコーポレートガバナンス・コードが導入され（平成27年），東京証券取引所が企業の持続的な成長と中長期的な企業価値の向上に資する主要な原則を定めました。上場企業は，5つの基本原則（①株主の権利・平等性の確保，②株主以外のステークホルダーとの適切な協働，③適切な情報開示と透明性の確保，④取締役会等の責務，⑤株主との対話）について，毎年，対応状況についての報告と基本原則を実施しない場合にはその理由を説明する必要があります。

Q50 新興国における競争法への対応

　当社のタイにある子会社に監査に行ったところ，同業者団体に所属し，営業担当者がさまざまな情報交換を行っていることがわかりました。東南アジアはまだまだ法整備や執行が進んでいないと思われるため，特段，不適切等の指摘は行いませんでした。今後は，新興国の子会社についても先進国の拠点と同様に厳しい内部管理を行うべきでしょうか。

　独禁法は海外では欧米等の先進国のみにて執行されていると誤解している人もいるかもしれませんが，決してそのようなことはありません。東南アジア，中南米，アフリカ諸国でも先進国並みの法制度を持ち，執行も厳しく行う国が昨今増えています。したがって，新興国にある子会社においても日本や欧米と同様に，独禁法に関し，コンプライアンス体制を構築し，内部規定の策定，従業員教育や内部監査などを行う必要性が大きくなっています。

1．はじめに

　日本の独禁法は，公正かつ自由な競争を促進し市場経済秩序を維持することを目的として昭和22年に制定され，公取委が同法を運用し，競争政策を行っています。

　昨今では，経済のグローバリゼーションの進展とともに，海外においても新興国を含め，同法と同様の市場における公正・自由な競争の実現を目的とする法律を持つ国・地域が増えています。海外では「競争法（Competition Law）」と呼ばれることが多く，2019年11月現在100を超える国・地域に存在しています。

　各国の競争法を所管する当局は，相互に情報連携を行っており，特に国際競争法ネットワーク（International Competition Network，略称「ICN」）と呼ばれる組織を形成，定期的な年次総会を開催し，当局担当者のほか弁護士等も参画する各種のワークショップ等においてカルテル，企業結合といった分野ごとに議論を通じて知見や経験を共有し，報告書の作成・発表などの活動を行っ

ています。また，日本の公取委は，競争法を導入または運用の強化を図る新興国の競争当局に対し，競争政策等に関する技術支援を行っています。こうした国際的な協調の枠組みのもと，新興国における競争法の制定，執行レベルも飛躍的に向上しているといえます。

2．新興国における法令制定，執行の状況

(1)　総　　論

　新興国において施行される競争法は，上記のような先進国の競争当局からの技術支援等もあり，概ね，カルテル，垂直的取引制限，支配的地位の濫用，企業結合という主要な4分野について基本的な規定を備えています。ただ，たとえば，違反行為に関する自主申告者に対し，課徴金等を軽減することとするいわゆるリニエンシー制度は，導入済の国と制度未制定の国とがあり，また，違反時の制裁につき行政罰は定めていても刑事罰は設けていない国もあります。企業結合規制についても，事後届出のみで足りるとする国もあれば，一定条件を満たす場合は事前申請と当局の承認を必要とする国，などその内容や程度は国・地域により異なっています。

(2)　ア　ジ　ア

　本設問にあるタイでは，1999年4月より取引競争法が施行されたもののほとんど執行が行われていなかったところ，2017年10月に同改正法が施行されました。たとえば，企業結合につき，事前承認申請と事後届出の双方が必要となる，カルテルをハードコア・カルテルと非ハードコア・カルテルに分ける，など種々の改正がなされており，一部は下位規則も施行されています。今後，本格的な執行が行われることが予想されます。

　また，他のASEAN諸国においても，たとえばインドネシアでは2000年より包括的な競争法が施行され，事業競争監視委員会（KPPU）が特に談合，カルテルを中心に非常に積極的に違反事件を摘発，課徴金を課しています。

　シンガポールはASEAN諸国の中では比較的遅くに競争法が制定され，2005〜2007年にかけて段階的に施行されましたが，ベアリングや航空貨物における国際カルテル事件の摘発も行い（前者では日系企業も課徴金支払いを命じられました），積極的な運用を行っています。

　また，2012年に競争法が施行されたマレーシアでは，カルテル，支配的地位の濫用において摘発事例があるものの，企業結合規制に関してはASEANで唯一規定が設けられておらず，現在規制導入に向けた法改正が進められています。

　ベトナムにおいては，2018年6月に2004年競争法を改正した新競争法が成立し，2019年7月1日より施行されました。新法では，ベトナム市場に競争制限効果を与えるまたはそのおそれのある競争制限行為および経済集中を規制することが明記され，国外の企業等も適用対象に加えられています。

　インドでは，2003年から2011年にかけて段階的に施行され，当局であるインド競争委員会は積極的に談合，カルテル等の摘発，処分を行っているものの，委員会の決定に対する不服申立てがなされ，競争審判所において覆されるという事例も相次いでいます。

　東アジアにおいては，韓国，台湾ではそれぞれ1980～90年代，中国では2008年に競争法が成立し，いずれも活発に執行されています。中国では，所管する当局が，国家発展改革委員会（価格に関する独占的行為等），国家工商行政管理総局（価格以外の独占的行為），商務部（企業結合）と3つに分かれていたところ，2018年3月に一本化され，新しく国家市場監督管理総局が正式に設立されました。また，香港では，2013～2015年の間に段階的に競争法が施行され，カルテル，小売価格規制等の違反を疑われるケースにつき年間100件を超える通報が競争委員会に対してなされており，2017年に談合事件2件を摘発しています。

(3)　その他の地域

①　中　南　米

　ブラジルでは，1994年に競争保護法が成立し，「経済秩序違反」として4つの行為類型が規定されているものの，他国の競争法で一般に整理されるカルテルや市場支配的地位の濫用等としては定義しておらず，独自の概念にて整理されている点に特徴があります。しかしながら，自動車部品カルテルなどいわゆる国際カルテル事件について積極的に摘発を行い，違反行為者と確約を締結することで終結させています。

　メキシコにおいては，2014年に連邦経済競争法が施行され，カルテル，市場支配的地位の濫用，企業結合をそれぞれ，「絶対的独占的行為」「相対的独占的

行為」「経済力集中」として規制しています。特にカルテルについては，2015
〜2016年に，砂糖，自動車部品，乗客運送事業の価格カルテル事件を摘発して
います。

② アフリカ

南アフリカ共和国では，1998年に競争法が施行され，カルテル（水平的制限
行為），垂直的取引制限，市場支配的地位の濫用，企業結合を規制対象として
います。執行面では，2014年よりカルテル調査件数が100件を超えるなど，次
第に活発化しているといえます。

３．海外子会社におけるコンプライアンス

このように世界各地で競争法の制定，施行が進み，執行も当局間の協力関係
もあり活発化していく中，グローバルに事業展開する日本企業は，本社だけで
はなく海外の子会社においても，競争法コンプライアンスを進めていく必要が
あります。このことは，早くから当局が競争法違反事件の摘発に積極的な欧米
にある子会社のみでなく，急速に法整備を進めている新興国に所在する子会社
においても同様です。そのためには，トップのコミットメントのもと，子会社
をも対象に含めた企業グループ全体の競争法コンプライアンス規定の策定や，
各国の法令に合わせたマニュアルの整備，役員・従業員への教育，定期的な内
部監査，などを実行することが求められます。特に教育については，教材に，
当該国における具体的な執行例を盛り込むなど内容面の工夫もし，何度も繰り
返し行うことにより，意識の定着を図ることが肝要です。

Q51　海外贈賄防止

東南アジアの一国で，現地自治体による産業機器の入札案件への受注活動中に，当社が採用している現地の代理店から，当該発注業務を担当する庁の局長級公務員にリベートを贈ることを推奨されました。営業担当者は，「代理店へのエージェントフィーの増額でリベート費用を工面すれば，その後の面倒な作業は代理店がうまくやってくれる」といい，代理店の提案に応じたい意向のようですが，認めてよいでしょうか。

A

　リベート額や利益供与の方法，現地法制等を調査する必要がありますが，基本的には贈賄として摘発を受けるリスクが高い行為への関与が疑われます。本リベート工作に関与しないよう指示し，そのための社内説得にあたるべきです。

　本設問の事例は，企業が汚職の習慣が根強く残る国で事業を行う際，切実な問題となる典型的な事例です。海外汚職の問題は，このように新興国など一部の国で汚職の習慣が根強く存在し，賄賂を贈らなければ実質的に事業が前に進まない実情がある一方，近時は各国の捜査機関が取締りを強化し，摘発され厳罰を受ける可能性が現実的となり，その板挟みにあうというものです。

1．汚職の実態と弊害

　贈賄は犯罪です。ところが，日本では当然であるこの認識が，一部の国では全く通用しないことがあります。そういった国では，賄賂がまるで文化のように定着しています。無論，ほぼすべての国で，贈賄は犯罪行為として法律で建前上禁止されていますが，こういった国では実効的な検挙活動が行われず，捜査機関や裁判官までもが平然と賄賂を要求することがあります。

　経済成長著しい新興国では旺盛な需要があり，製造業にも大きなビジネスチャンスがありますが，発注権限や許認可を与える権限を有する公務員・政治家が当該権限を用いて企業に賄賂の支払いを要求してくることがあります。これを拒むと，入札で失注する，事業に許認可が与えられない，通関など必要な手続が著しく遅滞する，等の不利益を受けます。少なくない外国企業がこうし

た不利益回避のため，言わば現地の習慣に合わせるという名目で利益供与を行い，汚職の構造に加担してきたという現実があります。

　受注において企業が賄賂を使えば競争が歪められ，市場の競争原理が機能しません。税金が（賄賂のコストが乗っかった）割高な粗悪品に無駄遣いされ，権力者は公のために行使すべき権力を，私利私欲のために使うことになります。これにより貧富の差が拡大し，貧しい者が行政サービスから排除されます。経済的な無駄コストが増加し，社会の経済全体が衰え，最終的には全員が不利益を被るのです。贈賄者には直接の被害者が見えないため，この事実が実感しづらいということにすぎません。

2．近時の汚職取締り

　贈賄行為を処罰する法律は昔から各国に存在しますが，近時，特に実務的に重要となったのは，各国の域外適用法，すなわち外国の公務員に対する贈賄行為に対して自国の法律を適用し処罰を行う法律の運用です。

(1)　FCPA（米国）

①　経　緯

　上記域外適用法のうち，特に米国のFCPA（Foreign Corrupt Practices Act）が非常に積極的に運用され，実務的な注目を浴びました。同法の制定は1977年ですが，21世紀に入るまで米国当局である司法省はFCPAをあまり執行してこなかったところ，2004年頃から執行件数を急増させました。

②　禁止規範

　FCPAには，①賄賂禁止条項と②会計・内部統制条項の大きく2つの禁止規範があり，①は外国公務員に対して賄賂の支払い，およびその申込み，約束，これらの承認を行うことを禁じます。②は正確・適正な会計帳簿を作成し，取引・資産を管理して記録する内部統制を確立することを義務付け，故意に虚偽記録を行い，または内部統制の確立を怠ることを禁じます。なぜ②が贈賄防止につながるのかというと，企業が贈賄を行う場合，工面した経費を計上しますが，賄賂という計上はできないため（当然ですが），必ず費目を偽ることになります（「コンサルティング費用」「弁護士費用」「販売管理費」などさまざまな費目が偽装のために使われます）。この虚偽計上を犯罪として類型化したも

のが②です。

　なお，FCPAではファシリテーション・ペイメント（行政サービス円滑化の
ための少額の支払い。以下「FP」といいます）が，贈賄に該当しないとされ
ていますが，その定義は限定的ですので，注意を要します（また，FPを免責
する規定は他国の法制には基本的にありません）。ただし，脅迫を受けるなど，
生命・身体の安全性に危険を感じてFPを支払う場合は，どのような法制にお
いても，少なくとも贈賄の故意が否定されるものと思われます。

③　適用範囲

　次にFCPAが適用される主体の範囲ですが，①上場企業，②国内関係者，③
米国内で一部の行為を行った者，および④これらの者との関係で共謀，幇助を
行った者，となります。日本の製造業者としては，③および④が実務的に重要
となることが多いですが，特に③は司法省により非常に緩やかに解釈・運用さ
れており（たとえば，贈賄に関連する銀行口座が米国内にある場合や，贈賄に
関するメールが米国内のサーバを経由している場合も③に該当し，賄賂を米ド
ルで支払っただけでも③に該当する可能性があります），特定の案件で③，④
のいずれにも該当しないためFCPA適用の可能性はないと言い切ることは難し
い状況です。

④　摘発事例

　実際の摘発としては，2008年にSiemens（独）が8億米ドル，09年にKBR/
Halliburton（米）が5.79億米ドル，10年にはTechnip（仏）が3.38億米ドル，
BAE（英）が4億米ドル，14年にはAlstom（仏）が7.72億米ドル，17年には
Rolls Royce（英）が1.7億米ドルの制裁金を，当局に支払うことで和解が成立
した例などがあります。製造業以外も含むと，2018年のPETROBRAS（ブラ
ジル）による，17.8億米ドルの制裁金支払いが2020年現在の最高額です。日系
企業の摘発例では，2011年に日揮（2.19億米ドル）とブリヂストン（2,800万
米ドル），12年および14年には丸紅（各々5,460万米ドルと8,800万米ドル），15
年には日立（1,900万米ドル），16年にはオリンパス（2,280万米ドル），18年に
はPanasonic（2.8億米ドル）とビーム/サントリー（8.2億米ドル）が制裁金支
払いを当局と合意または命じられています（注：金額は概数。また，被制裁企
業はグループ企業の場合があります）。また，法人のみならず贈賄行為に関与

した従業員にも，執行猶予のない禁固刑や罰金刑などの厳しい刑事罰が積極的に科されるようになっています。

⑤ コンプライアンス

シビアな制裁が運用されているFCPAですが，他方で，企業が効果的なコンプライアンス体制を構築していれば，役職員が贈賄行為に関与しても，企業の責任を減免する制度が用意されており，言わばアメとムチ政策により，企業による効果的な贈賄防止体制の構築を促しています。2012年に司法省と米国の証券取引委員会（SEC）が共同発表したFCPAのガイドライン（https://www.justice.gov/sites/default/files/criminal-fraud/legacy/2015/01/16/guide.pdf）では，実効的なコンプライアンス制度の要素が示されています。

(2) UKBA（英国）および不正競争防止法（日本）など

他に，英国のUKBA（United Kingdom Bribery Act）（2010年制定。日本では贈賄は原則公務員に対してしか成立しませんが，UKBAでは相手が民間業者でも贈賄の成立を認めます。中国における商業賄賂と同様の考え方になります）や，日本の不正競争防止法（1998年の改正により，同法18条に外国人公務員等に対する不正の利益供与等の罪を新設。2004年改正で国民の国外犯処罰規定を追加）などが域外適用法の例であり，これらは現状ではFCPAほどの積極的な執行はなされていない（不正競争防止法違反で起訴された事件数は少ないものの，特筆すべき案件として，三菱日立パワーシステムズ株式会社の元役員ら3名が，タイにおいてなした運送業者への不正な金銭支払いについて同社で内部通報があり，同社が検察に報告の上，協議・合意制度の適用を受け，2018年7月に同3名が同法違反で起訴された案件があります）ものの，無論十分な理解と注意を要します。なお，日本においては，経済産業省が外国公務員贈賄防止指針（http://www.meti.go.jp/policy/external_economy/zouwai/pdf/GaikokukoumuinzouwaiBoushiShishin20170922.pdf）を発表しているほか，日本弁護士連合会も2016年に「海外贈賄防止ガイダンス（手引）」（https://www.nichibenren.or.jp/library/ja/opinion/report/data/2017/opinion_170119.pdf）を公表しています。加えて，上記のような域外適用法の積極的運用に合わせる形で，新興国においても贈賄を禁止する国内法の運用を活発化しているケースが多く見られます。

3．対応の方針

① 制止することを恐れない

　当局による摘発が積極的に行われる中，海外事業において「現地の文化だから」という理由で贈賄要求に従うことは極めて危険な行為です。特に，海外での営業経験が長いベテランの担当者は，そういった手段で仕事を勝ち取ってくることに過去の経験則で慣れており，ここ十数年ほどで急激に風向きが変わっていることに馴染んでいない可能性があります。そして，年功序列が残る日系企業では，そういった年配担当者の発言力が大きいという傾向もあります。社内圧力に負け違法行為を野放しにしては，コンプライアンス担当部署の存在意義を疑われる事態となります。制止することを恐れてはいけません。

② 贈賄防止体制の構築

　ただし，実際に本設問のような行為を制止するには，通常時から社内に海外贈賄防止体制を構築し，十分な社内の理解の獲得と権限確保を行う必要があります。このような通常時の準備を怠ったまま，いきなり声を上げても，理解を得るのは難しいといえます。

　当該体制は，具体的には，①経営トップの積極的コミットメント，②社内ポリシーや規程の整備，③組織と権限および予算の確保，④公務員等への接待・贈答等に対する決裁・記録制度の確立，⑤第三者管理体制の確立，⑥内部通報制度，⑦教育・研修の実施，⑧監査，⑨有事対応体制の構築，⑩そして①～⑨の継続的な更新・改善から構成されます。各要素については，一般的なコンプライアンス体制と重複するものも多いですが，以下では特に重要な点を補足します。

　①については，ともすれば利益至上主義に流れてしまいかねない営業部門等（また，往々にして営業部門はプロフィットセンターであり発言権が大きいです）と意見対立が生じた際に，歯止めをかけてくれるのは，最終的には経営層になります。経営トップの汚職の問題・リスクに対する十分な理解と，常日頃からの継続的な働きかけ（社員への情報発信等）が重要です。経営層が部下からの意見をあまり重要視しない場合は，外部の権威ある弁護士によるレクチャーなども効果的です。また，監査役設置会社では監査役も心強い味方にな

ります。

　②については，贈賄を禁じる社内規程のほか，現場実務で使えるような詳細なガイドラインを準備し，運用者にとって一義的で明確，かつ現実的な規範を示すことが重要です。リスクに過度に反応するあまり，「あれもダメ，これもダメ」では，現実的に営業活動ができなくなり，結局は現場担当者の信頼を失い，皆が規範を無視しはじめます。逆に，規程の違反者が出た場合，温情をかけると悪しき前例となり，この場合も規範が有名無実となる危険性があるため，懲戒は適切に科すことが重要です。

　③については，特に②④⑤⑥⑦等が，常時一定のマンパワーを要します。①経営層の本気度の表れとして，きちんとした予算と人員，権限の配分を受けることが必須です。

　④について，FCPAの会計・内部統制条項の説明でも述べましたが，正確・適正な会計帳簿を作成し，取引・資産を管理して記録するために，公務員等への接待・贈答などの利益供与を実施した際は，正確な記録を残すことが重要です。出金において，適切にエビデンスが残されていないことは，不透明な出金を捜査当局から疑われることにもなります。スマートフォンのアプリから出金記録を作成するサービスなども市販されています。また，社内規範（②）で，リスクの高い利益供与を実行する際には事前決裁を設けて管理部門の審査を経ることが，内部統制にとって重要な要素です。

　⑤について，賄賂は費用負担を行う企業から収賄者に直接渡されることは稀であり，エージェントや販売店等の第三者を経由して利益供与が行われることが多いため，企業としてはこのような第三者を起用前に十分精査し，不審な事情があれば説明や改善を求め，贈賄禁止文言に署名させるなどの対応をとり，起用にあたっての判断過程を記録化することが重要です（日本人は基本的に性善説で行動しますので，相手を疑って行動することを苦手とします。「見て見ぬふり」は自らを滅ぼすとの自覚が必要です）。第三者の前歴情報等を提供するサービスも市販されています。

≪参考文献≫
● 森・濱田松本法律事務所グローバルコンプライアンスチーム編『海外進出企業の

ための外国公務員贈賄規制ハンドブック』（商事法務，2018)

- ベーカー&マッケンジー法律事務所（外国法共同事業）＝デロイト トーマツ ファイナンシャルアドバイザリー株式会社フォレンジックサービス編『海外進出企業の贈賄リスク対応の実務』（中央経済社，2013)

Q52　米国の製造物責任と米国訴訟

　米国市場で流通する当社の部品が組み込まれた製品が不具合により事故を起こし，多くのユーザーが怪我をしている可能性があるようですが，当社の部品起因かはわかりません。当社は米国子会社を設立していませんが，上記部品は，現地パートナーとともに米国向けに設計したものです。どのようなリスクを想定し，どのような対策をすべきでしょうか。

　当該製品により被害を受けたユーザーから，米国のProduct Liability Law（以下「PL法」といいます）に基づく損害賠償請求を受けるリスクがあります。当社の部品起因か否か明らかでなくとも，当社が被告になる可能性は十分にあります。速やかに米国内の弁護士に相談し，訴訟提起がされた場合には，Motion to dismiss にて申立てが却下されるように対応すべきです。

1．はじめに

　PL法とは，製品事故で生じた生命・身体・財産上の損害について，製造者のみならず，小売事業者，販売者および輸入事業者その他販売に関与した者全員に対して賠償責任を負わせるものです（原告は誰に対して訴訟提起をするか決められます）。PL法は米国の50州すべてで法制化されています。州によって細かい違いはありますが，共通するものとして以下のような特徴があります。

- 免責条項を付して販売しても，これに拘束されずにPL責任を追及できます。
- 該当製品に「欠陥」が存在し，かつその欠陥によって損害が生じたこと（因果関係）が立証される必要があります。また，当該欠陥がメーカー等の故意または過失起因であることの立証は不要です（厳格責任）。「欠陥」の内容はQ30にて記載の日本の製造物責任法上の「欠陥」と概ね類似していますので参照してください。

2．米国の訴訟手続

　PL訴訟に限らず，米国の民事訴訟の負担や敗訴リスクは以下の制度の存在のために非常に重く，日本企業にとって大きなリスクとなります。

(1)　ディスカバリー

　ディスカバリーとは，訴訟の当事者がお互いに係争事件に関連する書類，電子データ，証人その他の情報を開示し収集する手続です。PL訴訟では「欠陥」の有無が争点になりやすいため，原告側から，製品の研究開発から設計，製造体制，販売に至るまでのあらゆる専門的な文書やデータの開示をディスカバリーの中で要求されますが，これらの資料のレビューや開示の作業は膨大になります。また，このディスカバリーの一環で，被告の開発担当者等の証言を録取する手続（デポジション）も行われます。証人一人につき数時間かつ複数日かかることも珍しくないため，準備に多くの時間が必要とされますし，弁護士費用も膨大になります。

　なお，ディスカバリーの場面においては，弁護士・依頼者間秘匿特権（attorney-client privilege）およびワークプロダクト法理（work product doctrine）が重要で，これらのルールが適用される文書等については，ディスカバリーでも原則として開示対象になりません。秘匿特権とは，弁護士と依頼者間で秘密裏に行われた法的相談内容について開示を拒否する権利を指します。すなわち，以下の①～③の要件が充足される場合には，秘匿特権が放棄された場合や，犯罪・不正行為を目的としたコミュニケーションである場合を除き，原則としてディスカバリーの場面でも開示義務を負いません。

---

①　弁護士と依頼者の間のコミュニケーションであること。
②　法的助言を得る，または与える目的で行われるものであること。
③　それが第三者に開示せずにされた秘密のものであること。

---

　①の「弁護士」の範囲ですが，一部の州法において若干の議論はあるようですが，連邦法や多くの州法では，日本の弁護士も含まれます。また，企業内弁護士も含まれます。また，「依頼者」には，実際の依頼者のみならず，弁護士に依頼を考えている者も含まれます。企業が依頼者の場合には，企業内のどの

範囲までの者との交信が保護されるかは議論になります。②の「法的助言」には，（たとえ弁護士が関与しても）純粋にビジネス上の助言は含まれません。他方で，法的助言または訴訟の戦略についての議論の一環でビジネス上の戦略について言及する場合にまで否定されることはないとされています。③の弁護士・依頼者以外の第三者がコミュニケーションに入ると「秘密」性の要件を欠きます。

　他方，ワークプロダクト法理は，予期された訴訟の準備のために作成された文書や実際に係争中の訴訟準備資料等は，原則ディスカバリーの開示対象から除外するものです。作成者は，秘匿特権と異なり，弁護士に限らず，訴訟・紛争の当事者や，その補助者（会計士，コンサルタント等も含む）でも問題ないです。しかし，例外的に，文書の必要性が極めて高く，当該情報が他の方法では入手困難な場合には，弁護士その他の代理人が作成する結論・意見等が記載されたワークプロダクト（オピニオン・ワークプロダクトといわれます）を除き，開示対象とされてしまう場合がありますので，注意が必要です。

　もっとも，米国の制度である以上，普段これらを意識して文書やE-mailを作成する日本企業は少なく，本設問のような米国製造物責任訴訟の場面においてこれらを十分に活用させるには時機を逸している場合も多いです。

⑵　クラスアクション

　クラスアクションとは，共通点をもつ一定範囲の人々（class）を代表して1人または数人の者が全員のために原告として訴え，または訴えられるとする制度です。PL訴訟では，問題製品のユーザー全員が潜在的にclass に含まれる可能性があり，万が一敗訴すれば，原告1人当たりの損害額は少額であっても，トータルの賠償額は膨大なものになります。

⑶　懲罰的損害賠償

　懲罰的損害賠償とは，主に不法行為訴訟において加害行為の悪質性が強い場合に，加害者に対する懲罰や抑止の目的に，通常の塡補損害賠償に加えて認められるものです。PL訴訟では，製造業者・販売業者等が製品に不具合があることを認識しているにもかかわらず，ユーザーに対して警告する，または は回収等の措置を講じる等を怠った場合に，懲罰的損害賠償が認められることがあります。ただし，この懲罰的損害賠償の有無や要件等は州ごとに異なります。

以上の制度ゆえに，ディスカバリー前または手続中に原告と和解を選択する
ケースが大半となります。

3. 日本企業が米国で民事訴訟の被告となった場合

　米国でビジネスを行う場合，米国民事訴訟は避けられないリスクです。また，
米国に子会社や製造・販売拠点がないとしても，自社の製品または部品が何ら
かの理由により米国内で流通し，それが問題を起こしてPL訴訟を提起される
可能性もありえます。

　この点，原告のPL訴訟提起自体は止められませんが，米国裁判所が審理で
きないケースだと主張して，門前払いの形で訴訟を打ち切るよう申立てをする
ことができます，これはMotion to Dismissと呼ばれます。当該申立てで訴訟
提起が却下されれば，ディスカバリー等の面倒な手続も回避できます。
Motion to Dismiss を申し立てることができる理由はいくつかありますが，本
設問との関係では，米国裁判所が被告に対して人的管轄権を有してないことを
主張することが考えられます。裁判管轄権（Jurisdiction）とは，ある事件に
関して，その裁判所が裁判を行う権限をいい，大きく分けて事物管轄権（事案
の性質に着目して判断される管轄権）と人的管轄権（当事者に着目して判断さ
れる管轄権）の2種類があります。事物管轄権と人的管轄権の両方が裁判所の
判断の前提で必要となります。そして，人的管轄権の有無は，各州または連邦
の「ロングアーム法」に基づいて決められますが，その妥当性については米国
憲法上のデュープロセス（合衆国憲法修正14条）を踏まえて判断されます。具
体的には，Fair Playと実質的正義に背かない程度の「Minimum Contact（最
小限の接触）」が被告と提訴先裁判所の間に存在する必要があります。Fair
Playなどの基準は明確ではありませんが，最小限の接触の解釈について，「継
続的かつ組織的（continuous and systematic）」に活動している場合や，突発
的な関係であっても意図的に米国州と関係を持った場合などには最小限の接触
が肯定される可能性があります。近年，少なくとも米国連邦最高裁はこの最小
限の接触について狭い解釈をしていますが，米国の州裁判所では引き続き広く
解釈する傾向にあります。たとえば，日本のメーカーの部品や完成品が知らな
いうちに製品に組み込まれたり輸出されたりして偶然米国で売られただけでは

最小限の接触は否定されやすい一方，部品の設計を米国仕様にしていたり，米国内で宣伝や販売促進活動をするなど，米国市場に向けた何らかの行為が認められれば，最小限の接触が成立し，米国で裁判ができるとした連邦最高裁判決があります。米国に子会社や生産拠点がないとしても人的管轄が認められる可能性があるようです。もっとも，仮にMotion to dismiss が認められたとしても，上訴される場合もありますし，通常は平行してディスカバリーに向けて文書保存等の準備をしますので，訴訟提起・訴状の送達がなされた段階で相当程度の応訴費用が掛かることは覚悟すべきです。

4．本設問の事例および法務担当者として対応すべきこと

　本設問の事例では，当社の部品は米国の協力会社と共同で米国向けに設計したものですから，人的管轄権は認められる可能性が高いです。もっとも，米国拠点等はないわけですし，Discoveryの準備や和解の必要性などを検討するための時間稼ぎのために，通常はMotion to Dismissの申立てをすると考えられます。その間に，当該部品に「欠陥」があり，それが原因で事故が起こっているのか否かを，開示されるべき書類のレビューや設計・製造等の担当者へのヒアリングを通じて調査すべきです。ディスカバリーで開示すべきデータは電子メール等や手書きのメモなども含まれますので，速やかに関係者やIT部門と連携して文書等の保全を行うべきでしょう。紛争になることが予見されてからこのような資料を削除してしまうと，自動的に相手方の勝訴になったり，莫大な課徴金を課されることがありますので，ご留意ください。

　また，訴訟提起を前提にした社内プロセスも整備すべきです。ディスカバリー対策のため，設計・製造および警告・表示に関するデータとそのための社内体制記録を常に整備し，訴訟が発生すれば，直ちに資料を提出できるようにすべきです。支払額が十分なPL保険に加入も加入しましょう。

　また，米国訴訟の被告になりうる会社では，普段から，法的な問題について社内で議論する際には，必ず弁護士資格を有する法務部員を関与させ，秘匿特権を主張できるよう従業員教育を徹底すべきです。また，（秘匿特権の保護を得るための必須条件ではないですが）便宜上，弁護士資格者とのe-mail の件名や資料上には，"Privileged & Confidential"とつけるように指示すべきです。

Q53 GDPR（一般データ保護規則）対応

　欧州の消費者向け製品についてドイツの販売会社から小売店に卸して販売していますが，EUの個人情報保護法であるGDPRとの関係でどういう点に留意すべきですか。

A

　GDPR適用の有無は，EU域内の拠点とEU域外の拠点で要件が異なり，EU域外の拠点では個人情報の取扱いごとに適用の有無に差がありえますので，まず適用の有無を確認します。GDPRの適用がある場合，個人情報の取扱いについて，本人への一定事項の情報提供，情報セキュリティその他の管理体制の構築，域外移転の制限等の規制があり，これらの違反時には高額の制裁金が生じえます。

　本設問ではGDPR対応の概要について述べます。

1．概　　要

　General Data Protection Regulation（一般データ保護規則。以下「GDPR」といいます。以下の条番号はいずれもGDPRのものです）は，EUの個人情報保護法です。2016年に制定され，2018年5月に罰則含め適用が開始されました。

2．制定経緯

　従来，EUでは1995年の指令（Directive 95/46/EC）に基づき，EU加盟各国が個別に個人情報保護法を制定していましたが，加盟国ごとにルールの差異があると，EUに進出する企業は進出する国ごとに個別の確認が必要となり負担であるため，企業によるEUへの投資を促進するためにこれらを統一しました（ただし，GDPRでも一部に加盟国の独自ルール制定の余地があります）。

　他方，21世紀において急速に進行したインターネットの普及に伴い，世界中の個人情報を集め，それらを分析・評価することでマーケティングに駆使する企業が登場し，さらには市場において独占的な地位を築く巨大IT企業も現れました。これにより個人の嗜好に特化したサービスの供給等，消費者にも恩恵がある一方，個人のプライバシーが企業によって侵害されているのではないか

という懸念も広まりました。欧州では元来，プライバシーに対する個人の権利意識が強いこともあり，GDPRでは企業の個人情報の取扱いに強力な規制が設けられ，さらに違反時には巨額の制裁金も設定されました。

3. 主な用語の定義

(1) 個人情報

　GDPRによる規制の対象となるpersonal data（以下「個人情報」といいます）は，識別されるまたは識別されうる自然人（data subject；以下「本人」といいます）に関するあらゆる情報と定義されています（4条1号）。本定義は日本の個人情報保護法で定義される「個人情報」とは微妙に異なる範囲を指し，特に日本法における「個人情報」と区別する趣旨で「パーソナルデータ」という訳語をあてる運用も実務では見られます。ただ，実際の運用において，専門家以外の方（すなわち，企業内の法務部以外の方）にこれらの定義の差についてどの程度神経質になることを求めるかは難しいところです。

　なお，GDPRは，その実体的適用範囲において，全部または一部が自動化された手段により取り扱われている個人情報か，「ファイリングシステム」（特定の基準によってアクセスすることができる，構造化された個人情報の集合体を指します。これは，機能的または地理的に，集結，分散，または拡散されているかどうかを問いません。実務的には日本の個人情報保護法の「個人情報データベース等」とほぼ同様の概念と評価できます）（4条6号）を構成するまたは構成することを意図されている個人情報の取扱い（後述）にのみ適用される（2条1項），とされています。

(2) 取扱い

　GDPRは個人情報のprocessingについて規制する法令です（2条1項）。本用語の定義は，個人情報を収集，記録，組織，構成，保存，適用，変更，検索，参照，利用，開示，並べ替え，組合せ，制限，削除，破壊するなどのあらゆる作業（4条2号）と，非常に広い意味です。ほぼすべての文献でこの用語には「処理」という和訳があてられており，法務専門職としては本和訳を使うとよいと思いますが，筆者個人の経験では，非専門家に説明する際は，「取扱い」と訳したほうがわかりやすいように思います（本設問ではこの訳を用います）。

(3) 管理者と取扱者

controller（以下「管理者」）とは，自身で（他者と共同の場合も含む）個人情報の取扱目的と手段を決めている主体であり（4条7号），processor（以下「取扱者」といいます）とは，管理者のために個人情報を取り扱う主体です（実務的には管理者からの委託により取り扱う場合が多いと思います）（4条8号）。この区別はそれぞれの義務が異なるため設定されています。

4．適用範囲が重要

GDPRが施行された当時，巨額の制裁金という恐怖感を煽るイメージが喧伝された一方，適用範囲のわかりにくさが不安と混乱に拍車をかけた印象があります。適用の有無が判断できないと実務的な議論にならないため，正確に把握することが重要です。

EU域外に所在する企業にとっては，3条の地理的適用範囲の解釈が重要です（なお，ここでいう「EU」の範囲には，厳密には欧州経済領域（EEA）に関する協定に基づき，アイスランド，リヒテンシュタイン，ノルウェーの3カ国もこれに含めます。以下，本設問における「域内」「域外」という用語も同じ趣旨で用います）。

3条1項は，個人情報の取扱場所とは関係なく（つまり，取扱場所が域内でも域外でも），EU域内に所在する拠点（「拠点」は，法人格を有しない支店や駐在員事務所なども含みます）の活動に「関連する」（英文ではin the context ofと規定されており，この部分の解釈が重要ですが，ここでは「関連する」と和訳しておきます）取扱いに適用される，としています。したがい，域内拠点による個人情報の域内での取扱いはもちろん，取扱場所が域外拠点（たとえば，日本の親会社など）であっても，域内拠点と共同で受注・発注を行うための取扱いや，域内拠点所属の従業員の情報の取扱いは，同項の適用を受けると考えられます。

他方，同条2項は，域外で設立された管理者・取扱者を対象に，域内所在個人の個人情報について，(a)当該個人への製品・役務の提供（無償も含む）か，(b)域内で行われる当該個人の行動の監視，に関連する取扱いに適用されるとしています（ここでいう「域内所在」の個人とは，国籍や住居の有無とは関係な

く，日本からの旅行者・出張者のように一時的に域内に所在している個人を含みます）。(a)については，基本的に消費者（ユーザ）としての個人を想定していると考えられ，B to B事業の場合は，顧客担当者が，製品・役務の被提供者となるわけではないので，顧客担当者の個人情報に同項による適用はないものと考えられます（ただし，前述の1項による適用はありえます）。他方，B to C事業においては，判断基準として，域内の個人に対してサービスを提供しようとする意思が明確か否か（前文23項第2文）を確認することになります。(b)については，製造業では，従業員のメール監視や，工場のラインにおけるワーカーの映像監視，ヘルスケア製品が利用者の健康情報等を継続的に収集する場合などには注意を要します。なお，3条2項(a)または(b)に基づき，域外適用によって管理者または処理者としての義務を負う場合，原則として域内に代理人を置く義務を負います（27条。例外として同条2項）。

このように，1つの企業でも個別具体的な個人情報の取扱いごとにGDPRの適用の有無を判断します。なお，本設問において，小売店でしか顧客情報を保有しておらず，販売会社が顧客情報を収集しない場合，そもそも販売会社において顧客個人情報の取扱いがないため，これについてはGDPRの適用を避けることができます。後述のとおり，GDPRの規制は企業の負担となるため，明確な目的もなく取り扱う個人情報を増やすことは管理負担を増やすだけであり，避けるべきです。

5．主な義務

GDPRが適用される場合，管理者はまず，5条1項に列記される6つの原則(a)〜(f)，すなわち(a)適法・公平・透明性の原則，(b)目的限定の原則，(c)データの最小化の原則，(d)正確性の原則，(e)保存制限の原則，および(f)完全性および機密性の原則，を遵守し，その遵守を証明する説明責任（5条2項）を負います。

また，すべての個人情報の取扱いは，6条1項に列挙されるいずれかの根拠を有しなければ適法とならない（いずれの根拠もない場合，取扱い自体が違法となる）ため，この確認を行います。事業者としては，一般的には(b)号の契約の履行に取扱いが必要な場合か，(f)号の管理者または第三者によって追及され

る正当な利益のために取扱いが必要な場合，を根拠とすることが多いと考えます。また，同項(a)号は本人の同意の取得が根拠となる旨の規定ですが，GDPRにおける本人の同意の定義は，「自由になされ」「特定されていて」「情報提供を受けた上で」「明確に」「本人が宣言または明らかな積極的行為により」なした意思表示でなければならず，かつ本人はいつでも同意を撤回可能であるため（4条11号・7条），同意の取得要件は非常に厳しく，事業者側の運用は不安定となる可能性があり，本人の同意のみに依拠する取扱いは実務的にはできる限り避けるべきでしょう。この点は，後の域外移転規制の例外と位置付けられる本人の同意（49条1項(a)）でも同じです。

　続いて，GDPRは第3章（12条～23条）で，個人情報に対する本人の管理者へのさまざまな権利を認めています。アクセス権（15条），訂正権（16条），削除権（17条），取扱制限権（18条），データポータビリティー権（20条），異議権（21条），自動化された取扱いのみの対象とならない権利（22条）などであり，日本の個人情報保護法における保有個人データに関する本人の権利と同質のものですが，権利の範囲はより広くなっています。これらについては，管理者は本人の権利行使を待って対応するものですが，12条～14条には個人情報の取得に際して一定の情報を本人に随時通知しなければならない義務（本人から見れば，情報の提供を受ける権利）があり，管理者としては，本対応が積極的，具体的な果たすべき実作業として急務となります。通知項目は，本人から個人情報を取得した場合（13条）と，本人以外から個人情報を取得した場合（14条）で，一部の例外を除きほぼ同じです。

　その他の主な義務として，個人情報の取扱いに関する記録を作成・維持する義務（管理者は30条1項，取扱者は同条2項），セキュリティ体制構築義務（32条。日本の個人情報保護法における安全管理措置の構築と同質の義務です），個人の権利と自由にリスクを与えうる個人情報の侵害が発生した場合に管理者が当局に（侵害に気付いてから）72時間以内に通知をする義務（33条1項。なお，取扱者は同条2項により管理者に通知する義務を負う），同侵害について，一定の場合，管理者が本人に不当な遅滞なく通知する義務（34条），一定の場合にData Protection Officerを選任する義務（37条～39条）などのルールがあります。

　違反時の制裁金は，違反類型により異なりますが，最大で年間売上の4％

（または2千万ユーロとのいずれか大きいほう）もしくは2%（または1千万ユーロとのいずれか大きいほう）となります（83条）。

6．域外移転規制

　個人情報の域外移転規制は，GDPRの44条以降に規定があり，またGDPRの施行時には広範かつ厳格な規制で実務的影響が大きいものとして注目されました。GDPRの基本的な考え方として，個人情報を域外の第三国に移転することは原則禁止であり，例外として，EU当局が適切なレベルの個人情報の保護法制が確立されていると認定した（十分性認定）国・地域への移転，本人の同意を取得した場合，移転者が「適切な保護措置」を実施した場合，などでは移転が認められます（「適切な保護措置」にもさまざまなものがありますが，多くの製造業者にとって最も簡便で費用的に現実的なものは，Standard Contractual Clausesと呼ばれる，EU当局が承認したデータ移転契約のひな型条項を用いて，移転先を契約で拘束する方法です）。

　なお，2019（平成31）年1月23日に日本はEUから十分性認定を受けたため，個人情報保護委員会の「個人情報の保護に関する法律に係るEU域内から十分性認定により移転を受けた個人データの取扱いに関する補完的ルール」（https://www.ppc.go.jp/files/pdf/Supplementary_Rules.pdf）を遵守すれば日本への移転が簡易に認められるようになりました。しかし，当該認定のない多くの国への個人情報の「移転」（移転は情報媒体の物理的な移転のみならず，域内に所在するサーバに域外に所在する者にアクセス権限を設定する等，当該個人情報にアクセス可能な状態に置くことも「移転」に含まれます）については，上記のような対応をする義務がなおありますので，国際的な活動を行う事業者にとっては引き続き対応が必要です。

≪参考文献≫
• 渡邉雅之『GDPR─EU一般データ保護規則─法的リスク対策と個人情報・匿名加工情報取扱規程』（日本法令，2019）
• 中崎尚『Q&Aで学ぶGDPRのリスクと対応策』（商事法務，2018）

COLUMN 5

M&Aの終了とPMIでの注意点

　M&Aは手続上，最終契約の締結が大きな区切りとなり，最終契約に基づき事業の所有者（株主）の変更，工場等の資産の所有権の変更，譲渡対象事業に関する人員の受入れ等の手続が行われます。

　しかし，M&Aの本来の目的（外部リソースの導入による買収会社の事業の活性化）の観点からすると最終契約後に買収対象事業を買収企業に統合するプロセスのほうが，最終契約前のDD等の手続よりも遥かに重要です。この買収後の統合実務をPMI（ポスト・マージャー・インテグレーション）といいます。

　残念ながら日本企業の行うM&Aは失敗例も多く，特に海外企業を買収対象とするM&Aでは，PMIのプロセスで買収対象事業の簿外債務が発覚するケース，買収対象事業の重要メンバーが離脱し事業継続が困難になるケース，当初想定されていた事業シナジー効果が発生しないケース等が多数発生しています。

　メーカーのM&Aにおいて買収企業が行うPMI計画の基本骨子は，DDの結果に基づいて最終契約前に決定される必要があり，法務部門は，ガバナンス，コンプライアンス，契約・商流等の観点から，PMI計画に深く関与する必要があります。たとえばガバナンスに関しては，買収対象会社を完全に取り込むのか，法人格は残すのか，買収対象会社の取締役等の幹部の構成（リテンション）をどうするのか等を，事業部門，人事部門等とともに検討・実行します。コンプライアンスの観点では，近時は日本メーカーによる新興国でのM&Aが増加していますが，新興国の企業には簿外債務や贈収賄等の違法行為のリスクが高いので，この点をDDで特にチェックするほか，買収後には，自社の一部門となった途上国の買収対象会社のコンプライアンス意識をどのように高めるかについて，コンプライアンスに関するルールの浸透を含めて，法務部門は，事業部門，コンプライアンス部門等との検討・実行が必要です。契約・商流については，買収後に買収対象事業が合理的かつ円滑に行われるための配慮が必要であり，たとえば，自社と買収対象会社で商流が重なっている際には，商流の統合（契約の解除や新契約の締結を含む）について取引先に迷惑がかからないようにしながら買収の効果が実現できるように，法務部門は事業部門とともに検討・実行します。

　PMIを成功させ，取得した買収対象事業により買収企業の事業価値を高めるためには，一般に下記が重要です。

(1)　どのような統合形態になるかを想定してM&Aプロセスを進めること

　　買収対象事業についてどのような統合形態にするか（事業経営の自主性を尊重するか，買収企業の企業カルチャーに完全に従属させるか等）についてDDで得られた情報等に基づき最終契約前に慎重に構想する必要があります。

(2)　買収対象事業の従業員のモチベーションを向上させること

　　買収対象事業は何らかの問題があり売却に出されており，従業員の士気が高くないことが多く，買収対象事業の従業員の士気を高める施策が必要です。

(3)　M&Aの当事者がPMIにおいては買収対象事業の当事者となること

　　M&Aの主要当事者（推進者）が，PMIでは買収対象事業のメンバーの一員となって統合作業に取り組むことが望ましいです。たとえば，法務部でもM&Aで法務DDを担当した者は，買収対象事業・会社の法務部員として移籍してPMIに取り組むぐらいの覚悟を持つことが，M&Aの真の成功のために必要でしょう。

索　引

《監修者紹介》

日本組織内弁護士協会（JILA）
Japan In-House Lawyers Association

　日本組織内弁護士協会（JILA）は，組織内弁護士およびその経験者によって2001年8月1日に創立された任意団体。組織内弁護士の現状について調査研究を行うと共に，組織内弁護士の普及促進のためのさまざまな活動を行うことにより，社会正義の実現と社会全体の利益の増進に寄与すること，および会員相互の親睦を図ることを目的としている。

　現在の会員数は1,679名（2019年9月30日時点）。全会員向けのセミナーやシンポジウムの開催，会報誌や専門書の発行，各種政策提言などを行っている。また，全会員が所属する業種別の10の部会，任意参加の11の研究会，関西支部，東海支部，中国四国支部，九州支部の4つの支部などを通じて，多様な活動を展開している。

　主な監修・編集書籍に，『〔改訂版〕契約用語使い分け辞典』（新日本法規出版，2020），『公務員弁護士のすべて』（第一法規，2018），『事例でわかる問題社員への対応アドバイス』（新日本法規出版，2013），『最新　金融商品取引法ガイドブック』（新日本法規出版，2009），『インハウスローヤーの時代』（日本評論社，2004）がある。

《編者紹介》（括弧内は主な執筆担当Q&A）

髙橋　直子（たかはし　なおこ）（序章・Q6・27・31・32・39・46担当）
JILA第5部会所属
色川法律事務所　弁護士
1999年　弁護士登録
　　　　中祖法律事務所入所
2010年　弁護士法人第一法律事務所入所
　　　　企業（メーカー）に出向（2012年〜2014年）
2016年　色川法律事務所入所
＜主要著作＞
『Q&A　会社のトラブル解決の手引』（共著，新日本法規出版，1998〔加除式〕）
『中小企業の会社法実務相談』（共著，商事法務，2007）
『差止請求モデル文例集』（共著，新日本法規出版，2013）
『Q&A兼務役員の法務と実務―企業集団における人材活用』（共著，商事法務，2020）

春山　俊英（はるやま　としひで）
　（Q2・11・20・25・29・33・45・52・コラム3担当，Q5・35共同担当）
JILA第5部会所属
AI-EI法律事務所　弁護士・ニューヨーク州弁護士
2010年　弁護士登録
　　　　西村あさひ法律事務所入所（〜2019年）

2015年　アイシン精機株式会社法務部に出向（～2016年）
2017年　University of Pennsylvania Law School（LL.M.）卒業
　　　　Davis Wright Tremaine LLP (Seattle)に出向（2018年）
2018年　アマゾンジャパン合同会社出向・入社（～2019年）
2019年　AI-EI法律事務所入所（～現在）
＜主要著作＞
『金商法大系Ⅰ　公開買付け(2)』（共著，商事法務，2012）
『債権管理・保全・回収の手引き』（共著，商事法務，2016）
『業界別事業再生事典』（共著，金融財政事情研究会，2015）
『農林水産関係知財の法律相談Ⅱ』（共著，青林書院，2019）
「トランプ政権下における米国移民法の変化」Business Law Journal 123号（共著）
「職場セクハラ防止策の再点検─米国MeToo運動の広がりを受けて」Business Law Journal
　121号

岩田　浩（いわた　ひろし）（Q8・40担当，Q5・35共同担当）
JILA第5部会所属
株式会社メルフィス　ソリューション第2部アドバイザリーサービス課　リーダー　弁護士
2010年　弁護士登録
2011年　株式会社メルフィス入社
2019年　上智大学大学院法学研究科法曹養成専攻非常勤講師
＜主要著作＞
『事例でわかる問題社員への対応アドバイス』（共著，新日本法規出版，2013）
『住環境トラブル解決実務マニュアル』（共著，東京弁護士会・第一東京弁護士会・第二東京
　弁護士会，2016）
『法務の技法【OJT編】』（共著，中央経済社，2017）

《著者紹介》

青井　慎一（あおい　しんいち）
　（Q14～16・18・21～22，コラム1・5担当，Q17・19・49共同担当）
JILA第1部会所属
日本ペイントホールディングス株式会社　弁護士
＜主要著作＞
『海外贈収賄規制と企業コンプライアンス』（共著，経営法友会，2015）
『海外コンプライアンスあるある』（共著，経営法友会，2018）
『〔改訂版〕契約用語使い分け辞典』（共著，新日本法規出版，2020）

岡澤　香織（おかざわ　かおり）（Q23・24・28・37・44担当）

JILA第1部会所属

古河電気工業株式会社法務部　弁護士

1998年　古河電気工業株式会社入社

2009年　弁護士登録

＜主要著作＞

『新・労働事件法律相談ガイドブック』（共著，第二東京弁護士会，2012）

金子　裕子（かねこ　ゆうこ）（Q3・30・34・47担当）

JILA第1部会所属

アルコニックス株式会社経営企画本部　弁護士／公認不正検査士

2000年　弁護士登録

　　　　西村あさひ法律事務所入所

2010年　日本オーチス・エレベータ株式会社入社

2016年　アルコニックス株式会社入社

2018年　Florida Coastal School of Law（LL.M.）卒業

2019年　公認不正検査士認定

＜主要著作＞

『ファイナンス法大全 上巻』（共著，商事法務，2003）

『ファイナンス法大全 アップデート』（共著，商事法務，2006）

『新会社法実務相談』（共著，商事法務，2006）

『法務の技法【OJT編】』（共著，中央経済社，2017）

『〔改訂版〕契約用語使い分け辞典』（共著，新日本法規出版，2020）

佐々木　奈織子（ささき　なおこ）（Q9・10・13担当，Q17・19共同担当）

JILA第5部会所属

金川国際法律事務所　弁護士

2011年　弁護士登録

2012年　株式会社小松製作所入社

2015年　南カリフォルニア大学ロースクール（LL.M.）卒業

2016年　Dentons Rodyk & Davidson LLP入所

2017年　金川国際法律事務所入所

西本　良輔（にしもと　りょうすけ）（Q1・4・36担当）

JILA第4部会所属

森・濱田松本法律事務所　弁護士

2007年　弁護士登録

　　　　色川法律事務所入所（～2014年）

2015年　公正取引委員会事務総局審査局管理企画課訟務官付審査専門官（主査）（〜2016年）
2017年　住友ゴム工業株式会社出向（〜2018年）
2019年　色川法律事務所復帰（〜2019年）
　　　　森・濱田松本法律事務所入所（〜現在）
＜主要著作＞
『Q&A兼務役員の法務と実務—企業集団における人材活用』（共著，商事法務，2020）
「弁護士が精選！重要労働判例　（第227回）長崎市立病院（学会への参加や勉強会講師の労
　働時間該当性）事件」WEB労政時報（2020）
「かけ算で理解する独禁法の道標4　（第13回）独禁法と労働法」Business Law Journal 135
　号

（匿名）　（Q7・12・38・48・51・53担当）
JILA第10部会所属
元・機械メーカー法務部勤務
2011年弁護士登録

（匿名）　（Q26・41〜43・50・コラム4担当，Q49共同担当）
JILA第1部会所属
素材メーカー勤務
2010年　弁護士登録

（匿名）　（コラム2担当，Q14〜22（協力））
JILA第1部会所属
総合化学メーカー知財部勤務
2010年　弁護士登録

Q&Aでわかる業種別法務

製　造

2020年3月30日　第1版第1刷発行

監　修　日本組織内弁護士協会
編　者　髙　橋　直　子
　　　　春　山　俊　英
　　　　岩　田　　　浩
発行者　山　本　　　継
発行所　㈱中　央　経　済　社
発売元　㈱中央経済グループ
　　　　パ ブ リ ッ シ ン グ

〒101-0051　東京都千代田区神田神保町 1-31-2
電話　03 (3293) 3371 (編集代表)
　　　03 (3293) 3381 (営業代表)
http://www.chuokeizai.co.jp/
印刷／東光整版印刷㈱
製本／侑 井 上 製 本

ⓒ 2020
Printed in Japan

＊頁の「欠落」や「順序違い」などがありましたらお取り替えいた
　しますので発売元までご送付ください。(送料小社負担)
ISBN978-4-502-31131-4　C3332

「Q&Aでわかる業種別法務」シリーズ

——————— 日本組織内弁護士協会〔監修〕 ———————

　インハウスローヤーを中心とした執筆者が，各業種のビジネスに沿った法務のポイントや法規制等について解説するシリーズです。自己研鑽，部署のトレーニング等にぜひお役立てください。

Point

- 実際の法務の現場で問題となるシチュエーションを中心にQ&Aを設定。
- 執筆者が自身の経験等をふまえ，「実務に役立つ」視点を提供。
- 参考文献や関連ウェブサイトを随所で紹介。本書を足がかりに，さらに各分野の理解を深めることができます。

〔シリーズラインナップ〕

銀行	………………………………	好評発売中
不動産	………………………………	好評発売中
自治体	………………………………	好評発売中
医薬品・医療機器	…………………	好評発売中
証券・資産運用	…………………	好評発売中
製造	………………………………	好評発売中
建設	………………………………	続　　刊
学校	………………………………	続　　刊

中央経済社